使命型增长

组织应对不确定性
挑战的战略转型指南

[荷] 兰斯·特·韦杰德　著
（Rens ter Weijde）

何义情　等　译

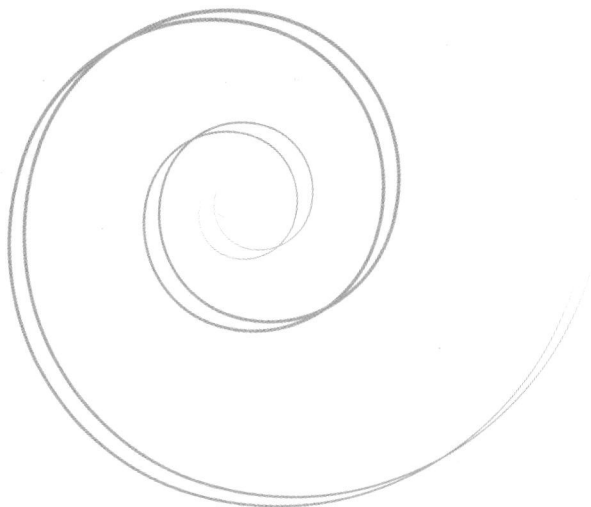

人民东方出版传媒
People's Oriental Publishing & Media

东方出版社
The Oriental Press

图字：01-2019-5787 号

Purpose+Profit

Copyright © Rens ter Weijde

All Rights Reserved. This translation published under license.

中文简体字版专有权属东方出版社

图书在版编目（CIP）数据

使命型增长／（荷）兰斯·特·韦杰德 著；何义情等 译. —北京：东方出版社，2023.1

书名原文：Purpose＋Profit：How Organisations Will Shape the Defining Challenges of Our Time

ISBN 978-7-5207-2824-9

Ⅰ.①使… Ⅱ.①兰…②何… Ⅲ.①经济增长—研究 Ⅳ.①F061.2

中国版本图书馆 CIP 数据核字（2022）第 121275 号

使命型增长

（SHIMING XING ZENGZHANG）

作　　者：［荷］兰斯·特·韦杰德（Rens ter Weijde）

译　　者：何义情 等

责任编辑：申　浩

出　　版：东方出版社

发　　行：人民东方出版传媒有限公司

地　　址：北京市东城区朝阳门内大街 166 号

邮　　编：100010

印　　刷：优奇仕印刷河北有限公司

版　　次：2023 年 1 月第 1 版

印　　次：2023 年 1 月第 1 次印刷

开　　本：880 毫米×1230 毫米　1/32

印　　张：8.625

字　　数：200 千字

书　　号：ISBN 978-7-5207-2824-9

定　　价：58.00 元

发行电话：(010) 85924663　85924644　85924641

译者序

为什么要引荐和翻译这本书？从很多方面来看，这本书确实不太符合当今市场上那些畅销书所具备的一些特点。本书作者是一位"80后"，不是那种久经沙场的战略大师。书中引用了大量经济、社会、政治、人文观点与数据，使这显得不是很浅显易懂。还有一点，我自己也觉得可能是本书的一个小遗憾，就是这本书虽然提供了不少组织转型框架，但缺乏一些具体的实战案例。

但不得不说，这是一个专门为这个时代而生的组织战略转型指南。它必将引领一个全新的企业转型浪潮，即使命驱动型的战略转型。自英文版于 2017 年出版之后，本书作者就被广泛邀请参与到一些全球知名公司的战略转型咨询项目，其中甚至包括世界四大著名咨询公司：麦肯锡、安永、埃森哲、普华永道。全球范围内，越来越多的企业开始意识到使命对于企业发展的战略性意义。目前这个趋势还在继续扩大。2019 年 8 月 19 日，181 家美国顶级公司首席执行官在华盛顿召开的美国商业组织"商业圆桌会议"上联合签署了《公司使命宣言书》。在这份宣言中，包括贝佐斯、库克等在内的引领美国商业的首席执行官们集体发声：一个美好的社会比股东利益更重要。这是该组织自 1972 年成立以来首次不再把"股东利益至上"作为公司治理的原则。

或许正是因为作者比较年轻，他在麦肯锡的工作经验、在哈佛商学院接受的商业教育、在荷兰这个国家所接受的自由文化的熏陶，才使得他能够置身于时代变迁大潮的浪尖，更早地感知全球范围内很多商业组织正在全面展开的战略转型。从这个意义上来讲，作者本人经历的一切就代表了改变世界的一股全新力量。这是一股年轻的力量，现在尚未成为当今的主流叙事。但正如作者在书中所强调的，如果你的组织想要在这个时代"保持相关性"，如果你希望突破组织"失败的创新"窘境，如果你真心希望你的组织能够成功转型为"使命驱动的组织"，你需要一本面向这个全新时代的商业战略转型指南。

作为战略转型指南，这本书实际上引领我们探索了任何战略转型所需要回答的三个基本问题：作为组织我们要去向一个什么样的未来？我们可能面临的机遇和挑战会是什么？如何让转型更好地发生？这其实也就构成了本书的三大部分。

本书的第一部分是关于人类社会作为一个整体正在经历的现实。对于组织的战略制定者来讲，如果我们不能清晰地看见和理解现实，就很难发展出更长期的视角。通常我们会陷入一些人类思维固有的认知偏见，比如，未能理解的相互依赖性、线性的假设，以及双曲贴现。为了帮助我们建构起关于现实的不同层次，作者引入了五个现实透镜：经济、地缘政治、人口、科技、环境。借由每个现实透镜，我们都能看到一些正在发生的结构性演变。所有这些结构性演变都是塑造一个全新世界版图的底层模式和力量。作为组织的战略制定者，需要我们集体反思的是：这些正在发生的演变对于我们当前的业务意味着什么？如何基于这些正在生成的现实来重新思考我们能够给社会乃至世界带来的影响？如何抓住并转化这些挑战成为我们的战略先机？

本书的第二部分是关于组织在解决人类面临的决定性挑战方面独特的优势。这其实也是本书中一个极为重要的论点，即组织将会是推动世界真实改变的决定性力量，这原于组织对于价值创造的根本性追求、组织在权力机制方面的高度灵活性，以及组织在行动方面的快速反应。但同时，当今时代组织自身所在的版图也在经历一些重大的结构性演变，表现在来自七个方面的强大冲击：日益增加的工作自动化、数字化和计算机化，日益增加的工作中的不平等，超级透明，组织相关性的探寻，位于组织核心的哲学空白，截然不同的劳动力，失败的创新。作为组织的管理者，能够真实看见并拥抱这些全新的挑战至关重要。

本书第三部分则是关于如何让战略转型能够真正发生的内容。基于前两个部分的时代大环境和组织内部现实的分析，作者提出了"使命+利润"这一战略转型指导框架。作者认为，未来真正成功的组织一定是"使命+利润"驱动的组织，这种新型企业将致力于完全拥抱使命和利润这两面，充分发挥自身优势，既要实现企业使命，又要为企业创造利润。受益于组织的公开透明和新劳动力的需要，这些组织将致力于用一个更长期的投资视角为更广泛的利益相关者带来积极的影响。

为此，作者提供了一系列有助于现有企业成功转型为"使命+利润"组织的实践框架。这些框架为组织变革引领者提供了非常好的理论体系和思考模型。同时，作者还特别强调了变革过程中组织经常会遭遇的一些阻力，包括：传统商业模式和心智模式的桎梏，企业旧有资产的制约，企业文化（包括领导行为）的限制。这些阻力之所以难以克服，恰恰是因为在过去它们对于组织的成功是有贡献的。

最后，作者还着重强调了确保这种战略转型能够成功发生的八个要素，它们分别是：适当的组织承诺、清晰的使命宣言、激进的组织愿景、明确可衡量的"使命+利润"指标、一致的战略行为、明显的两难处境、使命驱动的创新、使命驱动型的领导力。很显然这不是一个完整的列表，但基于我个人与组织一起工作的经验，如果我们在过程中能够同时兼顾这八个方面，就一定能更好地让这种战略转型发生。当然，不同组织的现状也可能不同，我们需要结合组织当前的具体需求情境，发展出一套真正适合当前组织的有效实践。从这个意义上来讲，这本书提供的实践框架是相对比较实用的，并且很多具体做法也是极具指导性的。

总之，这本书对于这个时代企业的战略转型指导价值非常之大。无论你是一位企业家、组织变革管理者还是组织咨询顾问，你都会从这本书中获得启发，从而帮助你的组织在未来社会创造更大社会价值，引领社会真正变化的发生，用更加可持续的方式发展与创新。

最后，感谢东方出版社愿意引进和出版这本书，从而推动更多中国企业走上"使命驱动"的可持续发展道路。感谢最初一起参与翻译这本书的一群伙伴。和我一样，这些伙伴都对这种"使命+利润"驱动的组织深信不疑。这本书能够与大家见面，其中少不了这些伙伴的集体贡献，他们是（排名不分先后）刘志芹、燕海娟、戴轶、方宗贤、徐毅、马涛。同时，特别感谢燕海娟、李江红两位 P2 工作伙伴，她们在协调本书翻译、图片制作、文字校对方面都付出了很多的辛苦努力。

目　录

导　言

为什么要阅读本书

这是一个深具启发性的企业转型实践指南，它可以帮助指导企业组织和企业家如何迎接未来几十年的世界变化与挑战。这本书有三个核心论点：

- 21世纪的宏观环境将为人类社会带来关乎人类集体命运的挑战
- 企业组织与企业家是有效应对这些挑战的理想参与者
- 能够意识到并正确应对这些挑战的组织将成为本世纪新型的成功企业

无论你是正在组建新公司，还是正在领导一家企业，这本书都会从更广阔的全球视野和组织领导者的角度，详细地阐述当今世界的总体趋势。它指出了一个更大范围的趋势，即使命驱动的经营范式。该范式要求企业致力于为多个利益相关者带来积极影响，并与社会的更大目标保持一致。基于这些洞察，本书还提供了为这个全新世界成功构建组织所需要的一些实用工具。

如何阅读本书

无论是在个人层面还是组织层面，成功的转型都需要首先理解这一历程的起点和终点。转型的目的旨在弥合这两种状态之间的差距。本书也将遵循同样的逻辑——从定义当今世界和当今组织的起点开始，然后再描述未来世界理想的组织。在最后一章中，我们将介绍可以用来启动所需变革的实用转型方法。

在这本书中，"使命驱动"的理念，或者"使命+利润"的战略思维，将会是贯穿全书的核心理念。对于"使命驱动"，我们的定义是：

> 通过组织的战略和日常运营①，"使命+利润"的公司的雄心是既要让所有的股东受益，又要对更广泛的利益相关者创造积极的影响。

这意味着使命驱动型公司将利润目标与对利益相关者的影响目标结合到一起。公司的利益相关者构成是因公司而定的，因为它取决于公司经营所在地、所属的特定行业及其可能产生的潜在影响。正如我们在本书后面会看到的那样，公司通常会根据世界面临的重大挑战来制定这些目标，例如联合国可持续发展目标（UNSDGs）中定义的那些目标。

第一部分对我们探索旅程的起点进行了全面的概述，并论述了本书的第一个论点。我们将通过五个"现实透镜"来探索当今世界。对于每个透镜，我们都会专门探究当前的现实以及未来几十年能够合理预见到的情况。这五个用以了解当今世界的透镜分别是：

①"通过组织的战略和日常运营"这句话很重要，因为这个概念与慈善的概念不同。使命驱动意味着"在营利的同时做有益的事"这一战略选择。

- 经济
- 地缘政治
- 人口
- 科技
- 环境

本书第二部分着眼于当今组织内部正在发生的变化。它阐述了组织是社会信仰体系的反映，更广泛世界的变化（由外向内的力量）会导致组织内部的变化（由内而外的力量）。同时该部分还探讨了本书的第二个论点，并强调了为什么营利性组织——而不是个人、政府或非营利组织——是有效应对我们这个时代的决定性挑战的关键参与者。这部分还将说明为什么组织这么做符合其自身的利益，并将介绍那些做得特别出色的组织。

第三部分即最后一部分是关于组织转型方法的。它详细解释了企业如何在有效应对我们这个时代的决定性挑战的同时创造更多的价值。将企业的使命与利润相结合的战略理念是本书的核心，该部分也将介绍帮助实现这一目标的实用的、经过实践验证的转型工具，包括通常与我们的客户一起使用的所有框架。

开始阅读之前，我要告诉你两个技巧。首先，要记住**结构性演变**（Tectonics Shift）是这些趋势中要强调的非常重要的因素。在这里，结构性演变是指现有模式的重大改变，并将对我们生活的世界产生深远的影响。其次，这本书包含了大量的数据和图表。这些之所以重要有三个原因：（1）它们提供了有关变化本质的具体信息；（2）它们使叙事尽可能客观，可以让你对数据有自己的解读；（3）一幅图可以涵盖千言万语，数据和图表可以使陈述简化。你如果跟大多数读者一样，就可以先查看图表，再阅读相应的文字。

请注意，如果你对特定的主题不太熟悉，可能需要对某些部分做一些额外的研究。对此，我们提供了更多的相关参考信息。重要的是你自己进行研究和数据分析，从而可以更好地理解本书所讨论的大趋势。每个图表背后的数据以及所有图片都可以在"purpose+"的官网①上找到。我们的"全球发展数字展示板"② 也提供了有关这些主题的更多数据。

不管本书所呈现出的主题有多复杂，你对当前全球趋势的分析，以及对未来几十年将发生什么进行更深入的研究都是值得的。这将丰富你对我们所处的世界和组织的理解，并使你成为一个具备更多塑造未来理想组织的能力的更好的领导者。

衷心希望你能发现本书的价值。不管是为了管理现有的组织还是设计一个全新的组织，希望它都能对你有所启发。

你忠实的朋友，
兰斯·特·韦杰德

---

① www.purposeplus.com/books
② www.purposeplus.com/world；请注意，你可以免费下载所有数据以供分析之用。

PART 1

当今时代的决定性挑战

人的视角可抵 80 分的智商。

——杰夫·贝佐斯
亚马逊首席执行官

当今世界：推动变革的外部力量

本部分将通过经济、地缘政治、人口、科技和环境等五个现实透镜，希望能使你对当今世界正在发生的事情有更深刻的了解。我想要创造类似宇航员们所描述的"综观效应"，即宇航员在太空航行过程中回望地球时发生的认知的转变①。这种觉察的转变非常强大，甚至可以改变一个人的个性。宇航员们把地球描述为"悬在虚空中"的"脆弱的绿洲"，并意识到自己的全部身份都与地球息息相关。尽管我无法送你到太空，但我会尽力让你体验到这种效应。

这一部分的核心假设是：21世纪将给人类社会带来关乎人类集体命运的挑战。带着这个假设，希望你能和我一样发现这些话题非凡的吸引力。

---

① 为了更好地理解这一点，在油管（YouTube，一个视频网站）上搜索"太空概览效果"，可以看到从国际空间站看地球的视角。

1.1 · 人类认知的偏见

在深入研究我们周围的世界之前，我想先解释一下人类常见的三种心理谬误或偏见，它们对研究我们周围的世界起着重要作用。这些人类认知上的缺陷解释了为什么我们有时看不懂呈现出来的现实数据，尽管事后看来这些数据本身都是显而易见的。预测未来是一项艰巨的工作，而且通常大多数人的预测都是错的。过去的许多伟大革新都令外界旁观者感到意外，甚至对革新者自己来说也是如此。历史上的重大转变时刻，如1789 年的法国大革命①，1978—1979 年的伊朗伊斯兰革命，以及1917 年的俄国革命，都出乎专家观察者们的预料，让这些专家倍感震惊②。甚至连列宁也曾认为他这辈子都不会看到俄国会有任何改变，即便他自己就是点燃革命火炬的那个人。英国足球运动员保罗·加斯科因也曾表明他对（复杂性的）预测的厌恶，他说："我从来不做任何预测，我也永远不会这样做。"

因为可能会被理解现实的所有面向所带来的复杂性所困

---

① 法国和俄国的革命在这里被称为"革命"，但这可能不完全准确。要了解更多信息，可以参考 *Tegen Verkiezingen*（David van Ruybroek，2016，Dutch）、《华尔街和布尔什维克革命》（Antony Sutton，2011）。

② 资料来源："火花"和《星火燎原：一种意想不到的政治革命理论》（Timur Kuran，1989），维基百科。

扰，我们的头脑会走捷径去追求"真理"①。这些捷径是有效的，但有时却会扭曲我们对现实的看法，这种情况下我们就称之为偏见。本书所涉及的认知偏见包括（但不限于）：未被理解的相互依赖性、线性假设，以及双曲贴现。希望通过提前指出这些偏见，能让你在阅读下一章时不会那么容易受这些认知偏见的影响。

未被理解的相互依赖性

让我们从第一个认知偏见，即未被理解的相互依赖性开始。大多数趋势不能被孤立地看待，因为它们之间不断相互影响，在此过程中可能相互削弱或加强。这种相互依赖的效应，在物理学中被称为"蝴蝶效应"，它表明一个不稳定子系统中的微小变化有时会导致更广泛系统中的巨大变化。最近一个相关的例子就是许多社会的不平等程度不断上升这一经济趋势。单纯看不平等的数字本身并不能说明全部的问题，但如果将这种趋势与其他趋势联系起来，就可以将这些点连起来，并看到相关性。例如，社会不平等的加剧往往与社会问题和政治紧张局势的加剧同时发生。② 这反过来又会影响各国当选政治领导人的领导风格，可能还会影响人口变化（人们搬到有更好机会的地区）和环境变化（更少地关注环境影响，"经济优先"

---

① 有关这些捷径的更多信息，请阅读《思考，快与慢》（丹尼尔·卡尼曼，2011）。

② 例如，唐纳德·特朗普通过"美国优先"竞选美国总统获胜，或者英国脱欧公投。在这两种情况下，人们眼中的人口不平等似乎都起了很大作用，民粹主义政治候选人吸引蓝领工人为主要选民基础。1798年的法国大革命和1917年的俄国革命是这种趋势的早期例子。

思想）等。图 1-1 中的两个波形可以帮助你更容易理解复杂性。如果两种趋势朝同一个方向发展，它们的波就会"放大"；否则，它们的波可能抵消。对该趋势的另一种描述是，趋势可以表现出正反馈循环（相互加强）或负反馈循环（相互减弱）。

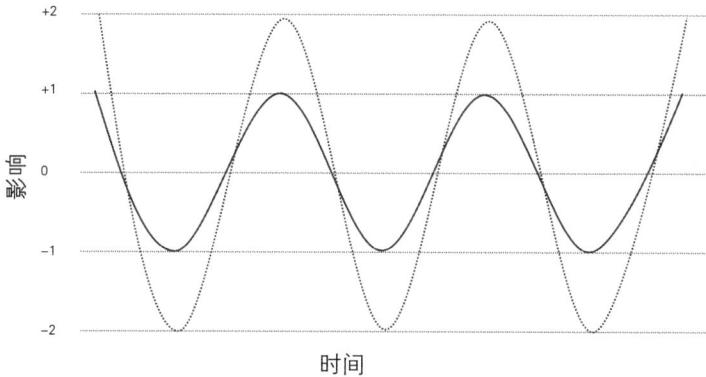

图 1-1　两个波会形成一个更大的波

线性假设

在解读趋势时，第二个心理偏见是我们意识中隐含的线性假设。物理学家阿尔伯特·巴特利特将人类这种无法理解指数函数关系的能力缺失称为"人类最大的缺点"。大多数人直觉上都习惯看线性图（我们看到的大多数企业利润预测都呈现出向上的线性趋势）。然而，本书揭示出变量之间的关系很少是完全线性的。为社会心理学家所熟知的关于非线性趋势的一个著名例子就是行为变化的一般进程（图 1-2）。通常情况下，人们往往会在很长一段时间内抵制变化，直到压力变得很大，不得不进行改变。请注意，这里的示例是虚构的，并非基于任何数据。正如图 1-2 中所呈现的，处于 1—7 的级别时，人们对环境的关注程度并不直接预示着他们会产生和环境相关的实际购买行为。对于大多数人而言，有一点关注并不足以说明消费行为会发生变化。然而，当关注程度达到 8 级或更高时，消费行为会迅速发生变化。这种被称为"指数级增长"的增长形式，其特征是一开始增长非常缓慢，而在后期增长越来越快。这种增长会带来引爆点[①]或临界规模效应[②]，这也是许多

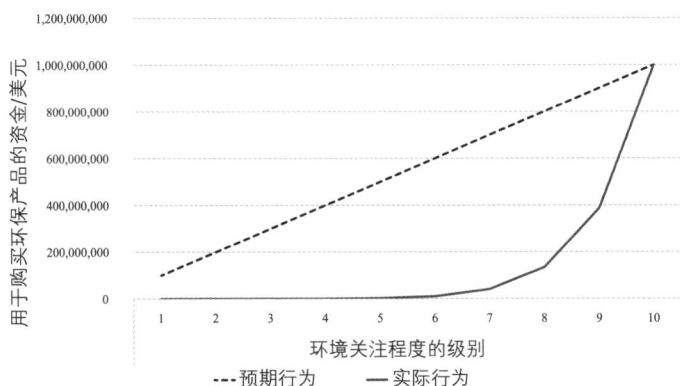

图 1-2　在非线性中预期线性结果

资料来源：《哈佛商业评论》，《非线性世界中的线性思维》，2017；《预知社会：群体行为的内在法则》，菲利浦·鲍尔（2004）；《超级预测：预测的艺术和科学》，Tetiock（2016）

[①]　参见马尔科姆·格拉德威尔的《引爆点》（2001），以了解更多关于这个主题的信息。

[②]　参见菲利浦·鲍尔的《预知社会：群体行为的内在法则》（2004）。

商业领袖在讨论"颠覆性创新"[1] 时经常担心的，比如通过平台型企业或科技企业的颠覆性创新就会导致指数级的变化。

双曲贴现

最后一个认知偏见是行为经济学家提出的"双曲贴现"。这是指当人们评估可能发生在自己身上的事情时，他们会高估过去，低估未来。在大多数人心里，今天比明天更重要。哈佛大学的戴维·莱布森[2]已经证明，这种趋势渗透到我们日常生活的许多决策，以及如何评估未来的风险之中。时间贴现被应用于行为经济学和博弈论领域，并解释了为什么大多数人计划从下周开始吃大量的蔬菜（但不是今天）、计划从 1 月 1 日起（但不是现在）开始减肥，以及为什么很多人会在每年的第一季度购买健身房会员卡，尽管当年接下来的时间都无法做到去健身房锻炼。人们会低估与所需行为改变相关的未来成本，即使从理论上看这种行为的前景不错。值得注意的是，时间贴现的偏见加上对指数变化的误解，会导致集体不作为，即使所需改变已经迫在眉睫。气候变化似乎就是这样一个例子：尽管该领域的专家一直在警告我们全球变暖（再一次，非线性）和引爆点会给所有人带来危害[3]，但大多数人感觉这个问题并不

---

① 对于颠覆性创新的最佳评论，参见哈佛大学克莱顿·克里斯坦森最近的书。

② 戴维·莱布森的演讲《经济学 2010c——第 6 讲 准双曲线贴现》，哈佛大学。撰写本书时此文章可在线获取。

③ 所有相关的引爆点将在"环境"这一章中阐释。北极冰盖的融化就是一个例子。如果冰融化，阿尔比多因子（反射率）下降，将导致温度升高，进而导致冰进一步融化。这种正反馈循环是一个可能的环境引爆点。

会在今天发生，而且在大多数人看来，未来远远没有今天这么重要。这种偏见如图 1-3 所示。

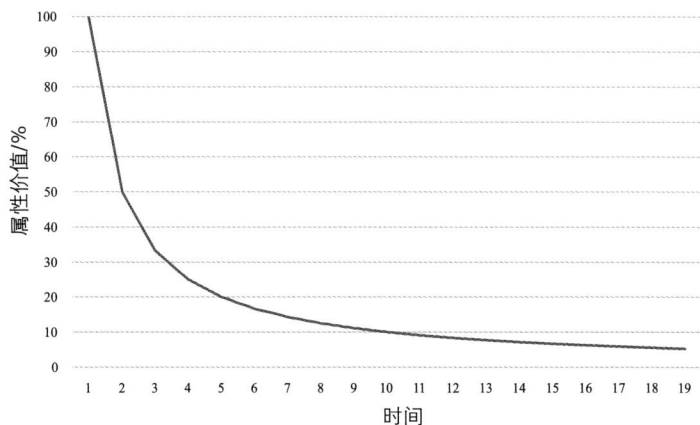

图 1-3 明天远没有今天重要

资料来源：上图受到哈佛大学戴维·莱布森相关研究的启发

1.2　经　济

我们首先通过经济学透镜展开对当今世界的描述。众所周知，经济趋势直接影响人们的生活（例如失业、商业格局的变化、价格上涨等），同时还间接地影响着我们随后将要讨论的其他方面，比如环境和政治前景。这一章将先对全球经济做一个概述，然后再就发达经济体和新兴经济体的具体细节展开讨论。如导言中所述，如果一种趋势意义特别重大，它就是一种结构性演变。这一章的结尾，将会对提到的所有结构性演变做一个总结重述。

尽管先从经济透镜来进行观察有其道理，但经济学的许多错误做法却遭到了一些观察家的谴责。19 世纪，苏格兰历史学家托马斯·卡莱尔就把经济学称为"前景暗淡的科学"，他强调"经济学想通过研究供给和需求的关系来发现宇宙的秘密"是白费工夫。经济学之所以被称为"前景暗淡的科学"还有其他一些原因，其中主要的原因是，经济学根本不是我们想要它变成的那种硬科学。例如，经济学作为诺贝尔科学奖的一个奖项就一直受到诟病。其他观察家则对大多数模型中的合理性假设进行了质疑，因为在大多数情况下，人们做的决定都是带有情感因素的[①]。我也意识到了这些问题，所以，我将尽

---

① 值得注意的是，这一观察创造了一个新领域：行为经济学。这是心理科学与经济学的技术性结合。

可能清楚地说明当前的经济趋势，并始终标明数据的来源，而且会同时着重指出现有的不同观点。

首先让我们看一下全球经济的总体数据。据估计，1960年，世界经济规模约为 1.4 万亿美元，而到 2015 年，已升至约 74.3 万亿美元。[①] 在短短的 55 年里世界经济增长了 50 多倍，这个"经济奇迹"在人类历史上是前所未有的。GDP（国内生产总值）的惊人增长与其他许多变化也吻合，特别是与地球上的人口数量的变化相一致，地球上的人口从 1960 年的 30 亿增加到 2017 年的 75 亿。人口增长的重要意义在于，由于财富不得不在更广泛的社区中分享，每个人从中获得的利益就会被稀释。人均 GDP 的增长模式与 GDP 的总体增长模式如出一辙、同样惊人：1960 年人均 GDP 约为 451 美元，如今已超过 1 万美元——仅半个世纪就增长了 21 倍。需要注意的是，这 21 倍的增长是指平均水平，这里的人均 GDP 只是简单地把 GDP 除以年中人头数，这种做法并没有考虑存在于当今世界的不平等（后面还有更多关于这个概念的内容）。尽管如此，人均 GDP 增长仍可被视为真正的奇迹，因为整个经济摆脱了马尔萨斯陷阱。英国学者、经济学家托马斯·马尔萨斯预测，经济繁荣将不可避免地[②]导致人口增长，而人口增长又会反过来使人们长期处于贫困状态，因为人们将继续耗尽土地、粮食和资源。然而，马尔萨斯错了。在全球经济增长之前，这

———————

① 数据来源于国际货币基金组织和世界银行。
② 事实上，托马斯·马尔萨斯认为这种情况是为了教导道德行为而被神强加的。在维基百科上能看到更多这方面的信息。

的确是一场残酷的零和博弈：1910 年，全球有超过 80% 的人口生活在贫困之中①，而到 2015 年，这个比例已经不到 10%。显然，马尔萨斯低估了人类的聪明才智，也没有测算出效率增长（例如更高的农业产出）可以与经济增长同步。与马尔萨斯预想的完全不同，今天的世界比以往任何时候都更加富有。据一些专家估计，贫困将在 10—20 年内正式告别世界，成为历史。当然，这并不是一个必然，而是取决于各国之间协调一致的经济政策②。这些趋势如图 1-4 所示。

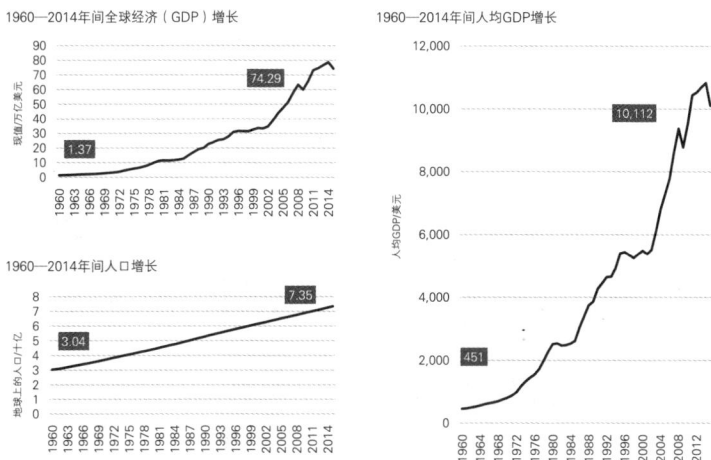

图 1-4　突破马尔萨斯陷阱

注：价值是用现值计算的

数据来源：世界银行

①　资料来源：《世界公民的不平等：1820—1992 年》，《美国经济评论》（Bourguignon &Morrisson，2002，表 1）。贫困数据也可从 www.ourworldindata.org 获得。这里的贫困定义为每天生活费低于 2 美元，按购买力平价（PPP）调整。

②　联合国。

一些经济学家相信"一潮起则百船升"（约翰·肯尼迪也在多个场合说过这句话），尽管这说法有些道理，但数据却揭示了这样的事实：有些船好像比其他船更容易漂起来。20世纪奇迹般的增长显然创造了赢家，并且战略先行者的优势在世界范围内都存在。例如，四大经济体——美国、中国、日本和德国——创造了全球47%的GDP①（图1-5）。出生在这些国家的人所拥有的机会，是不太可能出现在较贫穷的国家的，因为教育机构和系统的质量是与经济实力正相关的。尽管未来这些经济大国的霸主地位会受到挑战（例如，印度的崛起，其GDP目前只占世界经济的3%），但很显然它们已经牢牢地锁

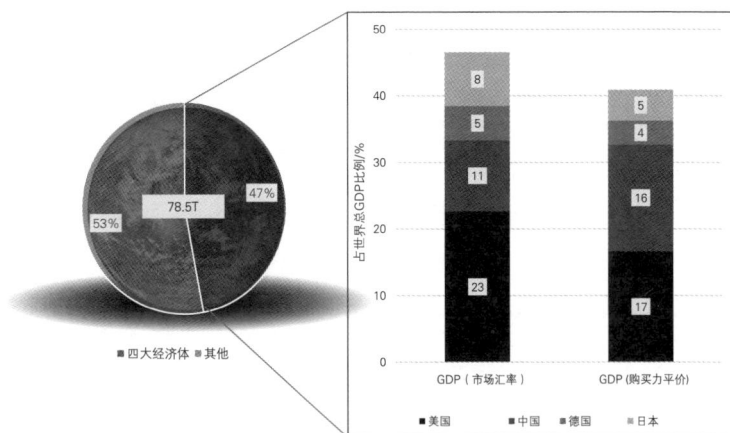

图1-5 四大经济体统领了（半个）世界

注意：图中并没有展示欧盟的经济数据。如果要展示的话，欧盟的经济体量大概与美国相当

数据来源：世界银行，国际货币基金组织

---

① 需要注意，欧盟在这里被视为一个独立的实体，如果把它当作一个国家，将与美国大致相当。

定了未来的领先地位。因为拥有大量的外国投资（这是一种"多样化的投资组合"）和与其他国家的贸易关系，使这些国家的地位得到巩固，同时任何其他地区的增长也都将使它们获益。简而言之，尽管 20 世纪的经济增长令人瞩目，但地球上的财富高度集中，并且财富所处的位置非常关键。

全球经济增长引擎再平衡

世界经济的未来将何去何从？与各种末日情形相反，短期内我们不太可能会跌落悬崖。根据世界银行的估计，假设不出现重大意外的话，世界经济的未来还是比较乐观的。① 从长远来看（2050 年），预计世界经济的增长率在 2% 到 5% 之间②——虽然这数字可能不那么可靠。该增长率看起来好像小了点儿，而且远不及我们所经历的 20 世纪奇迹般的经济增长，但事实上这个增长率比听起来要正向得多。作为一个参照点：1961 年至 2016 年之间，世界经济平均增长率为 3.5%，美国经济增长 3.1%。③ 很显然，一旦经济规模大到了一定程度，相对增长就会越来越困难，但是每年绝对产出的增加仍然会显著提高④。按照目前的全球增长率，到 2050 年，世界经济总量将翻一番。⑤

不过，并非所有国家都会实现同样的增长。增长的绝大部

---

① 世界银行：《全球经济展望》，2017 年 1 月（2017—2019）。

② 来源：普华永道，2050 年的世界（2015 年）；《经济学人》：《巨变：2050 年的世界》（2012）。

③ 世界银行的数据集。

④ 例如：为了增加 10%，对于一个 100 美元的银行账户来说，只需要增加 10 美元。而一个 100 万美元的银行账户，则需要增加 10 万美元。

⑤ 2050 年的世界：全球经济秩序将如何改变？，普华永道，2017。

分将会来自新兴和发展中经济体（以下简称 EMDEs），其预计增长率平均为 4.5%。发达经济体，如美国和欧元区，增速预计将大幅放缓，年增长率约为 1.8%。这种**全球增长引擎的再平衡**是第一个结构性演变，因为它将塑造新的经济强国。目前，新兴经济体仅占全球经济总量的 1/3，到 2025 年，这一比例将增至一半。图 1-6 显示了所预测的发达经济体和 EMDEs 短期经济增长率的差异，并解释了世界经济引擎的基本再平衡。然而，从长远来看，增长率的这种变化将大大地改变世界。到 2050 年，中国的人均 GDP 将与今天的瑞典相匹敌，印度将与今天的中国台湾省相似，而平均来讲俄罗斯人将会像今天的瑞士人一样富有。这种再平衡将把经济重心转移到东方。让我们来逐一看下这些经济增长区域，并深入地了解那里到底发生了什么。

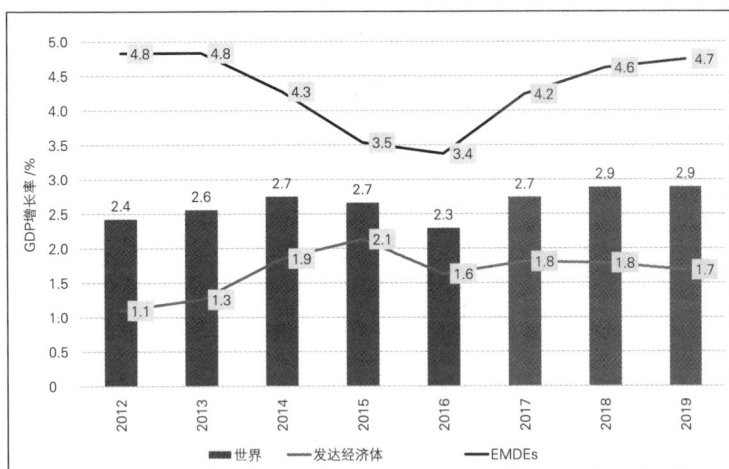

图1-6 世界经济引擎的再平衡

数据来源：世界银行《全球经济展望》（2017 年 1 月）

发达经济体

与近期历史上的增长相比，发达经济体1.8%的增长速度很明显是放缓了，而这一放缓一直是许多政治家[1]和经济学家[2]关注的焦点。尽管一些政界人士预测的末日情形[3]（比如，唐纳德·特朗普在竞选演讲中所警告的"美国浩劫"）被夸大了，短期内也不太可能出现，但发达经济体确实很有可能在未来几年里不得不逆风前行，而这将进一步抑制其增长。特别让人担心的是，当前发达经济体中的资本主义制度将挣扎于下面的四种主要趋势中：（1）财富合理分配的难题（不平等）；（2）"分裂主义"势力；（3）生产率增长下降；（4）价值创造者与投资者之间情感分离的加剧。这些叠加在一起的趋势将使发达经济体面临严重的经济难题。

美国前总统巴拉克·奥巴马把日益加剧的不平等称为"我们这个时代的决定性挑战"。持这种说法的人，并不止奥巴马一人。皮尤研究中心发现，全球有60%的人认为贫富间的差距是需要克服的主要挑战。[4]《纽约时报》畅销书《21世纪资本论》（托马斯·皮凯蒂著，2013）更是把这个话题带到了聚光灯下。该书的中心命题是"$R > G$"，即资本的平均回报（R）大于经济的平均增长（G）。如果这条规律成立，那

---

[1]　举个例子，特朗普团队"让美国再次伟大"的竞选活动提到了GDP每年增长5%的目标，以及把工厂的工作岗位带回来。

[2]　关于这一点的伟大著作是罗伯特·戈登的《美国增长的起落》（2016）。

[3]　在政治圈有些关于发达经济体的末日场景的例子，美国前总统唐纳德·特朗普演讲中的"美国浩劫"就是最新的一个。

[4]　皮尤研究中心，2014年。

么它揭示了社会财富集中的主要驱动力是什么。这本书还进一步强调了我们的**社会不平等程度正在上升**，这是第二个结构性演变，现在的不平等程度与第二次世界大战前的水平大致相当。你可能已经注意到，从本质上讲，皮凯蒂的言论是对美国"资本主义"的社会流动性（social mobility）信念的直接攻击。社会流动性，即只要你拼尽全力努力工作生活，你就有能力提高你的生活水平，这是美国社会的核心承诺。因此，在过去的几年中，频频出现渲染"美国梦之死"的媒体头条文章，如耸人听闻的标题"寻找美国梦吗？试试丹麦吧！"①，也就不足为奇了。虽然美国故事在某些方面璀璨夺目，但"美国梦"本身是一个信念体系，而非现实。信念体系本来就包含不再被人们相信的风险，随之而来的就是哲学空白，而哲学空白则需要新的故事情节来填补。这一点将在本书关于地缘政治的章节中进一步探讨。

撇开媒体头条不谈，社会的不平等及其后果并不容易被量化。但是，如果我们说富人群体中前 10% 的收入与社会的总收入相当，那么这个概念就比较好理解了。如图 1-7 所示，总收入的 50% 归顶部 10% 的人所有，剩余 50% 则由其他 90% 的人获得。另一种更主观也广受争议的方法是向人们查证当前的系统对他们是否公平。全球市场研究公司易普索（Ipsos）通过对 17000 名成年人进行调查，印证了不平等问题。当被问及是否同意"我国经济被人为操纵，以有利于富人和权贵"这一观点时，全球平均有 76% 的人表示赞同。一些国家中这

---

① 《赫芬顿邮报》，2011 年版。

一比例要更高，比如墨西哥（94%）、西班牙（85%）和意大利（84%）。在所有接受调查的国家中，大多数人都持这种观点。这说明不平等已经真正成为全球趋势之一。

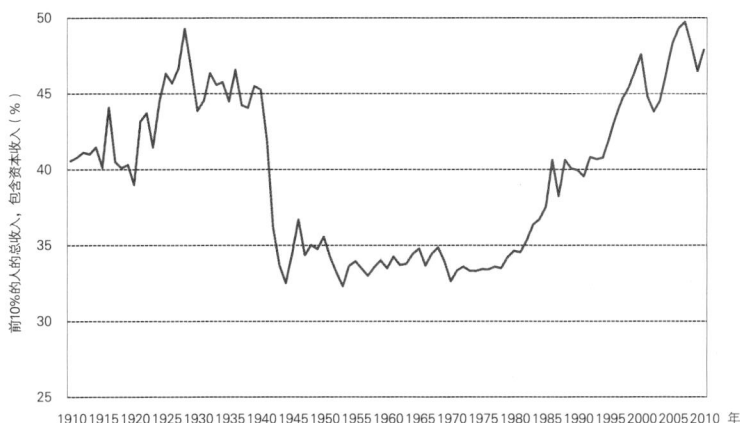

图 1-7　不平等又回到了第二次世界大战前的水平

资料来源：托马斯·皮凯蒂.《21 世纪资本论》，2013

历史学家和经济学家都知道，社会的高度不平等与其他社会问题休戚相关，如读写能力低下、儿童死亡率高、谋杀率高、药物滥用程度高、社会流动性低、少女怀孕和人们生活幸福感低等。纵观历史长河，不平等在革命中扮演着重要角色，如 1789 年的法国大革命和 1917 年的俄国革命。其残酷的本质是：如果财富的增长率高于工人薪酬的增长率，那么财富将随着时间的推移而更加集中；或者用更简单的话来说：如果你出身贫寒，你很可能会一直贫穷下去。如果你想致富，那就在找个有钱人结婚上下功夫吧。

自皮凯蒂以来，还有很多其他研究以及相关事件进一步佐证了上述关于不平等趋势的分析。最著名的例子是布兰科·米拉诺维奇的"大象曲线"。从图1-8可以看到美国人的实际收入随时间增长的情况。横轴是按照收入划分的群体，该图显示，1998年至2008年，大多数群体的收入都有实际增长，但其他一些群体，特别是在80%至85%分位上的群体，收入几乎没有任何变化（也就是象鼻触地的地方）。这一百分位数的人群主要由发达经济体中的低收入者构成，许多人得出结论：他们是"被遗忘的"工厂工人。

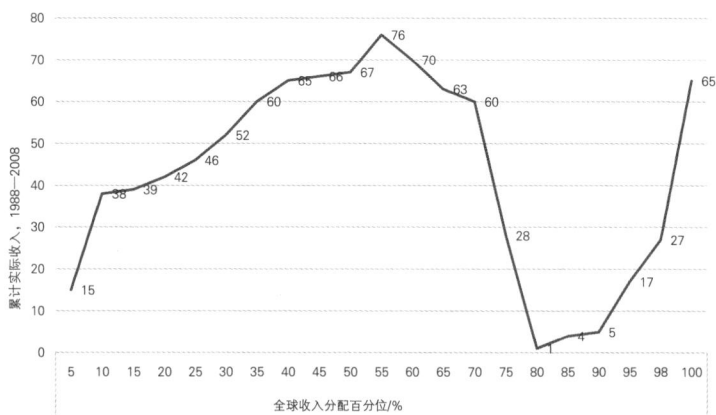

图1-8　过去十年间收入增加了，但并不是每个人都增加了
资料来源：布兰科·米拉诺维奇，克里斯托夫·拉克纳，《全球不平等：全球化时代的研究新途径》（2016）

当我们放眼全球财富的分配时，财富分布的不平等就更加引人注目了。瑞士信贷和其他公司每年都发布"财富金字塔"，最近在社交媒体上这个著名的"财富金字塔"被重新命名为全球"财富图钉",因为这个金字塔的形状看起来更像一枚图钉,重量都在头部(图1-9)。这表明我们这个星球上的财富高度集中:2016年,仅占人口0.7%的人拥有45.6%的全球财富,而73.2%的人口只拥有全球财富的2.4%,这使得图钉的尖变得非常尖锐(图1-9)。借助这样活灵活现的财富图钉,我们就不难理解为何世界上绝大多数人都认为"经济被人为操纵,以有利于富人和权贵"了(图1-10)。

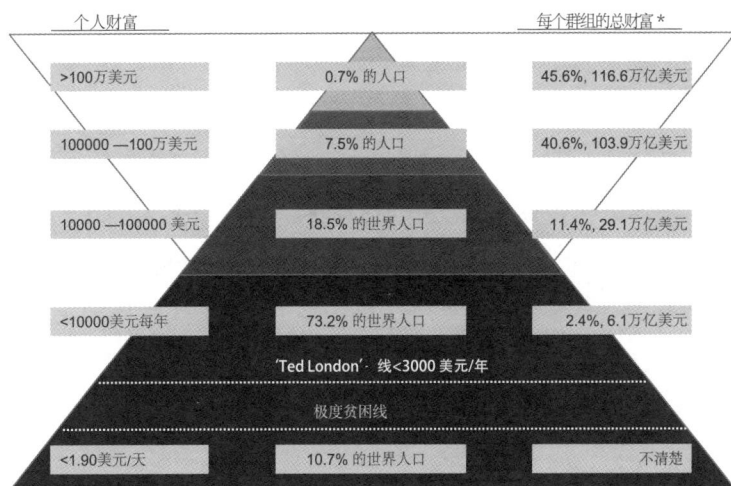

图1-9　金字塔的顶部驮着重重的财富

* 根据2016年全球265万亿美元的总财富估计出的每个人的财富

资料来源:《金融时报》词典,维基百科,《经济学人》,Statista,瑞士信贷(全球财富金字塔,2016年数据)。

对"经济被人为操纵，以有利于富人和权贵"问卷的调查答案

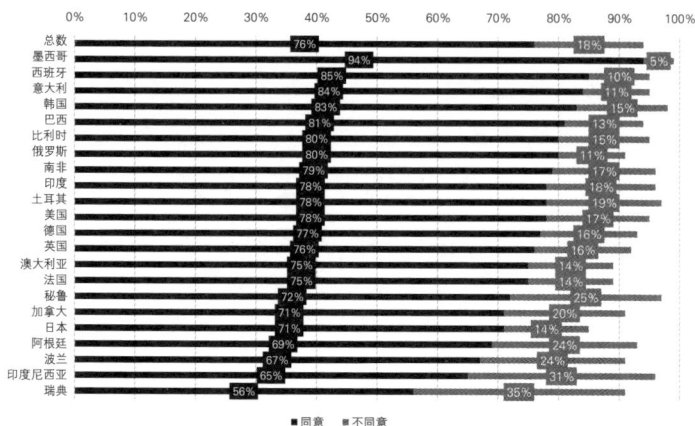

图 1-10　被操纵的世界，权贵获益

资料来源：易普索全球趋势调查（2016 年 9 月），$N=17180$

　　综上所述，由高度不平等所带来的经济（和社会）问题，将对社会产生多重的负面影响，包括经济增长低于预期。[1] 历史表明，不平等也会带来社会的不稳定。随着对不平等的不满情绪越来越高涨，人们会通过和平抗议来表达不满，比如"占领运动"（"我们是 99%"）。这种不满情绪也可能会影响选举，导致极端的选举结果，甚至导致旨在将权力掌握在自己手中的暴力运动。一些发达经济体，比如美国，其核心信仰体系正在面临破灭的风险，这将导致哲学的空白。我们需要找到一种更好的方式来分配财富，以保持社会持续进步。

　　发达经济体的下一个结构性演变将是**生产率增长的放缓**。

---

　　[1] 《经济学人》(2015)，《不平等如何影响经济增长》。

保罗·克鲁格曼有一句著名的格言："生产率并不是一切，但从长远来看，它几乎就是一切。"一个国家的生产率[①]就是该国工作的人数乘以人均生产率的组合，比如，人均每小时的 GDP，或（简化来说）每小时增加的经济价值。从图 1-11 可以看到，发达经济体和 EMDEs 的生产率增速都趋于下降。就每个人而言，我们都知道人类每小时的生产率是有一个软性的极限的，技术进步可以使这个极限得以延展，但不可能被无限扩大。在发达经济体以及许多新兴及发展经济体中，公司早都实施了多种提高效率的方法（例如精益生产、六西格玛），以及新型的组织工作方式（例如敏捷、合弄制）。此外，日益增加的自动化和计算机化也创造了奇迹，提高了我们的生产率。因此，即使我们用人均每小时的实际 GDP 来衡量生产率，生产率仍在小幅增长，而且，这种小幅增长很有可能在未来几十年里一直维持这一水平，或仅在边际产量上增长。尽管由于技术的进步，如物联网（IoT），生产率的整体增长可能会再次上升，但按照一些思想家的说法，这种生产率提高所带来的利益将主要归于资本投资者，而不是工人。[②] 稍后我们将更详细地讨论这个问题。

如果将生产率增速放缓、许多发达经济体人口增长下降甚至是负增长、一些国家的财政债务（图 1-12）等所有这些因

[①]　请注意，"生产率"这个概念比看起来更难以评估。1987 年，当罗伯特·索洛的研究显示，工业时代的经济增长只有 14% 可以归因于他作品所评估的两个主要因素——机器资本和劳动力表现时，美国经济协会前主席摩西·阿布拉莫维茨当时就承认，另外 86% 用于"衡量我们的无知"。杰里米·里夫金（2014）在他的书《零边际成本社会》中更详细地描述了这一点。

[②]　杰里米·里夫金，《零边际成本社会》（2014）。

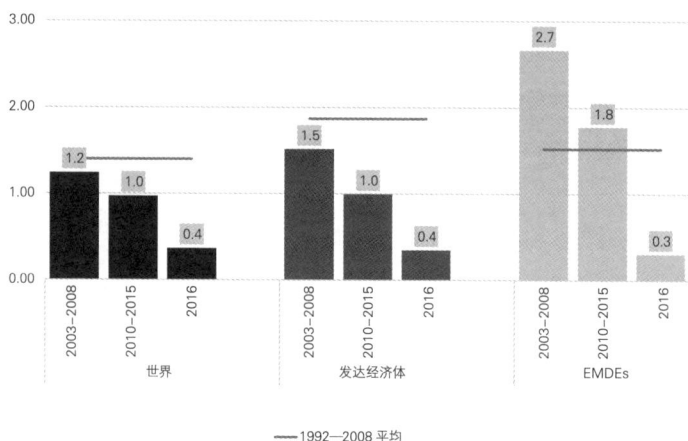

图 1-11　生产率增长放缓

注：生产率指的是用定值美元来衡量的工作每小时的实际 GDP

数据来源：罗伯特·J. 戈登（2016）；世界银行会议委员会

素结合在一起考虑，那么我们就能看到真实挑战的严峻性。如果生产率不再增长，GDP 增长很可能会急剧萎缩①，这是因为许多国家将看到未来通过就业创造的 GDP 会减少。另外，一些发达经济体未来的劳动力将不得不应对双重挑战：一是需要进一步增长经济，二是需要通过基本不再增加甚至是下降的劳动力人口来偿付现有的财政债务。日本、希腊、葡萄牙和西班牙将会首当其冲——这些面临这方面挑战的发达经济体的公共债务水平都很高，劳动力人口也都在下降。即使经常被认为是欧洲强国的德国，也不能幸免于难，因为到 2050 年，德国人口预计将减少 820 万人，约占当前人口的 10%。鲜为人知的

---

① 《不寻常的颠覆：四股全球力量打破了所有的趋势》（2015 年）。

是，中国（图 1-12 未披露其数据）也将受到生产率增长下降、老龄化和财政债务的多重影响。中国正以前所未有的速度老龄化，其部分原因是受独生子女政策的影响。中国 2020 年的平均年龄超过美国，2040 年将超过欧洲。从生产率的角度来看，中国即将结束其廉价劳动力制造的时代。未富先老，是中国人的担忧。①

国家	当前人口（百万）	估计的2050年的人口（百万）	当前GDP公共债务占GDP的比例（%）	当前的债务，绝对值（万亿美元）
德国	82.7	74.5（-8.2）	85.8	2.8
法国	66.9	71.1（+4.2）	102.0	2.5
日本	127	107.4（-19.6）	261.0	12
希腊	10.8	9.7（-1.1m）	147.1	0.231
美国	323.1	388.9（+65.8）	93.6	16
英国	65.6	0.754（+9.8）	103.7	2.9
荷兰	17	17.6（+0.6）	79.4	0.616
加拿大	36.3	44.1（+7.8）	85.0	1.7
葡萄牙	10.3	9.2（-1.1）	159.3	0.293
西班牙	45.6	44.8（-0.8）	91.1	1.1
意大利	60.6	56.5（-4.1）	122.6	2.3

图 1-12　数量更少的劳动力加上更高的财政债务
资料来源:《经济学人》债务钟，维基百科

请注意，这种生产率增长下滑的趋势还可能会带来非常具体的、心理层面的问题，所有曾经在衰退的公司工作过的人都可以证明这个问题的存在。高速增长的公司，就像高速增长的经济体一样，往往与低增长的公司截然不同，高速增长的公司

①　《经济学人》,《巨变：2050 年的世界》(2012)。

能创造更多的机会让人们成长和发展。增长率也能从根本上改变人与人之间的关系，因为恐惧会充斥着衰退的组织或经济体，并扮演着极其重要的角色。当经济体被迫以更少的人来产出更多时，企业可能会转而求助于机器，或者将工作外包给劳动力廉价的国家。我们将在有关技术的章节中更详细地讨论这个问题。

　　未来几十年生产率增速的下降会更突出，发达经济体中人们对工作的总体认知可能会改变。这很可能完全或部分对应了上述发展趋势。总的来说，每个人的工作时间都趋于减少①（图1-13），而且越来越多的人喜欢项目式和自我雇佣，而不是与大雇主签订固定合同。类似"零工经济"这样的趋势正在上升，即人们通过短期合同或自由职业来工作，例如，为优步开几小时的车，或者为 Foodora（送餐软件）送外卖。在过去 10 年间英国个体经营者的数量上升了 28%。② 而年轻一代则对社会地位的看法与过去完全不同：过去，一份好工作（和收入）帮助人们获得了强大的社会地位，而年轻一代则似乎把"有使命和自由时间"作为地位的象征。尽管从马斯洛需求理论的角度很容易理解这些趋势（我们首先得满足最基本的需求，而一旦基本需求被满足了，继续工作的动力就会下降），但这些趋势不太可能让经济增长变得更快。一些作家已经给这个新时代贴上了

---

　　① 罗伯特·戈登展示的趋势是，2004 年至 2013 年，美国人平均少花了 0.56% 小时。事实上，在过去的几十年里，大多数发达经济体的工作时间都在减少，这一趋势已经持续了很长一段时间了。

　　② 安永，《零工经济是昙花一现的时尚，还是不朽的传奇？》(2017)。

"满意经济"① 的标签：在这个世界里，大家不再关注持续的增长，而是越来越在意我们在哪里、我们是谁。正如我们将在本章中所看到的那样，这将直接影响组织如何激励员工。

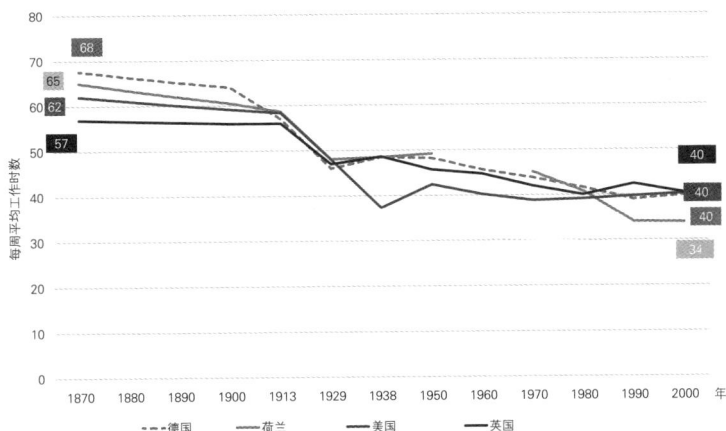

图 1-13　工作时间短是新基准

资料来源：www.ourworldindata.org

市场预期与实际价值创造之间越来越脱节。这是关于发达经济体的最后一个方面，也是与发达经济体有关的最后一个结构性演变，因为系统的波动性的增加会显著地影响经济的运行方式。2008 年的金融危机就是国家层面经济大起大落的鲜活例子。这次危机分别让美国经济挫失了 2.2%，欧元区经济挫失了 4.1%②，股价暴跌 50%（标准普尔 500 指数）（图 1-14）。

---

① 特别是艾伦·赫斯特，他还写了 *The Purpose Economy*（2014）。

② 世界银行。

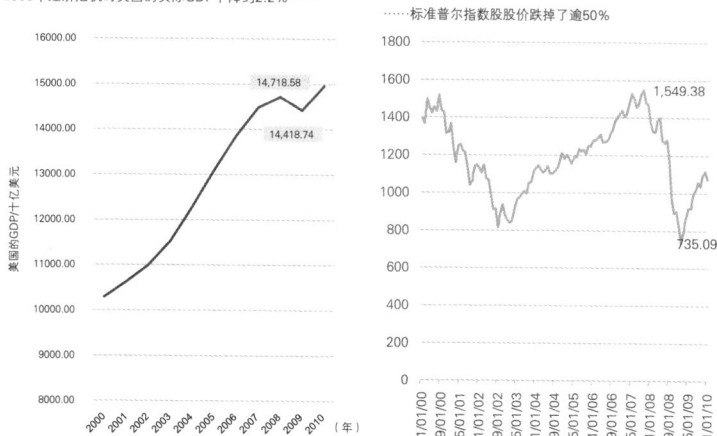

2008年经济危机时美国的实际GDP下降约2.2%*……

14,718.58
14,418.74

美国的GDP/十亿美元

16000.00
15000.00
14000.00
13000.00
12000.00
11000.00
10000.00
9000.00
8000.00

2000 2001 2002 2003 2004 2005 2006 2007 2008 2009 2010 (年)

……标准普尔指数股价跌掉了逾50%

1,549.38
735.09

1800
1600
1400
1200
1000
800
600
400
200
0

图1-14　预期市场波动性将日益增加

*平均值：欧元区-4.1%，美国-2.2%，印度7.7%，俄罗斯-7.9%
数据来源：世界银行，雅虎财经

　　类似这样的预期对组织的打击越来越频繁。由于股票价格是某一特定公司预期价值的函数（以某种方式折现），因此股价可能与公司目前的实际表现相差甚远。优步可能是最典型的例子：在私人市场上其估值约为 700 亿美元，而该公司每季度亏损却达到数亿美元（2017 年第一季度为 7.08 亿美元），甚至在其本土市场也一样亏损。① 亚马逊是另一个例子，在撰写本文时，亚马逊的预期市盈率（即股价与预期的下个季度的每股净收益的比值，或人们愿意支付的实际预期收益的"倍数"）高达 79。图 1-15 揭示了微软公司所创造的实际价值与其股票价格之间分离的程度。从 2002 年到 2010 年，微软公司

---

　　① 晨星；路透社；CNBC。

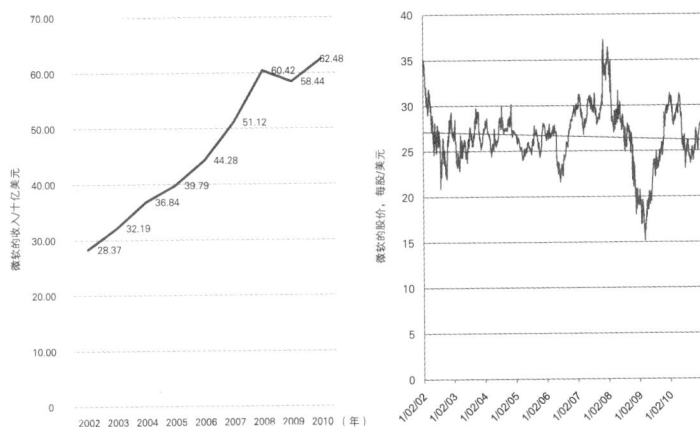

图 1-15　期望值保卫战是一场硬仗

资料来源：修复游戏（Martin，2011），Statista，雅虎财经

的营业收入增加了一倍多，但其股价在此期间并没有上升，所以玩长线的投机者很难在这样的股票上赚钱。上市公司普遍面临来自股东期望值的压力，这种压力会产生许多不利影响：导致短期思维，导致企业聚焦在创造心理价值的游戏上而不是实际的客户价值，奖励"炒作"股票价格，还会在某些极端情况下导致会计欺诈（例如，安然、东芝）。这就不难理解为何哈佛大学教授约瑟夫·鲍尔和林恩·潘恩也呼吁"基于长期的管理"①，麦肯锡首席执行官多米尼克·巴顿也曾反复强调过这一点②。我们将在关于组织的章节中更详细地探讨这个问题。

　　市场上的算法交易使回报越来越偏离价值创造。当今世

---

①　《哈佛商业评论》（2017），《企业领导的核心错误》。

②　《哈佛商业评论》（2011），《长期资本主义》。

界，股票的买与卖都非常迅速，以微秒计（图1-16）。这个速度可以在一夜之间把一个组织的价值搞得面目全非，正如负面新闻在数字化世界里所造成的严重后果一样。快速交易本身并不是问题，不过，存在着投资者与投资之间的情感进一步脱节的风险，尤其是当算法无法充分区分遵守道德的公司和不那么道德的公司时。在传统的投资中，投资者知道他们所投资的业务是什么。尽管这种传统的投资早已不复存在，但我们认为，应该在将交易完全留给算法（或Excel宏）与人类的道德标准之间保持良好的平衡。

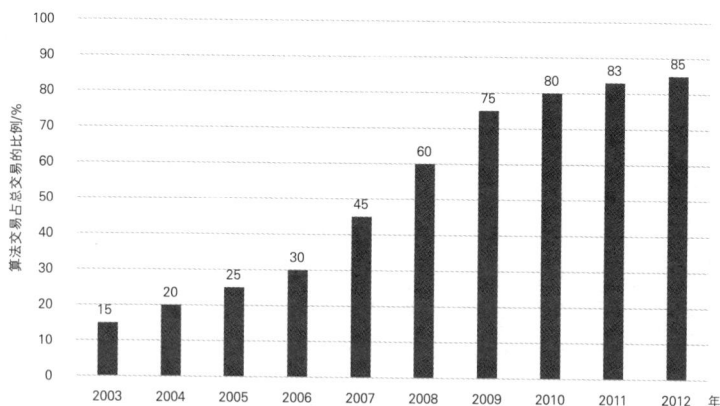

图1-16　当前大部分的交易都是由算法完成的
资料来源：Investopedia，维基百科

越来越多的人在从事着被动投资①（图1-17），比如交易型开放指数基金（ETFs），这进一步证实了投资者与投资之间

---

① 彭博社（2017），《被动投资可能不利于增长》。

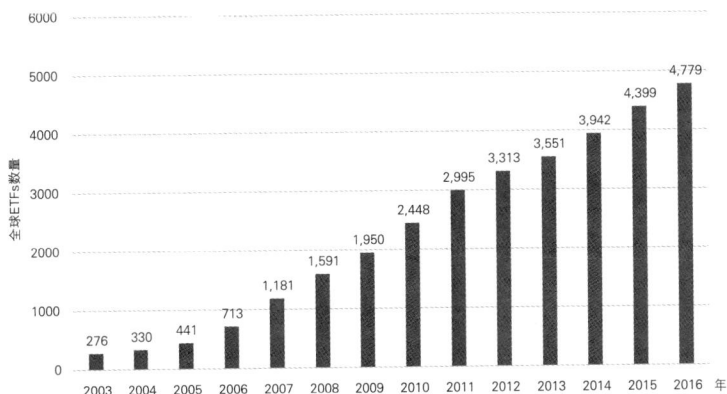

图 1-17 被动交易越来越受欢迎

资料来源：Statista，德意志银行，彭博社，汤森路透

的情感脱节。被动投资是追踪指数，即购入一组同类型的证券。例如，你可以买入一只追踪所有标准普尔 500 股票的指数基金，这意味着你的投资将会和整个市场表现一样。第一只指数基金成立于 1976 年，当时被认为是博格的愚蠢之举。约翰·博格创立了它，该基金的目标并不是跑赢市场，而当时许多投资者认为"跑赢市场"才是游戏的目标。[①] 尽管这些基金对投资者来说是一个相对安全的赌注，但它再次强化了最初的问题：投资者不再知道，也不再关心他们所持有的公司。这种与我们的投资情感脱节好像确保了我们对待所有的公司都是平等的，只要它们每季度有相似的收益，而实际上并非所有的钱都是被平等地创造出来的。一家公司，在创造价值的同时，还要规避对社会和环境的破坏，理应比那些在创造价值的过程中

① 《福布斯》（2013），《什么是 ETF？三个简单的答案》。

带来损害、用不光彩的手段赚钱的公司更有价值。把投资者与投资之间的脱节放大并不能反映上面这些问题，因为我们还无法把道德因素纳入算法中。

新兴经济体

正如前一节所讨论的，未来真正的增长引擎将是新兴和发展中经济体，即 EMDEs，预计这些经济体将以 4.5% 左右的平均速度增长。再明确些说，对印度、中国、非洲和东南亚（统称为"ICASA"）的预期很高。由于俄罗斯和巴西的经济增长停滞不前（图 1-18），以前的高增长者，金砖国家（巴西、俄罗斯、印度、中国、南非），似乎已经分道扬镳。

EMDEs 的经济如果继续这样增长下去，21 世纪的世界将发生翻天覆地的变化。其中一个结果是将出现庞大的全球中产

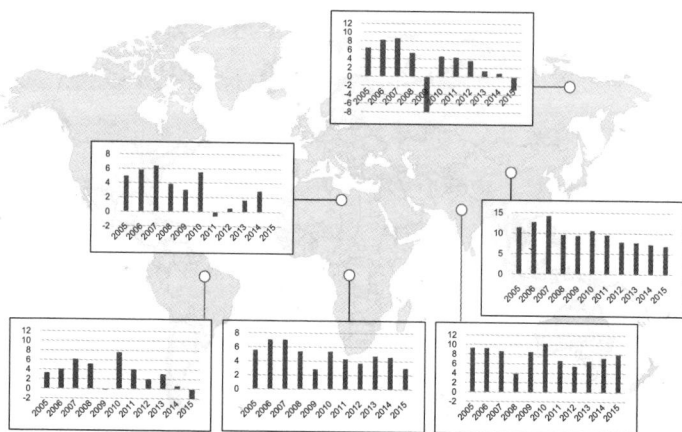

图 1-18　ICASA 正在取代金砖国家

注：北非的数据包括中东国家。

资料来源：世界银行，使命+分析，麦肯锡，激发新进步的全球力量

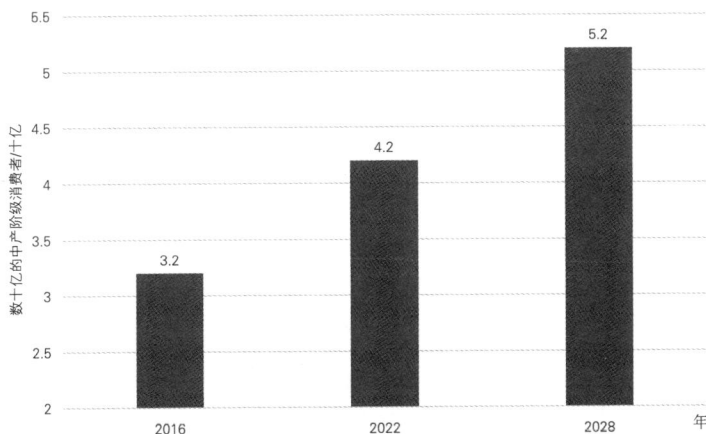

图 1-19　数十亿人将成为中产阶级消费者

资料来源：布鲁金斯学会

阶级，预计到 2022 年中产阶级将增加 10 亿人，到 2029 年将再增加 10 亿，达到 52 亿人（图 1-19）。这是另一个结构性演变，因为这是有史以来世界上**最迅速的中产阶级人群的扩张**：在未来的 5 年里，每年将有不少于 1.6 亿人加入到这个阵营。[①]尤其，这一趋势将改变亚太地区的格局，该地区在 2009 年只有 50 万中产阶级消费者，但到 2030 年将超过 34 亿。[②] 全球中产阶级的崛起会对商品和服务的日常消费产生巨大的影响，而这种影响在许多城市早已司空见惯了。许多旅游城市，如伦敦和阿姆斯特丹，越来越多地感受到中国中产阶级的存在。一些市场，如奢侈品和葡萄酒，也正经历着来自东方的更高需

① 布鲁金斯学会（2017），《全球中产阶级史无前例的壮大》。

② 麦肯锡。

求——分析人士认为，最近波尔多葡萄酒价格和一些城市的房地产价格上涨就是中国需求增加导致的。

在新兴的 ICASA 经济体中，其中三个特别值得关注：中国、印度和非洲。这三个区域的发展状况将在很大程度上决定着 21 世纪总体经济的发展趋势。让我们先从中国开始探讨，截至 2016 年，中国经济持续快速地以每年 7% 左右的速度增长，其服务业的增长又高于了工业增长（图 1-20）。**预计中国的经济规模将在大约 10 年内超过美国**①（图 1-21），这是跟新兴

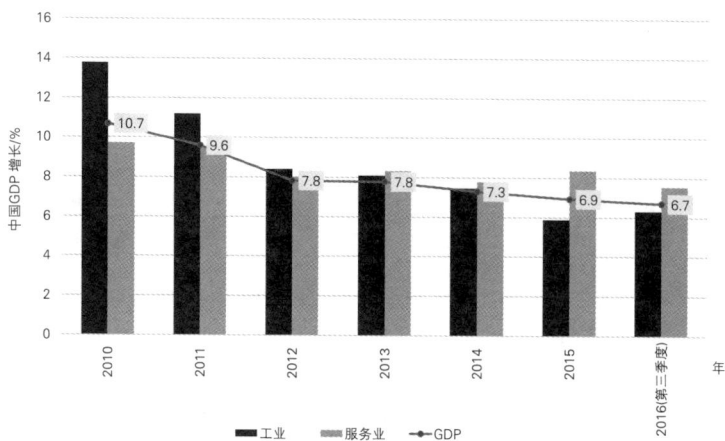

图 1-20　中国经济持续高速增长，服务业领先

资料来源：世界银行，Haver Analytics；《经济学人》；《一小时中国》；《为什么中国的消费者会继续给世界带来惊喜》（Jeffrey Townson，Jonathan Woetzel）

---

① 彭博社。

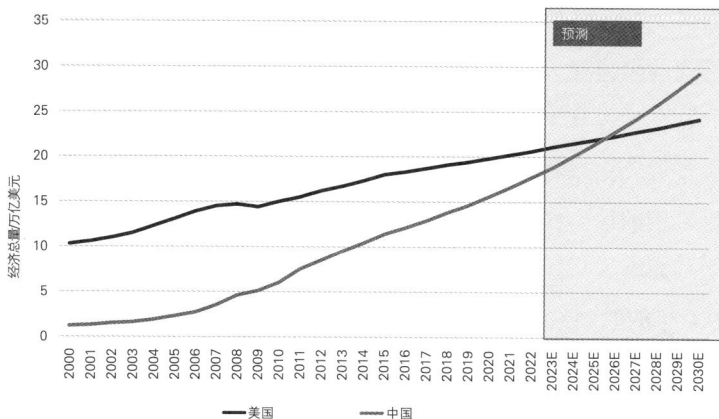

图 1-21　到 2025 年，中国的经济规模将超过美国

资料来源：彭博社预测

经济体相关的第一个结构性演变。虽然最大经济体这个地位只是象征性的胜利[1]，但实际上，世界上最大经济体在历史上发挥了巨大的道德作用，并经常被要求在冲突的局势下担任领袖角色。此外，最大经济体的不平衡很可能引发世界其他地区的失衡，如，美国的次贷危机（2007—2010 年）引发了全球经济衰退。目前美国是世界上最大的经济体，对国际政策的影响很大，其总体目标是使其他地区民主化，并确保自由贸易。从军事角度看，美国控制着世界上大部分的海洋，在 153 个国家有其军事力量的存在。[2] 从今天开始算起，8 年后中国将是全

---

　　① 你可能会说，中国是世界上最大的经济体，因为它拥有最多的人口（目前，印度将超过它）。但在未来的几十年里，中国的人均 GDP 预计仍将远低于美国。

　　② 《经济学人》，《大转变》。

球最大的经济体，那时中国可能会选择采取不同的行动，通过不同的价值观来看待世界。

在过去几十年里，中国创造了不可思议的经济增长速度。事实上，如果将中国近期的增长路径与英国过去的增长路径进行比较的话，我们就会发现中国的增长速度是英国过去的10倍，而其人口比英国多了100倍。英国在17和18世纪需要花154年的时间来使900万人的人均GDP翻倍，而中国却在12年里为超过10亿人翻了一番！① 观察中国经济增长动力的另一种方法是分析过去的20年。在过去20年里，世界GDP增长的40%可以归因于中国的增长。根据目前的增长模式预测，到2025年，主导世界经济的200个顶级城市中将有46个属于中国，而大多数城市的名字对发达经济体中的人来说是陌生的（如兰州、乌鲁木齐、开封和桂林）。

中国的一些地区，比如深圳和重庆，增长速度特别快，这是有原因的。这两个地区都是20世纪70年代末中国政府经济特区计划的一部分，也是邓小平实施的重大改革的一部分。这些经济特区可以更自由地试验自己的经济制度，更倾向于自由市场、更低的税率和拥有个人财产权。相比于其他地区，它们能获得更多的外国直接投资。其中一些地区演绎着不同寻常的故事。重庆，也被称为中国的芝加哥，由于国家在该地区的基础设施和三峡大坝（世界第二大水电站）上投入了巨资，其增长速度非常快。这一地区还是以国有经济为主，国有企业（SOEs）占该地区工业的37%。其他地区，

① 多米尼克·巴顿的麦肯锡报告，可在油管上获取。

如广东及其经济中心深圳，选择了不同的增长方法。广东是中国人口最多的省份，而且拥有直接的海上通道，因此它选择了一种更加市场化的方式。这一地区国有企业的产出占总工业产出的 15%。中国故事的美丽之处就在于，这个故事总体上很成功，而且这个大故事里又蕴含着各式各样、琳琅满目的众多成功的小故事。

在了不起的中国经济故事中，最耀眼的是公司私有化的进程，以及由此促成的公司效率的提升。公司私有化始于 1997 年，当时中国电信首次公开募股（IPO）。尽管对自由市场满怀着担忧（在香港股票交易所的上市代码为 941，这个号码与中文发音"九死一生"谐音），但这次公开募股取得了巨大成功，筹集了 42 亿美元。① 其他公司，如中石油（CNPC）也紧随其后。根据国际货币基金组织的估计，1990 年至 2001 年间，中国的国有企业裁减了 4000 万个工作岗位，这说明国有企业的效率低下。例如，1999 年中石油有 150 万名员工，而英国石油公司的员工只有 8 万人。

尽管取得了巨大的成功，但中国经济已经开始显现成熟的迹象，并可能形成经济泡沫。中国未来的增长将取决于向扩大消费转变的程度：中国如果想要继续保持经济高水平增长，就必须增加支出、减少储蓄。中国的消费仍低于世界平均水平（占其 GDP 的 35%，而世界平均为 58%，美国则为 68%）。这个转型很具有挑战性，尤其是当高储蓄已被植入其文化时，但

---

① 《与中国打交道：一位内部人士揭开了新的经济超级大国的面纱》（亨利·保尔森，2016）。

中国显现出的迹象还是很积极的，在未来的几年里，可有可无的项目和半生活必需品方面的支出将增加（图1-22）。中国普通消费者的转变也很令人瞩目：2005年，44%的消费都是生活必需品，而到2030年，这一比例预计仅为18%。

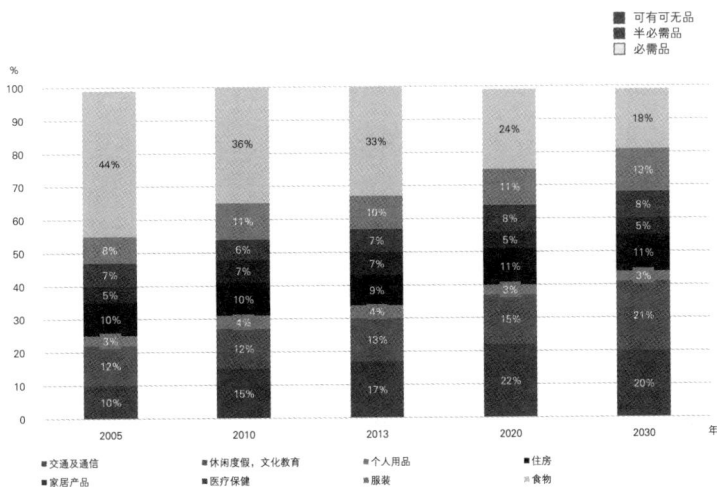

图1-22　生活必需品的花费正变得越来越少

资料来源：世界银行，Haver Analytics，《经济学人》;《一小时中国》;《为什么中国的消费者会继续给世界带来惊喜》（Jeffrey Townson, Jonathan Woetzel）

尽管有许多积极的迹象表明中国将成为未来世界经济增长的引擎，但也存在着对中国经济的严重担忧。由于其经济规模，在中国发生任何崩溃都将意味着全球经济的崩溃。担忧主要集中在两个领域：可能出现的房地产泡沫和快速上升的债务水平，尤其是不良贷款的增加（图1-23、图1-24）。

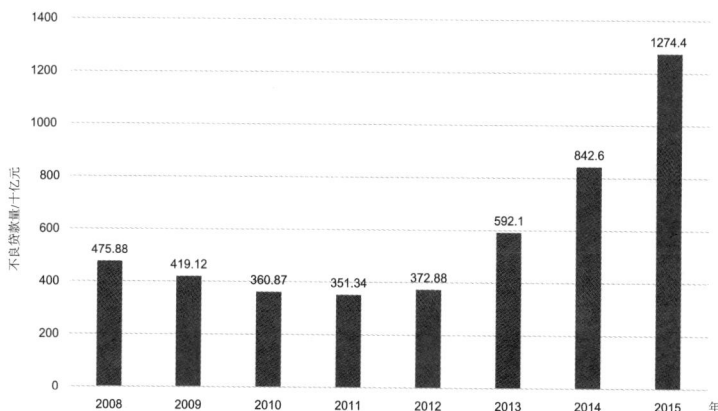

图1-23　中国的不良贷款正在迅速增加

资料来源：世界银行，Haver Analytics；《经济学人》

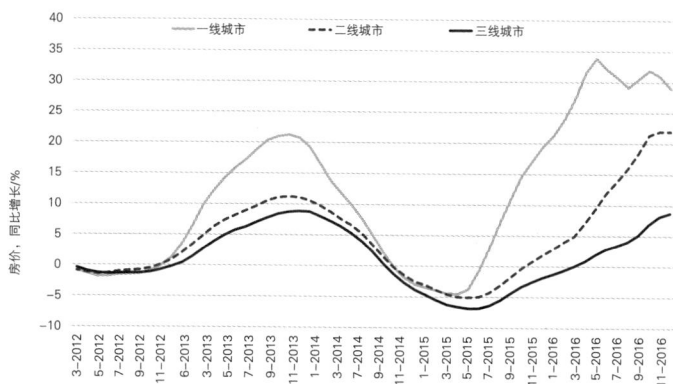

图1-24　中国的房价令人难以置信，呈波浪式增长

资料来源：世界银行，Haver Analytics；《经济学人》

　　在一些地区，房价一直在不可思议地快速上涨。中国一线城市（最发达的城市，如上海、北京、广州）和二线城市

（大多是省会城市）的房价涨幅尤为突出，每年上涨幅度高达20%—30%。更多的投资流向了住房和基础设施，这愈发加剧了人们的担忧，不良投资案例也屡见不鲜。

不良贷款加剧了这种担忧，而影子银行（从常规银行以外的企业获得贷款）正变得更受欢迎。[①] 影子银行拥有范围很广的各种投资家，而其趋于遵循与严格监管的银行业完全不同的规则。这些投资家经常贷款给高风险的借款人，影子利率可以很高。

中国的债务也以惊人的速度增长，十年内从占 GDP 的150%增长到近250%。[②] 大部分债务（165%）属于企业，尤其是国有企业。债务带来的杠杆效应，导致一些经济学家由此得出结论：债务的这一高增长是不可持续的。另一些人则指出，这些国有企业拥有相当于 GDP 552%的资产（2013 年的数字），它们可以通过出售部分资产来偿还债务。总的来说，中国债务、不良贷款和可能出现的房地产泡沫，还不是一个结构性的转变，因为这都是猜测。但是，未来几十年将有一个真正的机会看到由中国创造的经济冲击。

随着经济的扩张和平均工资的增长，中国将越来越需要廉价劳动力。过去，非洲经济一再被描述为未来增长的希望之地[③]或者黑暗的未来大陆，这两种观点一直交织在一起，一些

---

① 《经济学人》（2014），《与黑暗作斗争》。

② 彭博社（2016），《中国日益增长的债务问题并不像看上去的那样》；《经济学人》（2016），《即将到来的债务危机》。

③ 例证：麦肯锡全球研究所（2010），《行动中的狮子：非洲经济的进步和潜力》。

观察家质疑非洲的增长是否足够支持其将要到来的人口爆发（详见关于人口结构的章节）——在 2010 年和 2015 年之间，所有非洲国家的平均 GDP 增长在 3.3% 左右（在 2000 年到 2008 年之间是 4.9%）[1]。

目前，尼日利亚是非洲最大的经济体，GDP 达 4860 亿美元，其次是南非（3150 亿美元）和埃及（3300 亿美元）。[2] 不幸的是，尼日利亚和南非这两个国家近年来的增长都很有限。尼日利亚在努力改善安全和治理腐败[3]，意图实现经济的多样化，摆脱对石油的依赖（石油占其 GDP 的 25%，占政府收入的 70%—80%）。与此同时，尼日利亚还面临着经济增长下滑，甚至是负增长的困境。位于北部和南部之间的旧区（后者拥有更多的自然资源）、由 250 个民族组成的支离破碎的人口、糟糕的基础设施和相对较高的通货膨胀率，所有这些因素都妨碍其经济增长。近年来，南非经济正步履蹒跚地经历着断断续续的负增长。腐败已经使这个国家接近窒息，对前任总统雅各布·祖马（Jacob Zuma）的犯罪指控多达 783 项。更糟糕的是，因为革命破坏了国家的经济，"阿拉伯之春"国家已在 2010 年到 2015 年间全部停止了增长。对于非洲的外国直接投资仍在增长，但增速已经显著放缓，从 2005 年至 2010 年间的 22% 下降到 2010 年至 2014 年间的 7%。

也许研究非洲未来复合增长的最好方法是同时考虑到国家

---

[1]　麦肯锡全球研究所（2016），《行动 II：实现非洲经济潜力》。

[2]　2015 年的数据来源于 www.tradingeconomics.com。

[3]　《交易经济学》，哈佛商业案例——尼日利亚的行动：管理"新"经济（AkshayMangla，2016）。

的增长率及其可见的稳定性。① 基于这种分析，卢旺达、坦桑尼亚、肯尼亚、摩洛哥和埃塞俄比亚将成为未来可能的增长引擎。其他国家也有成功的潜力，例如博茨瓦纳，但由于其规模较小，对非洲大陆的总体影响将很有限。② 最令人不安的是，目前相对较大的经济体——尼日利亚、南非和埃及——都面临着内部问题。在过去几年里这些国家的经济增长率都有所下降。这也解释了为什么到目前为止还没有一家非洲公司跻身财富 500 强。

现在来总结一下非洲大陆的经济情况，它仍然是一个前途未卜的大陆，而且很大程度上取决于稳定性的提升和相互之间的互通。非洲大陆受其殖民历史困扰（如，随机划分的边界），并被 2000 种语言和超过 3000 个种族分割。因为非洲大陆的高增长、乐观时期内部动荡、衰退时期交织在一起，外国投资也很可能会跟踪这一趋势。如果能够实现经济多样化、加快基础设施建设、深化区域一体化，那么非洲大陆很可能会成为 21 世纪上半叶最伟大的增长引擎之一。一旦取得成功，到 2025 年③，非洲就可能会使制造业产出翻一番，成为新的"世界工厂"（从中国手中接过这个角色）。之所以能够实现这一点，是因为非洲大陆拥有大量年轻人，到 2034 年非洲将拥有世界上最多的劳动力。在非洲，城市化也在迅速发展，这消息令人鼓舞，因为城市的生产率大约是农村地区的 3 倍。④ 此

---

① 麦肯锡全球研究所（2016），《行动中的狮子：非洲经济的潜力》。
② 有关博茨瓦纳成功故事的更多信息，请阅读《解决之道：国家如何在一个衰落的世界中生存和繁荣》（乔纳森·特普曼，2016）。
③ 麦肯锡 MGI（2016），《行动中的狮子：非洲经济的潜力》。
④ 世界经济论坛，《有 3 个原因让非洲经济状况好转》。

外，在一些科技进步方面非洲似乎能够做到跨越式发展，比如在移动支付领域，类似 M-Pesa 这样的平台等已经使非洲成为该领域的全球领导者。

然而，非洲也可能成为"穷人的大陆"（图 1-25）。据世界银行预测，2030 年超过 55% 的全球最低收入人群将居住在非洲，这个数字大大超过了 10% 这个全球最低收入人群数。换句话说，非洲大陆将面临其一半以上的人口属于最低收入者的风险。对比一下如今仍然生活着贫困人口的南亚，该地区的进步不可同日而语，其贫困人口相对于世界总贫困人口的比例将在 30 年内减少差不多一半。

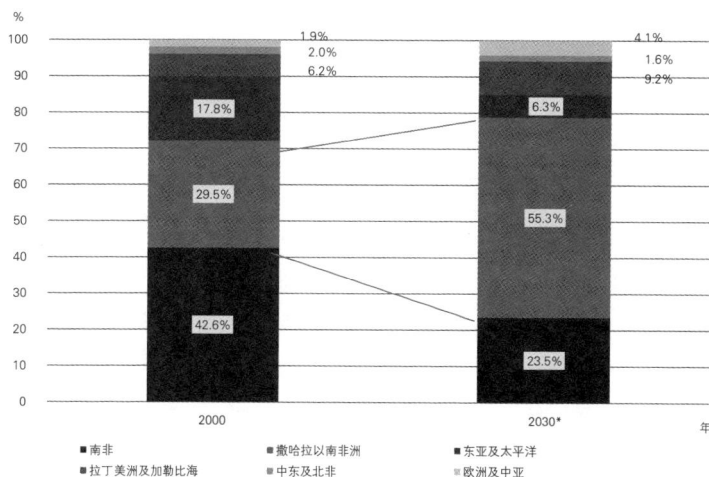

图 1-25　世界上一半的穷人可能会居住在非洲

注：＊世界银行基线预测

数据来源：世界银行，《全球经济展望》（2007）：管理下一波全球化浪潮。

最后一个需要注意的是印度。与中国相比，印度的增长奇迹获得的关注要少（至少在欧洲媒体中间是这样）。这在一定程度上可能是因为，从绝对意义上讲，印度的经济规模比中国要小得多，其 GDP 为 2.25 万亿美元，而中国为 11.4 万亿美元。尽管如此，印度的经济增长仍然令人印象深刻，在 2005 年到 2015 年间平均增长了 7.6%。[①] 据大多数人估计，印度是全球离岸和外包工作的首选目的地。[②] 从历史上看，印度政府的特点是由中央——通常是外国势力[③]——统治着许多小邦或联邦属地，而这些邦也拥有某些权力。这种形式各样的分散权力仍然存在于当今的印度，而国家控制着重要决策。印度的邦政府可以在一些问题上做出自己的决定，比如选择使用何种语言，以及发展何种经济。这对印度的发展有着重要的影响。在中国，绝大多数人会说普通话，而在印度，印度语的使用率只有 41%。目前印度有 22 种官方语言，其中被 5%以上的人口使用的语言只有 6 种。[④] 经济发展在各邦之间也截然不同。因此，尽管印度和中国都在崛起，但它们选择了非常不同的治理策略。

被英国占领之后，印度的经济持续承受着严格的监管、官僚主义和大型公有制的垄断，但最近，它已经向市场经济迈

---

① 世界银行。

② 花旗全球定位：《全球视角》，第 23 页，全球服务外包或外包目的地排名。请注意，这个排名是由 Tholons，Towers Watson 和 AT Kearney 的排名组合而成。

③ 例如：德里苏丹国（1206—1526）、莫卧儿王朝（1526—1857）和英国（1858—1947）。

④ 维基百科；《印度：没有成为强国》（2017 年）；《地缘政治的未来》。

进。印度于 1995 年加入世界贸易组织（WTO），并接受了某些世界通行法规，比如专利法，这使得印度与其他国家做生意变得比较容易。尽管在印度做生意仍比较困难（在 2017 年世界银行有关营商环境指数的排名中，印度在 190 个国家中排名第 130 位），但随着这个国家慢慢变得更加自由，官僚主义越来越少，情况正一步一步变好。2014 年，纳伦德拉·莫迪当选总理，引发了人们的乐观情绪，因为他被视为亲商人士。

税基小——据估计仅占人口的 1%[①]——是该国的主要问题之一。这个问题也引发了世界上最大的社会经济学尝试。例如，为了阻止偷税漏税，2016 年在总理莫迪发布"废钞令"仅仅 4 小时之后，政府就回收了 86% 的流通现钞。这造成了现金短缺，一些人认为，这个尝试对今天的经济增长仍然有影响。政府的目标是扩大税基，刺激人们开设银行账户，拥有社会保障身份。因此，印度创造了世界上最大的生物识别系统——Aadhaar。[②] 该系统使用虹膜扫描、指纹和 12 位数字组合成识别号码，用于福利和纳税申报。在其 13 亿人口中，已有接近 90% 的人拥有 Aadhaar 号码。[③] 因为这个系统，印度的生物识别技术超越了世界上其他国家。

印度经济面临的第二个主要挑战是高质量的教育。尽管印度已经设法对其 2.6 亿适龄儿童普及教育，但教育质量仍然很差，来自印度泰米尔纳德邦和喜马恰尔邦的 15 岁学生平均比

[①]　彭博社（2017），《税收革命席卷印度 2 万亿经济》。

[②]　《金融时报》（2017），《印度的生物识别身份扫描使科幻成为现实》。

[③]　《经济时代》（2017 年 3 月），《12 亿印度人现在拥有 Aadhaar 号码》。

他们在中国上海的同龄人落后整整 5 年。如果按照美国的教育体系，他们将属于班级垫底的 2%。[①] 这会带来严重后果，因为学校的表现与更高的工资和更快的经济增长有着复杂的联系。

为了完成对当今世界经济的研究，我们还需要简单地看一下一些其他国家，同时还需要强调另一个结构性演变。先从俄罗斯开始。到目前为止，这个国家还没能成功地提升其价值链（从低价值的出口，如原材料，到高价值的出口，如技术），并且仍然主要依赖大宗商品（例如石油和天然气），因此很容易受到大宗商品价格波动的影响。俄罗斯还承受着不透明的商业规则和持续的国家干预之苦。事实上，俄罗斯的 GDP 增长和汇率似乎与原油价格密切相关[②]，而俄罗斯的富裕地区则是生产石油的地方。这让一些媒体，如《经济学人》，得出结论，俄罗斯的许多政治事件，如克里米亚，也与原油价格有关。[③] 可悲的是，俄罗斯印证了资源诅咒理论，该理论也被称为"富足悖论"。根据这一理论，自然资源丰富的国家往往经济增长会更少，民主水平也更低。其他受此"诅咒"的国家还包括沙特阿拉伯、委内瑞拉、刚果、利比亚、阿尔及利亚和伊拉克——所有这些国家至少在某些方面遭遇了挑战，因为它们也拥有资源。该理论的唯一例外是博茨瓦纳，通过与戴比尔斯合资开采钻石，博茨瓦纳的 GDP 获得了可持

---

① 《经济学人》(2017)，《印度已普及初等教育，但效果并不好》。
② 哈佛商学院案例研究 (2016)，《俄罗斯：苦难和托斯卡》。
③ 《经济学人》(2016)，《油价和俄罗斯政治：历史》。

续的增长。① 这是最后一个结构性演变，**预计 21 世纪将会见证资源丰富的国家为了实现多样化和克服这一诅咒而苦苦挣扎**。随着资源消耗和旨在减少环境危害的国际政策生效，这些国家的压力将会越来越大。正如沙特阿拉伯在其《2030 年愿景》文件②中强调的那样，经济的多样化将是其创造未来增长的关键。

正如图 1-26 所显示的那样，近年来，大宗商品出口国比进口国的经济增长要低。依赖出口的国家容易受到这些商品价格变动的影响，因此，其赖以增长的力量是其无法控制的。近年来，石油价格的波动尤其剧烈，2008 年 1 月达到峰值每桶156 美元，而 2016 年同期仅为每桶 29 美元（图 1-27）。当全球经济衰退袭来时，油价可能会暴跌。2008 年 1 月至 2009 年1 月期间，油价下跌了整整 70%。由于广泛采用了新技术，如水力压裂法，近期美国的天然气和石油出口大幅增加，这又进一步加重了大宗商品出口国所面临的问题（图 1-28）。新的技术进步增大了石油和天然气的供应量，这给大宗商品出口国的价格带来进一步的下行压力。

尽管资源丰富的国家有可能在不久的将来看到大宗商品价格再次上涨，特别是石油价格上涨，但将大宗商品作为经济繁荣的主要战略是不明智的。包括美国能源情报署在内的一些观察人士认为，如果全球需求增加，石油价格确实会上涨。然而，

---

① 关于这一伟大的故事，请阅读《解决之道：国家如何在一个衰落的世界中生存和繁荣》（乔纳森·特普曼，2016）。

② 这份文件可以在 www.vision2030.gov.sa 上找到。

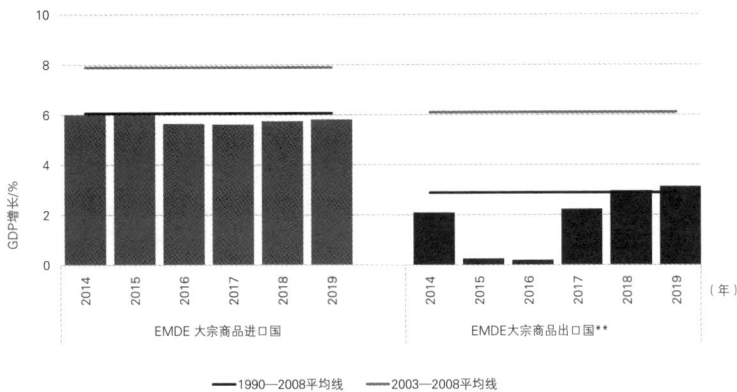

図1-26 大宗商品出口国的増加将放緩

* 以石油为例，其他相关波动性商品有天然气、黄金、白银、锌、小麦、糖、咖啡、钢等

** 例如：委内瑞拉、俄罗斯、沙特阿拉伯、利比亚、阿尔及利亚、哈萨克斯坦、刚果、伊拉克

来源：Macrotrends 数据库；世界银行的预测；《经济学人》：《一个充满风险的国家》

图1-27 大宗商品可以是一个波动性很大的业务

资料来源：Macrofrends 数据库

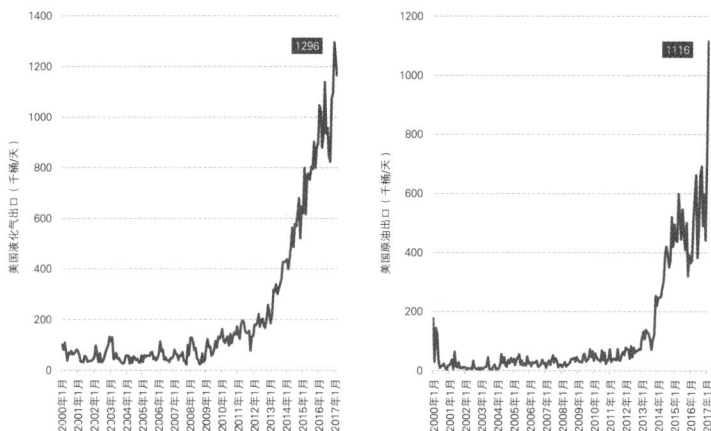

图 1-28　美国已经加大了石油和天然气的开发力度

＊参考资料：沙特阿拉伯和俄罗斯，世界上最大的原油生产国，每天生产约 1000 万桶

数据来源：www.eia.qoy，2010 年 1 月—2017 年 2 月出口数据

这将取决于许多因素，如 OPEC 协议的成功达成、经济增长的实现、美国页岩油的生产，等等。因此，从长远来看，大宗商品出口国需要预先找到克服资源诅咒的方法，使波动最小化，并使经济组合多样化。21 世纪的环境政策将迫使其这么做（更多内容参见关于环境的章节）。

综上所述，我们可以对全球经济的前景持谨慎乐观的态度。未来的世界经济很有可能会更健康、生产率会更高、更具创新性，并在世界各国分布得更均匀。尽管 20 世纪的全球经济增长更似奇迹，但 21 世纪上半叶的经历却告诉我们，这个奇迹仍有可能在新兴经济体中得以延续。但是，我们不应对一些变化视而不见。我们所讨论的最重要的变化如下：

1. 全球增长引擎的再平衡：大部分的经济增长将来源于新兴经济体，而不是发达经济体。特别是，中国和印度的同时崛起将会创造一个新的经济中心，重心将向东方转移。用经济术语来讲，21 世纪将是亚洲的世纪。

2. 不平等程度上升。随着不平等程度上升，国家内部以及国家之间的社会动荡会加剧。一些国家可能会冒着创造"沙漏型经济"的风险，也可能会冒着弱化其当前核心价值观的风险。除非有特别的举措（例如，无条件基本收入、更好的受教育机会），发达经济体中低收入阶层很可能会面临越来越大的挑战。

3. 生产率增长放缓。已经负债累累的国家和人口下降的国家，尤其会面临生产率增长放缓的挑战，其生产率会大幅放缓。新一代工人对工作的认知已经改变，这种改变会进一步加剧这一现象。

4. 投资者的情感分离越来越严重。由于算法和被动交易的兴起，投资者与其投资在情感上的分离越来越严重。这可能会造成道德问题，因为讲道德的公司与不讲道德的公司之间的区别不再那么明显（或者说，是由机器决定的）。

5. 中产阶级推动消费增长。随着数以亿计的新中产阶级进入消费市场，其中大部分来自亚洲，全球消费格局将发生巨大变化，消费将上升到前所未有的水平。这种增长也可能会影响某些商品的价格。

6. 中国成为世界上新的最大经济体。新的世界领导的诞生将会给全球的经济、政治和道德都带来重大影响。中国的问题将日益成为世界的问题。

7. 大宗商品出口国经济多元化的角逐。由于资源是有限的，也由于资源的价格高度波动，资源依赖型国家的增长率受到了极大的限制。大宗商品出口国将面临一场与时间赛跑的竞赛，以便在下个世纪成功实现经济多元化。

在结束这一章之前，值得注意的是，从本质上来讲这些挑战大多数都是人类集体的挑战。这些挑战并不是由单一国家制造的，它们的影响也不会局限于单一国家。更准确地说，它们反而应该被看作人类已经获取的进步的副产品，是意识形态的体现。这些结构性的演变将直接影响到处于经济核心的各类企业组织。例如，经济引擎的再平衡意味着来自东方的竞争将越来越激烈，来自新兴经济体的消费将显著增加，当一个组织的团队遍布于世界各地时，当人们在不同的时区、不同的文化中工作时，组织的文化势必越来越多样化。出现在当地市场、了解当地市场和需求，以及拥抱多元文化将变得越来越重要。如果组织的外部世界高度不平等，那么这个不平等将会以某种方式影响到组织内部。组织的领导者以及投资者与广大的劳动者之间的收入差距会进一步拉大。与此同时，放缓的平均生产率增长将使股东要求企业以更少的成本做更多的事情，这会进一步增加企业的压力。自动化是一个合乎逻辑的解决方案，但这会给人类带来影响。最后，从更广泛的利益相关者的角度看，或从长期的视角看，与投资者之间日益增加的分离也会给企业带来挑战。我们认为，随着所有这些变化对组织继续施加着影响，组织将成为创新的主要场所，也将成为新的经济模式——更平衡、更长期、更具包容性——的试验田。

1.3 地缘政治

尽管经济趋势像是后台的引擎一直在安静地运转，但近些年地缘政治的发展趋势却俨然已经成为我们聚焦的关注点。一些重大事件——"阿拉伯之春"、2016 年在希拉里与特朗普之间展开的美国总统大选、2016 年英国公投退出欧盟、巴西总统与韩国总统因受到公开弹劾而下台——已经让我们瞥见新世界的一角。本章将介绍 21 世纪地缘政治的六种结构性演变：权力的分散、全球信任的缺失、反全球化情绪的高涨、强硬派政治领导的崛起、国际紧张局势的加剧，以及精英阶层与平民阶层之间的巨大差距。

权力分散

世界银行执行董事莫伊塞斯·纳伊姆在他 2013 年出版的畅销书《权力的终结》中指出，权力在未来将越来越趋向分散，并将产生一个更加动荡的世界。这是与此趋势深度相关的第一个地缘性政治结构转变。纳伊姆认为，总体来看，权力的概念在某种程度上正在衰退，例如掌握权力的人现在能做的事情越来越少，而且很容易就会失去权力。纳伊姆描述的趋势适应于所有中央集权的权力体系，既包括政府机构①也包括组

---

① 在 2012 年的 TED 演讲中，纳伊姆描述了这样一个事实：在 34 个经合组织国家中，只有 4 个国家是执政党也同时控制国会的。

织。他相信，强化权力去集中化的驱动力要比强化权力集中化的驱动力更为强大（图 1-29）。一些强大的驱动力，例如互联网信息的广泛接入，"话语权的民主化"（推特、油管、脸书和其他社交媒体），以及总体上更好的受教育机会，这些因素都在推动着权力的去集中化。而促成权力集中化的驱动力，比如"国家优先"的思维，以及快速决策的需要，相比之下有些疲软。权力去集中化这一趋势的另一条线索表现在我们所偏爱的国家形式（图 1-30）。尽管独裁统治和其他类型的中央集权制国家仍然存在，但是当民主这一形式在 20 世纪出现后，我们就已经看到各国对它的偏爱，很显然民主成了大赢家。1900

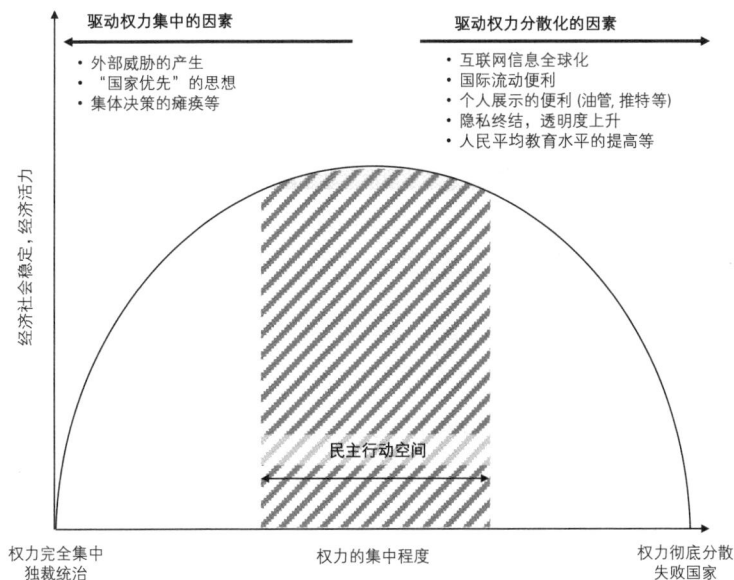

图 1-29　掌权人越来越无能为力

资料来源：莫伊塞斯·纳伊姆（2013），《权力的终结》

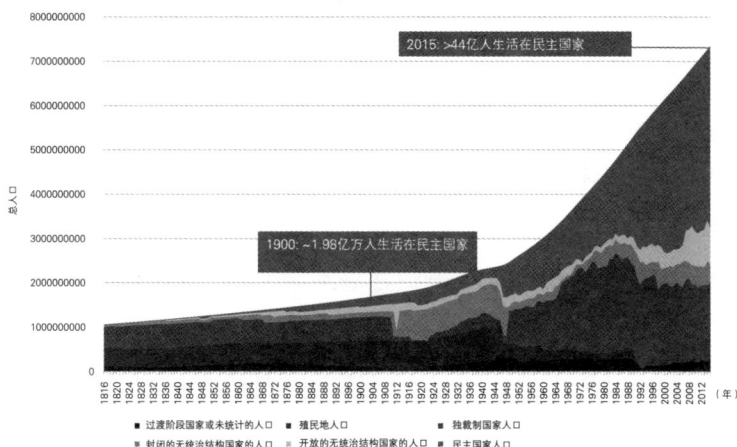

图 1-30　20 世纪见证了民主的爆炸式发展

资料来源：www.ourworldindata.org

年，大约有 1.98 亿人生活在民主政体下，并能够参与到本国
的决策制定中。到 2015 年，这一数字增加至 44 亿人。尽管权
力去集中化是核心趋势之一，但更重要的是纳伊姆并没有简单
地将"权力去集中化"定论为好事还是坏事。本质在于，要
从两个极端之间寻找到平衡，一端是独裁统治，另一端是权力
彻底去集中化的失败国家。这在图 1-29 中有所展示，即民主
行动空间。

　　与纳伊姆权力分散理论相一致的是，高度不平等（参考
上一章节）所带来的日益增加的动荡。在过去的几年中我们
已经看到许多由社会不平等引发社会动乱的例子。例如，就在
我写这本书的时候，加泰罗尼亚区政府未经西班牙政府官方许
可，举行了一场关于独立的全民公决。当警察走近人群询问

"负责人是谁"时，所有人都举起手作为回应。① 近十年来，这样的动乱越来越频繁，例如在中东和北非爆发的"阿拉伯之春"抗议运动。巴西和韩国的反腐败抗议活动。声称"我们是那99%的人"的占领运动；反对美国前总统唐纳德·特朗普的全球妇女游行。最后两个例子表现出关于新现实的对比鲜明的观点：在这两个案例中，抗议活动都是国际范围组织的，并且都有数量庞大的追随者。占领运动发生在82个国家的951个城市里②（抗议者的确切数字未知）。参与妇女游行的美国抗议者在300万—500万人，加上发生在其他国家的261场姊妹游行，包括津巴布韦和南极大陆的游行在内，估计总共有35.7万人③。这个数字简直让人叹为观止，因为这次妇女游行很可能是美国有史以来单日里规模最大的示威游行。借助类似脸书和推特这样的社交媒体平台，组织策划所有这些社会抗议活动，要比以往更加容易。虽然这些抗议活动中有一些没有实现预期的影响，比如反对唐纳德·特朗普的妇女游行；但事实上，其他活动都达到了预期的目标：突尼斯、巴西和韩国，在不断要求罢免前任总统之后，都分别选出了新总统。不过，在所有这些案例中，抗议活动都深深影响了周边的地缘政治氛围。

信任缺失

这么多人主动参与抗议——在某些国家做这样的事情，是

① 《加泰罗尼亚独立公投陷入混乱，警察与选民发生冲突》，CNN。

② 《卫报》的 excel 表格。

③ 《这是我们能从统计妇女游行中总结出的结论》，《华盛顿邮报》（2017）。

要冒着失去自由的风险的——表明了一些微妙的事情正在发生。而"信任指数"就尝试通过捕捉社会公众的情绪，传达给我们这些相关信息。图1-31和图1-32展示出美国的信任指数。从某种意义上讲，美国这种紧张局面的效应其实有些被放大了，因为作为全球最大的经济体，美国必然会对其他国家造成重大的文化影响，但这个例子不能代表更大系统的变化趋势。如图1-31所示，对于美国政府会做正确事情的信任度正在一个历史低位处徘徊，调查中只有19%的人表示相信美国会做正确的事。而大约60年前，4/5的美国公民都相信自己的政府会做正确的事情。这样的**"信任赤字"**就是我们的第二个结构性演变。在这段时期内，政府显然令很多人失望。我们通过观察人们在提起联邦政府时所体验到的情绪来深入探究具体发生了什么，调查结果显示，2017年当提到联邦政府时

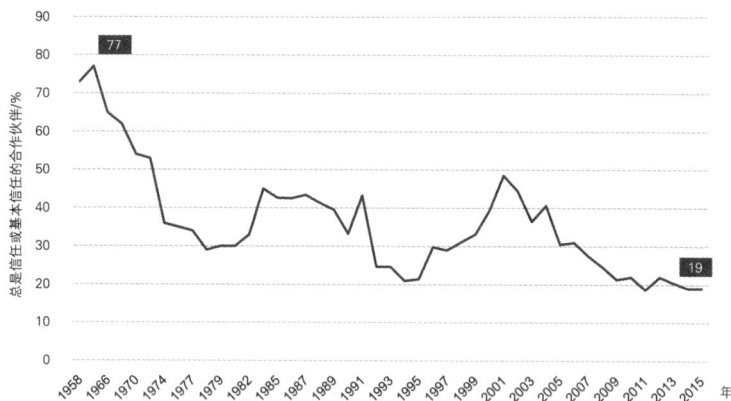

图1-31 对政府的信任处于历史低点

注：引用美国的数据

资料来源：皮尤研究中心，www.ourworldindata.org

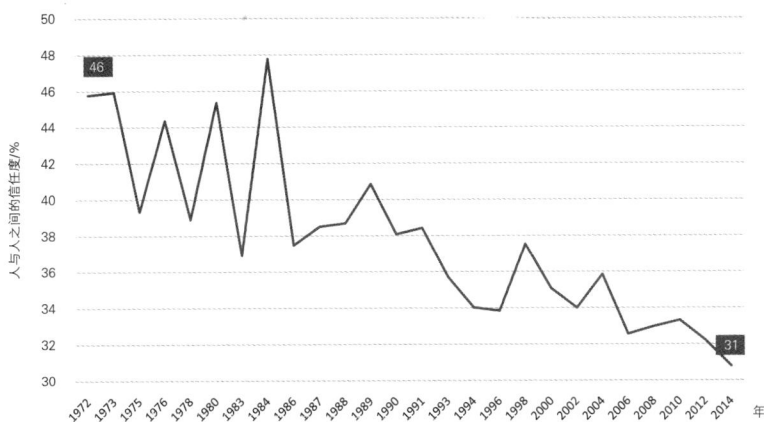

图 1-32 人与人之间的信任水平下降

资料来源：皮尤研究中心，www.ourworldindata.org

55% 的人表现出"沮丧"，22% 的人表现出"愤怒"，还有19%的人表示"基本满意"。① 此外，相比于对政府的低信任度，更加令人担忧的是人们彼此之间的低信任度（图 1-32）。人们彼此之间的信任至关重要，因为它涉及人们参与商业交易的意愿、在生活中建立友谊的意愿，以及我们对下一代的教育等。这些数字呈现出当社会信任崩塌时的黑暗景象。当今的美国社会，只有大约 1/3 的人相信大多数人能够被信任。换言之，有 2/3 的人都不相信其他人是可以被信任的。

另一项在其他国家所做的网络调查也显示出类似的趋势，尽管该趋势没有那么明显。在经合组织（一个富裕国家的俱乐部，包括美国在内共有 35 名成员国）成员国中，虽然不同

① 皮尤研究中心。

国家之间的数据各有差异，但总体上大概 10 个人中只有 4 个人信任自己的政府。受到最近一次的 2007 年金融危机严重影响的国家，像希腊、葡萄牙和西班牙，已经看到民众对政府的信任水平骤然下降。直到今天，民众对这些国家政府的信任水平依然停留在低位。尤其是希腊这个国家，政府的信任水平已经跌到 13%[①]。在实行财政紧缩措施之后，希腊人对其他欧盟国家也不太信任。在皮尤研究中心调查欧洲人认为哪些国家最值得信赖时，只有希腊人把自己的国家放在第一位，而所有其他国家的民众都认为德国最值得信赖[②]。欧洲人对德国值得信任这一褒奖也有保留，因为人们也普遍认为德国人最缺少慈悲心，德国最为傲慢[③]。相当有趣的是，意大利人把自己放在信任名单的最后，他们怀疑自己的国家多过怀疑自己的邻国。谈到信任水平，印度有超过 70% 的人口对他们的政府有信心，这看起来是相当积极的，在全球都是个例外。可悲的是，年青的一代似乎特别不信任政府。在世界经济论坛最近所做的一项调查中，共收集了年龄在 30 岁以下的 3 万多人的反馈，仅有 25.6% 的人同意如下观点：我相信各国政府是公平和诚实的。事实上，国家政府的信任水平，与所有其他组织机构中最不令人信任的机构的信任水平相差无几，仅有大公司的得分（23.8%）略低于国家政府。[④]

---

① 《经合组织政府一瞥》(2017 年)。

② 皮尤研究中心，2012 年。

③ 有趣的是，被德国和英国提名为欧盟中最傲慢的国家的法国，自称是最傲慢和最不傲慢的国家。

④ 世界经济论坛全球调查 (2017)。

反全球化

与对于政府和其他人的信任赤字相关联的还有对于全球化的信任下降，全球化不再被认为是一种好的力量。全球化是全球市场一体化的简略表达方式，换句话说，是跨国市场的延伸。我们今天正在目睹的一个结构性演变，是**日益加剧的反全球化情绪**。尽管反全球化的概念有许多形式与描述，但它常常是上涨的民族主义情绪和对自由贸易（协议）的反感情绪的结合。有时候，对大型组织的反感情绪也包含在内。所以，这种情绪经常体现在诸如退出贸易协定、在本国强力重建某些行业（钢铁、石油等）的行动中，以及"本国人民优先"的言论中。对全球化的担忧，似乎与工人群体有关，因为他们并没有在全球化的过程中受益（参考图1-8）。诚然，对这些工人群体来说，全球化确实是一种威胁。

反全球化这股强烈的后退力量引出了一个问题：我们全球化的程度究竟怎样？一个有说服力的观点是，看国际贸易总额，显示在图1-33中即出口的商品和服务。如图1-33所示，在过去的一个世纪里，国际贸易确实增长迅速。这一历程中的关键时段，包括从20世纪70年代起开始的集装箱标准化（世界贸易的90%是通过国际海运行业实现的，集装箱贸易又占到其中的60%[①]），欧盟的形成（1993年[②]），北美自由贸易协定的签订（1994年），旨在规范国际贸易的世界贸易组织的创

---

① 　Statista。

② 　欧洲经济共同体（EEC）是1957年根据《罗马条约》（*Treaty of Rome*）成立的，最终形成了欧盟。从这个意义上说，欧盟的基础要古老得多。

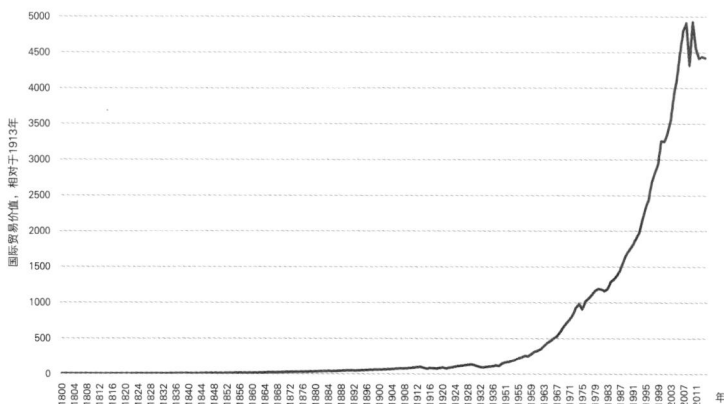

图 1-33　全球贸易遇到了挫折

资料来源：Klasing, Milionis（2014）；埃斯塔瓦德尔，弗朗茨，泰勒（2003）；佩恩世界表 8.1 版本，www. ourworldindata. org；Frederico and Tena-Junguito（2016）

建（1995 年[①]），以及中国最终于 2001 年加入世贸组织。图 1-33 显示了出口伴随时间的推移而强劲增长，同时在曲线的末端还显示出 2008 年金融危机打乱了这一进程。对打破这一进程的更深层次观察可以在图 1-34 中看到，这表明，与 2008 年之前相比，我们现在依然处于较低的国际贸易水平，而且贸易增长已经大幅放缓。某些学者将这种状况总结为，我们现在正处于"超越全球化"时期。[②]

---

① 与欧盟一样，世贸组织也是在前身的基础上建立起来的，它的前身是关贸总协定（GATT，关税及贸易总协定），成立于 1948 年。

② Ezra Greenberg, Martin Hirt, Sven Smit,《全球力量激发了关于发展的一种新叙事》,《麦肯锡季刊》（2017）。

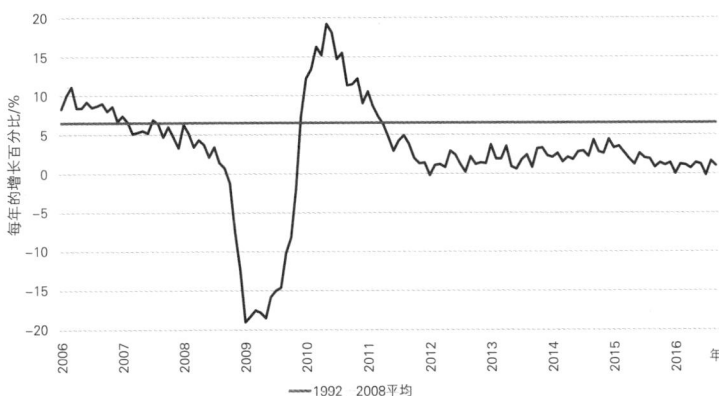

图 1-34　当今全球贸易的增长速度正在放缓

资料来源：世界银行《全球经济展望》（2017 年 1 月）；荷兰经济政策分析局

　　全球化作为一种政治雄心也在遭遇打击：尽管在过去大多数人把经济增长和新机遇与全球化联系在一起，但现在许多工人，尤其是经济发达地区的工人，担心全球化可能会让他们失去工作，并且外国公司会接手他们的组织。在一些国家里，比如法国、比利时和意大利，多数人已经开始认为全球化不适合他们，并且在所有参与研究的国家中，这一群体现在占据了非常显著的人口份额（图 1-35）。反全球化的一些作者和政治家群体都把全球化描述为"市场原教旨主义"、"赌场资本主义"，以及"麦当劳世界"。

　　在一些政治事件中，这种反全球化的情绪极可能已经发挥了重要的作用，比如英国公投退出欧盟，以及特朗普在美国总统大选中胜出。特蕾莎·梅有句名言，"如果你自认为是一个世

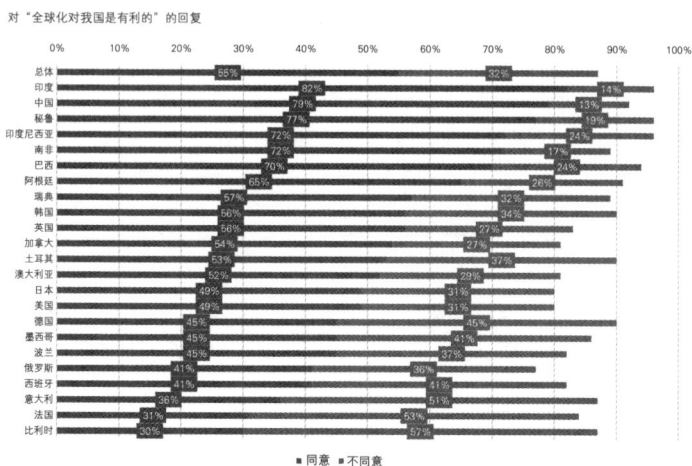

对"全球化对我国是有利的"的回复

图1-35 并不是所有人都认为全球化是好的

资料来源：易普索全球趋势调查，2016年9月12日—10月11日，
N = 18180

界公民，那你就不属于任何一个国家"。还存在一种隐忧，这种反全球化的论调可能导致"隐晦的保护主义"：各个国家提高关税，通过补贴手段有失公平地推动本国产业，要求银行只贷款给本地公司，并且打压外国投资。如果这种情况发生，将导致全体增长放缓，并且加剧国际紧张局势。此外，如果以史为鉴，众所周知，当各个国家与其他国家建立贸易关系，并且在贸易与保护方面敢于彼此相互信任时，全球的政治氛围最为稳定。比如世界贸易组织、联合国组织和国际货币基金组织，这种超越国家级别的组织旨在保护这种平衡性与开放性。可悲的是，为了赢得选票，一些政客完全背道而驰，把当前的孤立主义发挥到极致。正如为众人所熟知的心理学研究那样，一旦失去信

任，重新取得信任比从一开始保持信任要更加艰难。①

身为互联世界的典范，德国处于自由贸易政治的核心位置。作为世界第三大经济体以及欧盟的核心成员，其增长严重依赖于国际贸易，并在相当长的一段时期内持续保持6%—8%的贸易顺差（图1-36）。德国产的汽车（想想奥迪和大众）、汽车零部件以及药品，在其他国家拥有强大的客户基础。但由此产生的贸易顺差却为德国招致国际上的批评，因为贸易顺差与赤字需要自然平衡，各国对此有所担心。② 再加上一些分析人士认为德国从欧元区和欧元中获取了不公平的利益，这一结论也导致国际局势紧张。最近，美国政府认为欧元被保持在一个"虚假的"低点，这是因为疲软的欧洲经济体（集中在南部地区，比如西班牙、葡萄牙、希腊、爱尔兰）不可能通过本国货币贬值的方式来促进本国的出口，究其原因则是它们与北方"更为发达的"经济体绑定在同一个联盟中，并且必须使用统一货币。对买家来说这样可以支付更便宜的价格，有利于德国的出口。德国的情况已经激怒了一些外国政府，并开始讨论支持自由贸易的底层哲学理念。当特朗普政府威胁要对进入美国市场的德国汽车额外征税时，德国时任经济部长西格玛·加布里埃尔有句著名的回复，"美国需要做的事情就是去

---

① 著名的津巴多"斯坦福监狱实验"。从一组人中随机挑选一些人分别充当狱警和囚犯的角色。作为不同的群体，这两组人表现得像敌人。对儿童进行类似的实验，比如把他们分成"红色"和"蓝色"，结果也差不多。另一个例子是简·艾略特（Jane Elliot），她把人们分成蓝色眼睛组和棕色眼睛组，然后告诉他们其中一个组更优秀，结果非常惊人。

② 《为什么德国经常账户盈余对世界经济不利》，《经济学人》（2017）。

造更好的汽车"，并坚持美国的自由贸易和全球竞争的信念。这一情况也导致欧盟内部出现了紧张局势，特别是在南北地区之间。一些思想家已经就欧盟的南北独立展开辩论。[①] 无须多言，反全球化的情绪给欧盟最初的目标——进一步一体化，带来了更多的压力。

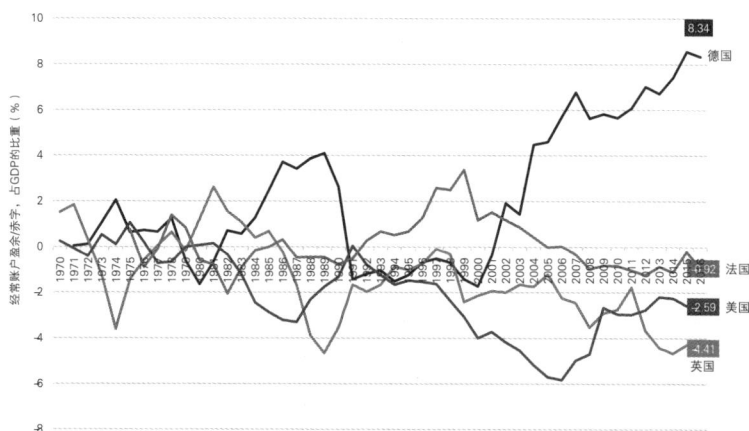

图 1-36 德国出口引擎依然强劲

数据来源：经济合作与发展组织，国际货币基金组织，世界银行。

基于反全球化的情绪，与之相关联的经济不平等，以及占领运动，我们的下一个结构性演变就是更为宽泛的**社会政治中的哲学空白**，特别是在发达经济体内。最近，那些过去数十年来一直存在于社会上的主流叙事已经失去了力量，因为大量的人已经在质疑它们的有效性，或者根本就不相信。这包括对全球化的质疑、关于欧盟的更深的一体化雄心、美国梦，以及在

---

① 例如，为 GPF（佐治亚电力公司）工作的美国预测专家乔治·弗里德曼。

某些情况下关于民主本身。欧盟的消亡频频成为媒体头条，比如"欧洲梦之死"（《金融时报》，2010），还体现在一些书名上，比如拉奎尔于 2012 年著述的《衰落之后：欧洲梦的终结与欧洲大陆的衰落》（*After the Fall：The End of the European Dream and the Decline of a Continent*）。尽管在英国公投退出欧盟事件后欧洲人对欧盟项目的信任有所反弹，但在 2010—2016 年依然持续下跌①，而且这种信心提升很可能是暂时的。显然，"更深的一体化"的雄心已经受困于欧洲债务危机、持续存在的欧盟南北地区的不平等、对德国的过度依赖②、共享货币欧元，以及忍受像英国这样的国家公投脱欧的事实。在参与调查的大多数国家中，多数都支持举行全民公投来决定是否成为欧盟成员（尽管有少数国家报告说它们想脱欧）。著名的纪录片导演亚当·柯蒂斯，在他 2004 年执导的纪录片《噩梦的威力》中，已经留意到社会中的哲学空白。他在片中展示了乌托邦式的愿景，类似于肯尼迪 1962 年的演讲"我们选择登上月球"，或者曼德拉的阿曼德拉主张那样，已经为贩卖噩梦铺好道路。布什的邪恶轴心说与反恐战争，唐纳德·特朗普的边境墙以及"美国大屠杀"③ 就是例子。贩卖噩梦的确相当有效，因为恐惧是一种强有力的情绪，但它远不是那种推动我们前进的重要理论或意识形态。谈到民主本身，哈佛大学的学者在 2016 年开展了一项题为"民主断链"（The Democratic Dis-

---

① 皮尤研究中心（2017），《全球态度调查》。
② 同上，"48%的欧洲人认为德国在欧盟内部的影响力过大"。
③ 特朗普 2016 年就职演讲。

connect）的研究。该研究表明，与民主相关的信念正在消退。在美国，出生于 20 世纪 30 年代的群体中，高达 74% 的人认为生活在一个民主治理的国家是"极其重要的"，而对出生于 20 世纪 80 年代的人来说，这个比例只有 31%。欧洲也有类似的情形，但只是略微下降，从 53% 到 44%。2011 年，当被问及民主是否是一种"糟糕"还是"非常糟糕"的运行一个国家的方式时，在美国 16—24 岁的年轻人中，通常有 24% 的人表示赞同，这一比例是 65 岁以上老一辈人的两倍，他们之中通常只有 12% 的人同意。欧洲在相同方向上显示出的趋势较弱，13% 的年轻一代认为民主是"糟糕"的，而老一辈的认同比例是 5%。[①] 这项研究还显示了日益扩大的"政治冷漠的鸿沟"——年青一代对政治兴趣不大。显而易见，并且令人深度担忧的是，用愤世嫉俗的方式来对待像民主、全球化和美国梦这样的主流思想的趋势正在上升。可悲的是，现在还没有一种更新的力量对抗这种愤世嫉俗。

或许可以借助于历史的视角来帮助人们理解"哲学空白"论点的相关性。人类历史上的每个社会都有其主流意识形态，或主流叙事，它们就像黏合剂一样存在于这些社会中，并且使其现存的社会秩序合法化。有关西方历史上的主流叙事的例子是"大存有链"（在封建时代，由托马斯·阿奎那所描述的，每个生物都是由上帝以固定的等级顺序创造的，其中包括国王、骑士、农奴等），新教改革使得所有信徒与上帝平起平

---

① Foa 和 Mounk，《分离的危险——民主的断链》，《民主杂志》（2016 年 7 月）。文章对这一课题进行了深入的研究，强烈推荐给大家。

坐，并推广个人责任的理念（由路德和卡尔文这样的思想家所推动），以及最终，发展出理性经济人的观点，人们可以通过日常生活中的辛勤工作来获得发展，与宗教信仰没有关系（由思想家洛克与亚当·斯密所推动）。① 对我们的祖先来说这些信条极其强大，因为它们对那个世界提供了一种解释，并且包含了最适于在那个特定世界里生存的规则。无论我们取得了怎样的进步，今天与过去也没有什么不同，因为这些核心信条仍然支配着许多我们集体展现的行为。我们信仰体系中最为理性的科学世界观在某种程度上也是一种信仰体系，它为我们提供了一致性的方式来理解现实。当涉及经济发展的意识形态时，在 20 世纪末我们看到资本主义和共产主义两大阵营之间的对决。在 1989 年柏林墙倒塌，以及 1990—1995 年俄罗斯经济崩溃之后，这种对抗也随之消退。随着资本主义成为一个胜利的模式，自由市场的信条也自然成为大多数国际决策机构（如世贸组织）的核心主张。然而在现实中，资本主义也只是一种叙事模式。随着时间的推移，这种叙事模式也可能被证明是错误的或者无效的。如果这一叙事模式失去了力量，我们就需要另一种模式来替代它，或者对其进行升级。

迄今为止，尽管资本主义意识形态可以说是人类提出的最好的经济叙事模式，但那种严格资本主义的做法由于诸多原因正在弱化。第一，已经有实例表明，国家可以通过不同的模式实现奇迹般的经济增长。中国就是一个例子，在那里奇迹般的

① 要想了解这些观点的历史，请阅读杰里米·里夫金著的《零边际成本社会》（2014）。

增长是通过中国特色的社会主义道路实现的。第二，将自由市场原则推向发展中的非洲经济体，常常没有取得它们想要得到的奇迹。第三，资本主义社会还没有解决高度不平等这一问题。由于现在公司的利润在飙升，资本所有者仍然是从生产中获益的主要受益者。第四，对年青一代来说至关重要的是，目前的资本主义学说并没有找到一种有效的方法，来解决不断增长的生产周期造成的环境破坏与资源枯竭问题。在组织中，这些限制表明，支配模式仍然是股东利益至上，其他利益相关者不太被关注，而且大多数（即使不是全部的）衡量标准仍然以财务收益为中心。我们可以从马斯洛需求理论中发现资本主义意识形态被削弱的第五个原因，也是最后一个原因：人们首先需要满足自己的基本需求。当今这代人在成长中没有经历任何匮乏，比如粮食短缺，这就很难让他们相信有增加产量的需要。相反，他们会追求马斯洛需求层次中更高层次需求的满足。以经济增长为重点的核心原则对他们可能缺少吸引力。

强硬派领导者受青睐

在一个权力日益分散的世界，人们不信任政府会做正确的事情，并且社会的整体叙事模式似乎被弱化，这给领导者们带来巨大的挑战。因此，最近世界各地的政治人士看到，随着民粹主义者人数的逐渐增加，政治候选者们身上的领导风格发生变化，与之相应的是**"强硬派领袖"受到青睐**。[1] 这是我们通

---

[1] 注意，"强硬派"这个词是用来描述领导风格的。我们并不是说所有这些领导人都是独裁者（正如维基百科的定义所暗示的那样），或者必须是男性。

过地缘政治的角度看到的第五个结构性演变。这样风格的例子
有很多：唐纳德·特朗普具有强烈侵略性的"美国优先"运
动，特蕾莎·梅的"硬脱欧"战略①，罗德里戈·杜特尔特的
毒品战争，埃尔多安用公投来巩固政权和对欧盟的好斗情绪，
马杜罗试图巩固在委内瑞拉的政权②，普京在俄罗斯的全面领
导风格，以及金正恩对全世界的核威胁。有趣的是，唐纳
德·特朗普通过每天使用推特公开分享他的情绪和想法，旨在
把与民众的密切联系混合在"强硬派领袖"的风格中（稳固
且集中的权力）。特朗普通过这一策略将独裁领导与他应有的
公开权利结合起来，以营造既平易近人又强悍的形象，这极有
可能帮助他赢得了选举。

　　虽然这份清单并不十分详尽，并且我们讨论的领导特质都
具有连续性，但他们却清楚地表明，这种危险的、孤立主义的
和"强硬派领袖"风格是无法解决我们面临的集体挑战的。
请注意，这种类型的领导风格与政治倾向性并无关联（可以
偏左，也可以偏右）。这种领导风格的共同特点是需要独裁权
力，减少使用系统中的监督与制衡功能，缺少社会可以遵循的
核心意识形态③，且（常常）准许动用武力来作为政治战略。
实质上，这些强硬派领袖都是他们所在国家的特有"问题解

---

　　①　请注意，这种做法并没有受到欧盟的欢迎，随后欧盟主席唐纳德·图斯
克对此做出了回应，强调"他代表的欧盟一方负责管理，英国还有很多账单要
付"。简而言之，图斯克明确表示，欧盟将主导谈判规则的制定，而不是英国。

　　②　值得注意的是，委内瑞拉是一个特别鲜明的强硬派领袖的例子。当已故
总统乌戈·查韦斯（1999—2013）在一次采访中被问及宪法的性质时，他回答说：
"我们有一部优秀的宪法，这部宪法是我自己写出来的。"

　　③　请注意，"强硬派"自己可能不会认同这种观点。

决者"，并且在这一过程中，他们需要向外界展示力量来有效发挥这一职位的作用。在某些社会中，人们会对主流叙事失去信心。这样的社会需要强硬派领袖，因为他们似乎是在这些中央叙事之外所存在的哲学空白里的希望灯塔。可悲的是，虽然这些领导者中的大多数成功指出社会问题所在，但是接下来完全无法成功拿出任何真正的解决办法。特蕾莎·梅的"硬脱欧"运动就是这样一个例子（"不决策胜过一个烂决策"①），尽管话是这样说的，然而当表达出脱欧谈判背后的真实理念时，她一如既往空手而归。英国在线评论员极尽他们知名的嘲讽之能，火速提炼出他们自己的定义，把"英国脱欧"称为"一项未确定好的提案，由一群未经准备的人参与协商，以便得出不可明说的内容，提供给一群不知情的人"。唐纳德·特朗普，一个喜欢把自己的名字写在他所有建筑上的亿万富翁，一个类似的哲学空白的故事，在他的带领下展开。在他总统任期的几个月里，随着美国政府跌入一桩又一桩的丑闻，他对美国——或者进一步说，对全世界——怀有的真正理念仍然是团迷雾，甚至可能根本就不存在。通过这样的方式，特朗普非常遗憾地体现出了占据整个美国的哲学乃至灵性维度的空白。

国际紧张局势加剧

历史告诉我们，一方的强硬行为通常会引发另一方强硬派领导的对抗，因为双方都需要在主场展现强大的力量。或许没

---

① 《卫报》（2017），《英国脱欧：梅对欧洲的威胁："对英国来说，没有协议比糟糕的协议好。"》

有其他真正的原因，仅仅是因为这些领导者需要"保全面子"，这会让国际冲突的风险因这种情况而变得复杂。当今"强硬派"之间的关系日趋紧张，最初的迹象是透过土耳其埃尔多安与欧盟领导人之间的语言暴力显现出来的，再近些则是美国政府和朝鲜之间的争端。当下令人担忧的地缘政治趋势就是，越来越多国家"强硬派"领导的上任，将会导致**国际紧张局势的加剧**，这是我们面临的第六个结构性演变。这种局势加大了全球冲突的可能性，同时也使得有效的国际合作越发困难。它还可能导致孤立主义，即一国领导人在本国拥护者面前表现得强势，但实际上常常无法在世界舞台上达成与其他国家的有效合作。朝鲜是这种情况的一个极端例子，但在美国身上，我们也能看到这样的早期预警信号。尤其是唐纳德·特朗普退出《巴黎协定》的决定，就说明美国已经在朝这一方向转变了。请注意，21 世纪的全球性问题也可能会给国际关系带来更大的压力，比如资源稀缺、气候变化和移民等问题。这些方面的因素会加剧国际政治的紧张局势。考虑到这些即将到来的全球性挑战，孤立主义无疑是一种危险的战略，因为没有哪个国家能够独立地解决这些问题。

大分裂

尽管我们看到了驱动权力走向分散的强大力量，政治领导人也因此表现出了不同的领导风格，但我们仍然没有回答人们为什么会投票给这些"强硬派"领导这一问题。社会中日益加剧的不平等——以及由此带来的社会后果——似乎起到了一定作用，尽管这可能只是部分原因。随着时间的推移，不平等最终会将社会分成两类群体，把精英阶层与其他阶层隔离开来。① 社会学家把这种分裂称为**大分裂**。最近的电影如《极乐空间》和《饥饿游戏》中都有对这种极端的社会分裂特征的描述。**这一现象的本质是精英群体和其他群体之间的鸿沟**，这两类群体都认为彼此生活在完全不同的社会中。在美国总统大选中，唐纳德·特朗普声称自己代表"被遗忘的"矿工和蓝领工人这一群体，承诺将要在美国本土重振美国的旧工业。这群"被遗忘的"特朗普选民，在米拉诺维奇的象鼻曲线中占比达80~85个百分点（图1-8）。请注意，尽管从白领的角度，蓝领群体常被看作带有不理性或愤怒的情绪，但实际上，这群人认为近年来他们的生活并没有得到充分改善的看法是相当理性了。这里的关键是，不同群体的观点可能非常不同，而如果这些群体之间不互相交流或不混合生活在一起，这种分化只会加剧。尽管美国社会的现状看上去像是一个极端的例子，但事实证明，在美国总统大选中暴露出来的社会分裂这一现象，对欧元区等其他发达经济体也造成了或多或少的破坏性影响。特朗普的竞选活动与欧洲类似的民粹主义竞选活动不谋而合，最有名的例子就是荷兰的基尔特·威尔德斯和法国的马琳·勒庞，尽管这两位候选人最终都没有赢得选举。

从心理学的角度来看，大分裂的故事既令人迷惑又令人恐惧。在社会心理学中，如果两类群体大部分处于相互隔离的状

---

① 用希拉里·克林顿和"占领运动"的表达来说，阶层的这两端也分别被称为"可恨分子"和"其余的99%"。

态，并且有着相互竞争的目标时，就会出现信念的两极分化。① 由于每一群体中的成员主要是限于本群体内部的交流，而不是与另一群体的成员进行交流，结果就是他们各自的信念体系会愈加僵化。长此以往，他们会越来越认同圈内人（"in-group"），而不会认同圈外人（"outgroup"）。众所周知的"确认偏误"（confirmationbias），即我们倾向于寻找符合我们对世界认知的信息，这只会加剧群体间的隔阂。在我们的社会中，尤其是在美国，信仰两极化的现象是显而易见的。正如图 1-37 所揭示的，在过去的十年里，共和党和民主党已经看不惯对方了，程度日甚一日。事实上，在 2014 年，这两类群体不喜欢对方的可能性要比 2004 年高出两倍多。

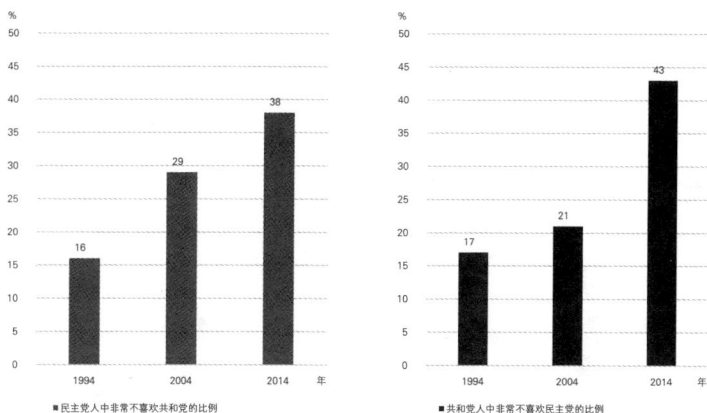

■民主党人中非常不喜欢共和党的比例　　■共和党人中非常不喜欢民主党的比例

图 1-37　政治分歧使美国人两极分化

资料来源：皮尤研究中心，2016—2017 年

---

① 对儿童的研究表明，给他们不同颜色的 T 恤和相互竞争的目标，很容易让他们形成相互"憎恨"的群体。我们从运动队球迷之间的动态也可以看到类似的情形。让这些团体重新团结起来要困难得多，可以通过设立共同的目标来尝试。

在这表象之下发生的事情更为惊人（图1-38）。在美国社会，当民主党和共和党两类群体中的人对当今的现实进行描述时，他们说的好像是两个完全不同的世界。大多数希拉里的支持者认为今天要比50年前好（59%），与之相比，特朗普的支持者的观点几乎完全相反，81%的人认为今天比过去更糟。一项关于"未来的状态"的问题调查也揭示出类似的情况：68%的特朗普支持者认为未来会比今天更糟糕，而希拉里的支持者中只有30%的人这样认为。从本质上讲，这两类群体的基本世界观就不一样。他们关于现实状态的理解也不一致。印度裔美国散文家和作家阿南德·吉里达拉达斯可能是对这两个群体之间的这种分裂描述得最好的人，他称之为"两个截然不同

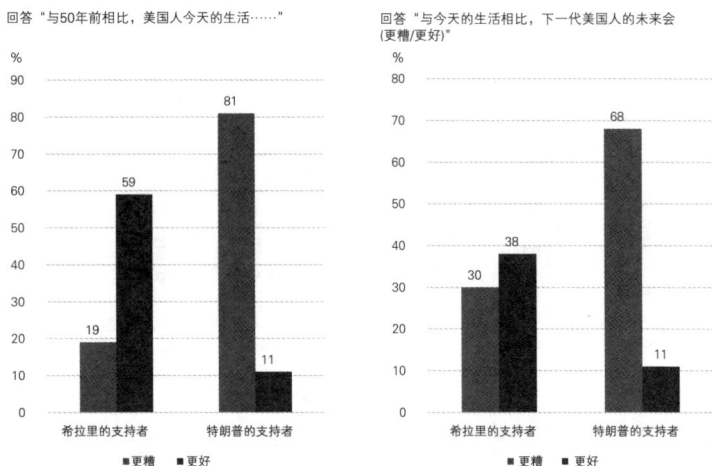

回答"与50年前相比，美国人今天的生活……"

%

90
80   81
70
60   59
50
40
30
20 19
10   11
0
   希拉里的支持者   特朗普的支持者
   ■更糟 ■更好

回答"与今天的生活相比，下一代美国人的未来会（更糟/更好）"

%

80
70   68
60
50
40   38
30 30
20
10   11
0
   希拉里的支持者   特朗普的支持者
   ■更糟 ■更好

图1-38　民主党人和共和党人生活在不同的世界

资料来源：皮尤研究中心，2016年8月

的社会——一个是梦想共和国，另一个是恐惧共和国”①。

这种趋势大概能解释为什么民粹主义"强硬派"领导人对于一些选民来说似乎很有吸引力。心理学研究表明，一个已经输掉过一切的赌徒对厌恶损失的心理感受会更加不敏感②（通常情况下，输掉一笔钱会被认为比赚到同样多的钱更痛苦）。相反，当人们觉得自己失去了一切，他们会愿意冒更大的风险，试图以一个积极的姿态宣告结束。就像在最后一轮赌博中准备把车钥匙扔进去再赌一把的赌徒一样，在最后一轮投票中的选民如果觉得还有一线希望时，就可能会做出激进的选择。当所有希望都破灭时，一场大的赌博可能会更有意义。放弃赌博显然也不是解决问题的办法。

本章关于地缘政治的介绍马上要结束了。总结一下内容，我们正生活在一个地缘政治环境迅速变化的世界里，原来的权力集中模式正慢慢转变为一种不同的、更为分散的权力模式。然而，对许多人来说，目前的局势似乎并不令人满意，并且同时引发了当权者群体和非当权者群体的抵制。各国政府间的不信任，以及各国对全球化理念的不信任，只会助长这种趋势。因此，一些社会正变得越来越分裂。简而言之，我们描述的结构性演变是指：

1. 权力的扩散： 因为技术的进步、更好的教育条件和其

---

① 阿南德·吉里达拉达斯的 TED 演讲，《两个美国在迷你超市里相撞的故事》（2015 年）。

② 阅读 Tversky 和 Kahneman 的书籍和文章，了解更多"关于厌恶损失的偏见"，比如《思考，快与慢》（2011）

他力量的作用，与过去相比民众享有了越来越多的权力。权力更容易获取，但更难被运用，同时也更容易失去。

2. 全球信任赤字：民众对各国政府能采取正确行动的信任度正处于一个历史低点。随着时间的推移，人们对于他人作为"好公民"的信任度也出现了类似的下降。

3. 反全球化的情绪激升："全球化有益"这一信念正日益受到挑战。可能会由此诞生一个新的政治时代，一个"国家优先"的政治时代。

4. 社会政治出现哲学空白：长期以来占据主导地位的核心信条，如"美国梦"和"欧盟的进一步一体化"，在最近几年已经越来越失去其力量和作用。这种哲学上的空白凸显出这一时代的社会政治缺乏清晰的梦想或核心理论作为支撑。

5. "强硬派"领袖崛起：在哲学空白时代，越来越多的政治领导人将会选择作为他们国家的"强硬派"领袖，越来越多地采取强势手段来解决本国面临的问题，以此来对抗权力的扩散和民众对政府的不信任。

6. 国际紧张局势加剧：当所有的"强硬派"领袖都在讲述自己国家的民族主义故事时，他们不可避免地就会与其他同样向自己选民承诺振兴民族的"强硬派"领袖发生冲突。这使得国家之间爆发冲突的可能性加大，而国家之间进行有效合作的可能性就更小了。

7. 精英群体和其他群体之间的大分裂：一些发达经济体似乎变得越来越分裂，不同的群体生活在完全不同的现实之中。

　　正如我们在经济一章中所看到的，本章所描述的转变在性质上是集体性的转变，因此也将对全球产生广泛的影响。21世纪的组织需要有效应对社会中的这些张力，更为重要的是需要有足够的能力和敏捷度来不断试验并找到更好的解决方案。在这种权力逐渐分散的趋势下，21世纪的组织将成为用新的方式来组织人们协同工作的典范。在荷兰和美国，一些组织已经在尝试完全无等级的"扁平"的工作方式，这些组织抛弃了关于领导力的传统观点，使用权力分散来作为推动商业向善的力量。[①] 在大家重新建立对于机构的信任过程中，组织能够也应该承担其重要角色，因为组织同样也面临着它们自身的信任赤字问题（更多信息请参见第2部分）。为了提高客户的信任度，全球范围内很多组织都开始试点完全公开其员工薪酬、高管收入甚至运营利润等数据。在许多大型组织中，普遍都有一些为了更好地理解跨文化差异的项目。一些组织甚至在试点一些能够更加提升人的同理心的项目，以促进组织内成员间的相互理解，比如谷歌的"探索内在的自我"（Search In-side Yourself）。

　　[①] Spotify就是一个很好的例子，它有一个使命驱动型的"部落"（约150人）和"小队"（约7人）组织模式。后来，荷兰的荷兰国际银行（ING Bank）在一次大规模转型中复制了Spotify的模式，这种转型既体现了使命思维，也体现了敏捷的工作方式。另一个尝试自组织的好例子是Schuberg，一家实际上没有领导者的荷兰IT公司，用苏格拉底式的对话技巧来训练他们的员工。Schuberg因此也成为哈佛商业案例。

1.4 人 口

前面我们已经通过经济和地缘政治的现实透镜做了一些仔细的研究，接下来的研究将基于我们必须要有的，也是最人性化的一个透镜：人口。在过去的两个世纪中，人类的发展可谓令人惊叹：人类取得了任何其他物种所不曾取得过的成就。人类从起初是地球上相对弱小的一股力量，到现在俨然已经成为统治性的物种。在这个意义上，我们所做的一切都会深刻地影响这个星球上所有其他子系统。英属哥伦比亚大学名誉教授威廉·里斯特别精彩地描述这一趋势为，"人类发展的雄心已经不可阻挡"[1]。图1-39显示了里斯所说的自工业革命以来人类的指数级增长。在人类历史上的大多数时间内，我们都是一个个相对较小的部落，几亿人以小型定居或游牧部落的方式散布在地球的各个角落。这一切都随着工业化时代的到来而改变，到1800年左右，人类第一次达到十亿人规模。今天，人类大约有75亿人，而且还在持续增长中：每小时约有36万人出生，另有15.6万人死亡[2]。按照这个速度，每年增加大约8000万人，这将导致到2100年总人口会达到112亿。[3] 在本

---

① 威廉·里斯的报告。

② 世界概况，CIA。

③ 联合国的预估。

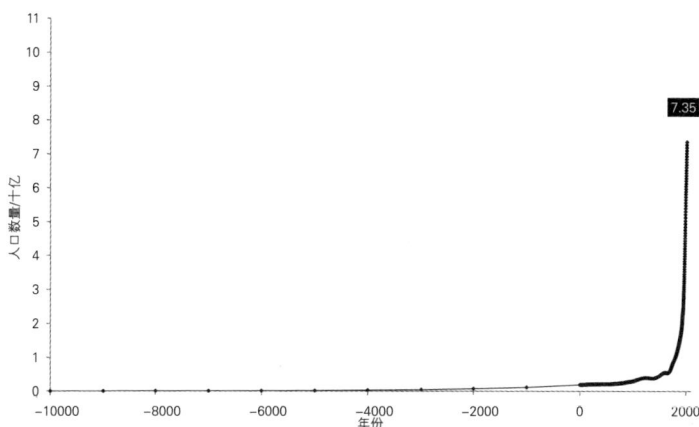

图 1-39　人口增长已经失控了

数据来源：12000 多年以来的人口统计（各种途径），中间估计-
联合国人口部门（2015 修订版）。数据集源于 www. ourworldindata. org

章中，我们会谈到具体某几个洲的预期人口增长，在所谓的
"大迁移"（城市化）进程中被强制迁居人口数量的增加，全
球受教育的劳动力队伍的增加，以及老龄化和一些主流宗教之
间权力关系平衡转变所带来的一些影响。

区域人口增长

区域人口增长是我们通过人口透镜看到的第一个结构性演
变。虽然我们现在知道，马尔萨斯式的人口增长厄运场景以及
潜在的灾难性经济后果每次都被证明是错误的①，但关于特定
地区的人口增长仍将面临重大挑战。如果国际联盟不采取一些

---

① 托马斯·马尔萨斯（1789），《人口原理》。

集体行动来激发经济快速增长，或者没有途径实现前面章节提到的多元化发展，这种挑战会更加严峻。

如果放大到某个具体区域，我们会看到一些国家的人口将会减少（例如日本、德国和俄罗斯），而另一些国家（印度和非洲大陆的大部分地区）将继续保持高增长率。本章主要关注后者，因为在人口增长率很高的地区和人口密度高的地区，以及资源匮乏的地区（如孟加拉国），挑战将更大。

到22世纪，非洲大陆受人口增长的影响将会最大。2015年非洲人口约为12亿，预计到2100年将增长到40亿以上（图1-40）。图1-41显示了相同的数据。鉴于其他地区的人口不太可能有进一步增长，这再次突出了非洲大陆与其他地区之间的巨大差异。这凸显了非洲大陆特别是其中一些国家扑朔迷离的动力机制的变化。举例来说，尼日利亚将在2050年之

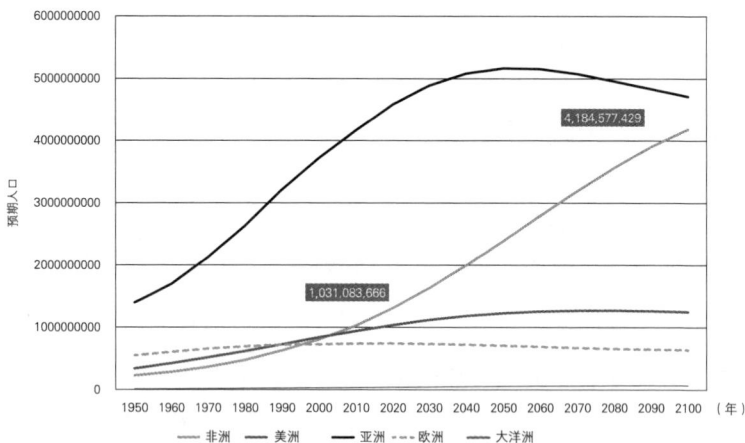

图1-40　非洲人口将增长4倍

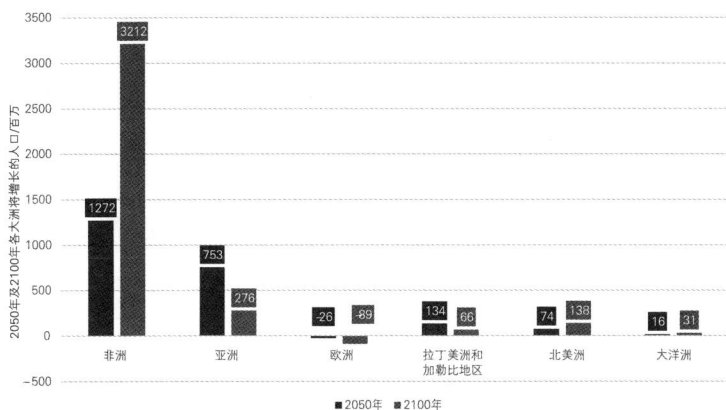

图 1-41　非洲人口增长将超越其他所有大洲
数据来源：联合国，《世界人口展望》(2017 年修订本)

前拥有比美国更多的人口，预计到 21 世纪末将达到 9.14 亿人口（比今天增加 7.4 亿人口）。坦桑尼亚的人口增长速度更快，1970 年只有 1400 万人，预计到 2050 年将达到 1.39 亿人。从整体上看，非洲大陆相对时间段内的整体人口增长趋势，在 2015 年世界人口中只有 16%是非洲人（世界总人口 73 亿，非洲 12 亿人），到 2100 年这个比例将高达 39%（世界总人口 112 亿，非洲 41 亿人）。幸运的是，随着非洲人口的增长，其他大陆的人口数量呈下降趋势或停滞不前，因此对非洲工人的需求可能会增加，不过这也解决不了多少问题。例如，在非洲大陆增加 30 亿人口的时候，预计欧洲将主要因为老龄化问题而减少 8900 万人。但即使所有 8900 万欧洲人都被非洲工人取代，它也几乎不会对非洲人口的挑战有任何实质性帮助。在现实中，这也不太可能发生，因为移民是政治中的一个争议性主题，而国家的边界至少还是会保持部分关闭的。

因此，最大的问题是非洲经济如何跟上人口增长的步伐。非洲大陆的预期人口红利，也就是与年轻人和老年人相比较，这种大量适合于工作年龄的人口的出现，并不会自动转化为经济增长。到目前为止，非洲大陆远没有出现如中国奇迹般的增长，中国的这种增长是历史上最快的经济增长，人口红利也是这种增长的有力支撑。然而，在非洲大陆，增长往往与个别国家的持续稳定和贸易协定中经济的协作一体化有关。内陆国家尤其如此。某些地区比如西非、萨赫勒地区和尼日尔河水域等将面临巨大的压力，这些地区无论是在巨大的人口增长和经济前景方面都普遍不佳。要维持稳定，该地区的增长需要兼容多个种族群体，在这片大陆上目前生活有 3000 个种族群体，存在 2000 种不同语言，这在历史上是很难的一件事。

所有这些因素——非洲人口的增长，全球不平等以及欧洲人口的减少——引发了一个问题：这些因素会对国际移民产生什么样的影响？对于这个问题的乐观回答会强调这是一个大好机会，因为伴随着中国工资水平的快速上涨，非洲大陆将会充满年轻的工人和消费者。中国在非洲的投资已经表明非洲可能成为世界新的工作场所。如果中国的工资水平继续上涨，中国公司可能会与非洲公司合作，将低价值的商品的生产外包给非洲。

被迫移民

对这个问题的比较悲观的回答包含了这些人将被迫移民到更富裕地区的担忧。即使不考虑非洲未来的人口增长，今天看到的被强制迁徙的人口已经是第二次世界大战以来最高的。这种**被强制迁徙人口的上升**是人口方面的第二个结构性演变。目前的主要驱动因素是在叙利亚、阿富汗和伊拉克地区的持续战争以及各大洲之间持续不平等的机会。尽管人们从战争区域被迫迁徙已经不是什么新闻，但是艾伦·库尔迪（一名3岁男孩在试图越过地中海时被淹死，被发现时面朝下地趴在沙滩上）的死亡事件，以及欧洲的难民游行还是引起了许多人的关注。艾伦·库尔迪的照片甚至成为《时代周刊》有史以来最具影响力的100张照片之一。令人遗憾的是，自从艾伦于2015年去世以来，仍有至少8500人因试图偷渡到欧洲而死亡①，并且战争地带也并没有太大变化，这就是现实。

　　2015年，联合国难民署得出结论，当前流离失所的人数比第二次世界大战后更多。② 2016年的流离失所人数相当于全年每分钟有20人被迫逃离家园，即每天为28300人。③ 全年的情况如图1-42所示。其中超过一半是18岁以下的少年儿童。在所有6500万流离失所的人口中，大约2250万人被视为难民，居住在其他国家，而其他人则流浪在国内，继续待在原籍国。在某些情况下，这将威胁到其他国家的存在，比如约旦。约旦收容了来自邻国的大约290万难民。而约旦的人口只有660万，新流入的人口超过了该国可以安全处理的数量。像扎塔里这样的难民营设在沙漠中，原本就是针对移民的临时措

---

① 《卫报》（2017），自3岁的艾伦·库尔迪去世以来，已有8500人在地中海消失。

② 联合国难民署全球趋势调查，2015年被迫流离失所的人口统计。

③ 联合国难民署。

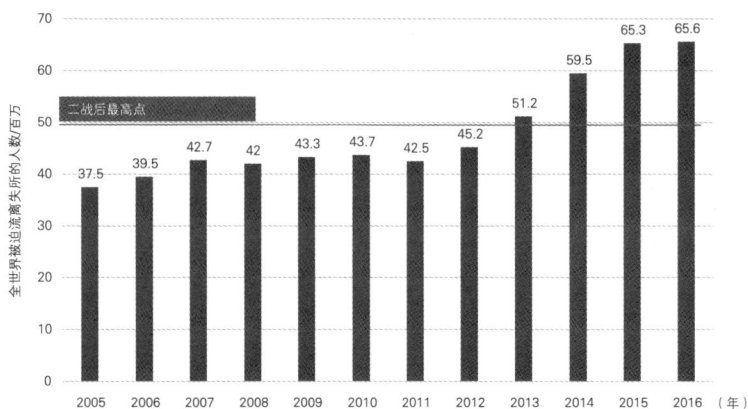

图 1-42　当流离失所的人口达到历史最高

注：国际难民人数大约为 2130 万，其他是区域内部迁徙人口，依然生活在自己的国度里

施，但由于许多难民没有明确的出路，很多这样的难民营正在变成永久定居点。扎塔里目前有大约 80000 人，但它甚至都不是最大的难民营。肯尼亚的卡库马难民营拥有 184000 人①，其中大部分来自苏丹和索马里。这样规模的营地对周围的环境产生了巨大的影响：居住在约旦的朋友向我描述了商品价格，如油价的飙升，以及不堪重负的教育系统等问题。

发达经济体对激增的移民问题的反应令人失望，他们在这个问题上并没有达成一致立场。例如，当德国前总理默克尔公开宣布接纳 80 万难民时，其他西方国家未能跟随其后。欧盟统计局的统计数据显示，德国接纳了 722265 名难民，而法国

---

① 事实上，最大的四个难民营都在肯尼亚。按规模从大到小，依次是 Kakuma、Hagadera、Dagahaley 和 Ifo。

接纳的人口只占该数量的 10%（75990 名），意大利占 17%（121185 名），英国只占 5%（38290 名）[①]。看一下每个国家的首次庇护申请人数量就会显示出类似的情况（图 1-43）。这显然不是一个协调一致的行动，由此导致的不平衡不太可能持续很长时间。更令人不安的是，安置了许多有需要的难民的国家实际上主要是一些发展中国家。图 1-44 显示了两个数据集：难民的来源（出现在顶部的叙利亚、阿富汗、南苏丹国家）以及这些难民进入的避难国家。第二张图显示了一个国家每 1000 名居民中的难民人数，与绝对数字相比这是一个相对更加公平的呈现。在该名单上排名领先的十个国家中，大多数人

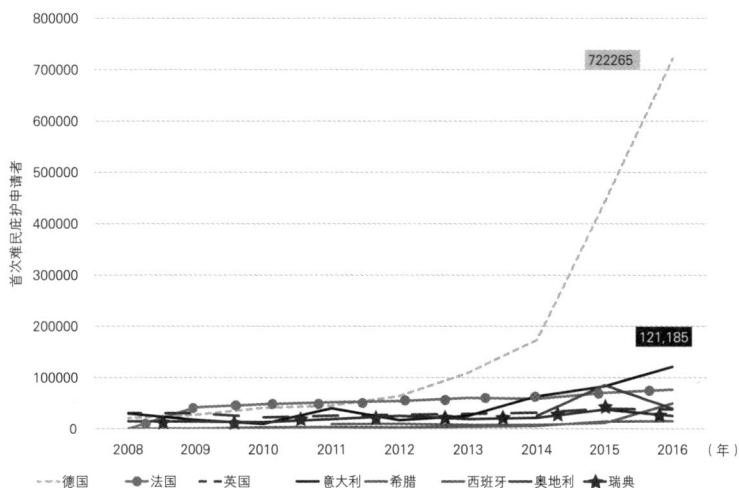

图 1-43　德国因为其人道主义做法被其他国家孤立

数据来源：欧洲统计局（2017）

---

① 欧盟统计局。

每个国家的难民数/百万，排名前十，2016

国家	数值
土耳其	2.87
约旦	2.86
黎巴嫩	1.48
巴基斯坦	1.35
伊朗	0.98
乌干达	0.94
埃塞俄比亚	0.79
德国	0.67
叙利亚	0.56
刚果民主共和国	0.45

每1000个居民中的难民数/百万，排名前十，2016

国家	数值
黎巴嫩	173
约旦	89
瑙鲁	50
土耳其	35
乍得	27
南苏丹	21
瑞典	19
吉布提	19
马耳他	18
毛里塔尼亚	16

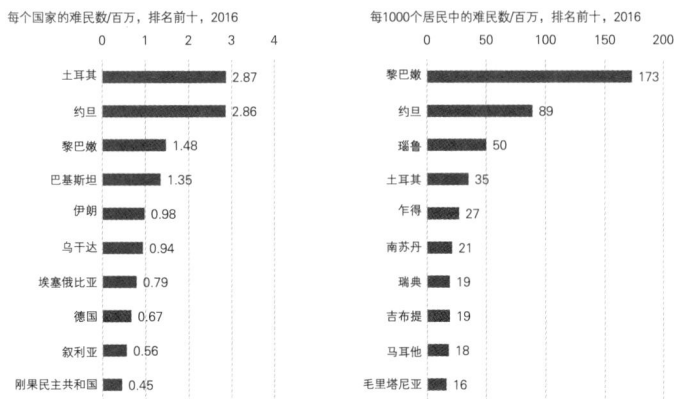

图 1-44　难民危机大多数都是本土解决的

数据来源：世界银行数据集（2016 年数据）；联合国难民署；CNN

均 GDP 不到 10000 美元/年，瑙鲁（总共只有 11000 人）、马耳他、土耳其（人均 GDP 刚刚超过 10000 美元/年）和瑞典例外。由这些图表数据，我们看不到发达经济体在处理较弱国家所面临的社会问题方面做出了他们最大的集体努力。相反，我们看到德国、瑞典和挪威等国家是在做出引领，但其他国家都没有能够跟随。同样显而易见的是，土耳其已经阻止了许多难民进入欧盟以换取其公民的免签证旅行[1]，国际特赦组织将其定性为"欧洲的耻辱年，土耳其在此过程中是在更多地利用欧盟"[2]。虽然各国未能采取正确的集体行动是一个令人担忧的问题，但这并不是本章要介绍的一个结构性演变。因为这已不是一个新问题，有效的国际合作一直很难实现，各国有不同

---

[1]　土耳其还获得了 60 亿美元的援助。

[2]　大赦国际，2017 年。

的需求、内部政治和观点。此外，它不一定是问题的根源，而是一种复合力量。

在最近的移民危机中，许多国家选择退缩的一个主要原因可以在其内部政治中找到。在许多国家中，反移民势力在政治争辩中都占据主导地位。这些力量基本上将这些国家锁定在闭关锁国的政治中，限制了任何国际合作的空间。在英国脱欧投票中，出现了一个特别揪心的、几乎等同于第二次世界大战时期的反移民信仰渗透政治的例子①，其中的竞选口号是"突破点"，海报画的是一长排流离失所的人。海报显示这些人都在等待进入英国，同时将会对该国带来毁灭性的影响。就个人而言，我认为这是一种迎合仇外情绪的毫无品位的宣传，它并没有准确地代表更为广泛的选民投票所支持的内容。不幸的是，这种宣传可能是有效的，它说服了大部分选民投票支持英国脱欧。

墨西哥边境墙和撤销儿童入境延迟行动（DACA）法案②是特朗普政府的两个代表特征，也是仇外反移民政策的另外一个例子。它们与美国旧式的自由和人人享有平等机会的理想形成了鲜明的倒退对比，后者在罗纳德·里根1987年柏林的演讲（"拆掉这面墙"③）中有很好的阐释。可悲的是，在撰写

---

① 研究发现，关于这一点，已经有很多文章发表，比如《卫报》的文章《较贫穷的选民对移民问题的担忧推动了英国脱欧公投》。

② DACA 法案。美国移民政策由巴拉克·奥巴马发起，允许移民的孩子在美国停留 2 年。在这些孩子中，大约有 80 万人，也被称为"梦想家"。

③ 这个演讲可以在油管上找到。引用这篇演讲中的一句强调了美国的理想的原话："……只要这扇门关闭……仍然悬而未决的不只是德国的问题，而是全人类的自由问题。"

本书时，在特朗普的领导下，美国边境墙的第一个原型实际上正在由一些公司建造，而 DACA 法案已经递交国会手中。尽管美国有 4330 万人被认为是移民（占总人口的 13.5%）[①]，反移民哲学也不太可能会悄无声息地进行。通过美国的夏洛茨维尔"白人至上主义"示威者与反种族主义抗议者之间发生的暴力冲突，我们已经看到了与这种趋势相关的动荡不断上升的初步迹象。正如我们在本书中看到的那样，年轻一代的情况较为乐观一些。世界经济论坛的"全球塑造者"调查显示，来自 186 个国家 18—35 岁的 31495 名受访者表示，就身份而言，最能定义他们的是"人类"，并且是"世界公民"。40.8% 的参与者选择"我是人类"作为他们的身份说明，另外 18.6% 的参与者选择了"我是世界公民"，只有 13.0% 选择了他们的"国籍"作为其主导身份。在问到参与者"政府应如何应对难民危机"这一问题时也揭示了类似的观点：年青一代绝大多数支持比其政府目前更加全球化的观点和更富有同情心的立场。面对这个问题，55.4% 的人选择将难民纳入国家劳动力队伍，33.9% 的人选择采取选择性移民措施。少数人（仅占所有参与者的 6%）选择驱逐、遣送或什么也不做。他们的立场与今天的政治现实形成的反差实在太大了。

城市大迁徙

除了国家之间的移民力量之外，在过去 30 年中一些国家还因为国内的人口迁移而被彻底改变。在最近的几十年里，这

---

① 美国社区调查数据。

是一次令人难以置信的转变，数亿人从农村、农业地区迁入城市。这种转变，也被称为"**大迁徙**"，对我们的地球来说是一个真正的变化，这也是本章的第二个结构性演变。到2050年，全球70%的人口将居住在城镇。这一点很重要，因为城市是人口密度高的地区，城市中的思想、文化和人很容易相互融合，所以有助于生产力的提升。因此，虽然目前我们还远不能确认，但这一趋势很可能有助于使数亿人摆脱贫困。针对各大洲（图1-45和图1-46）更加深入的研究表明，尽管城市化是一个总体趋势，但城市化的速度并不相同。中国就是一个特别极端的例子。在1990年中国人口中有超过1/4的人生活在城市中，接近3/4的人生活在农村地区，目前中国的城市居民人数接近60%。中国已有119个城市人口超过100万。在这一段变化时间内，许多家庭的生活都彻底改变了。预计到2026年中国将有2.5亿人口进入城市（与2014年的数字相比）①，到2025年中国将拥有221个人口超过100万的城市②。这一变化的规模是惊人的，特别是当你意识到中国计划迁入城市的总人数等于当今世界上人口最多的18个城市的总人数时③。尤其值得注意的是，历史上，其中有许多城市都需要几个世纪才能形成，并且它们都不是由政府主导规划的。而中国是与众不

---

① 《中国计划将2.5亿人从农村转移到城市》，《商业内参》(2015年)；《中国，惊人的大迁徙》，《纽约时报》(2013年)。

② 《中国准备迎接十亿人口城市》，麦肯锡全球研究所 (2009)。

③ 按照城市规模从大到小排列：上海、北京、德里、拉各斯、天津、卡拉奇、伊斯坦布尔、东京、孟买、莫斯科、圣保罗、深圳、雅加达、首尔、武汉、金沙萨。(维基百科)

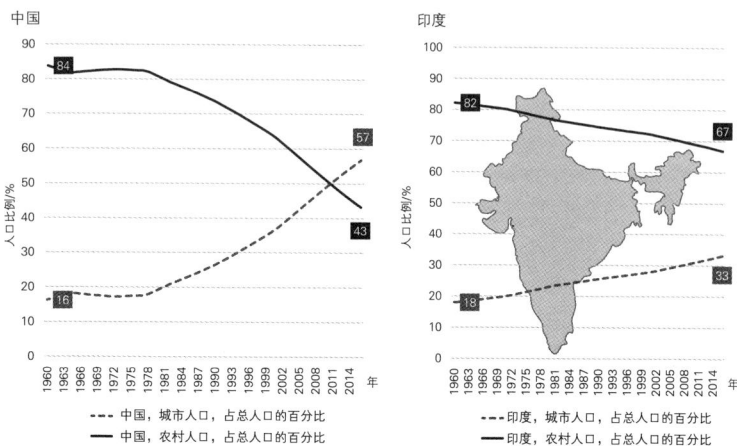

图 1-45　城市化的不同速度

数据来源：世界银行

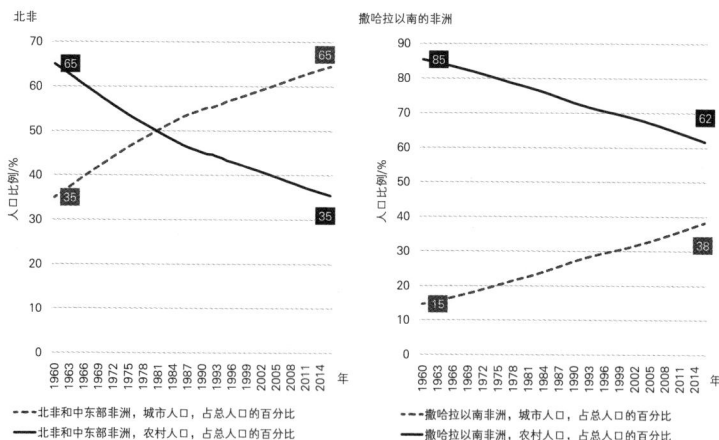

图 1-46　非洲城市化的两面

数据来源：世界银行

同的，通过中央整体规划文件，中国计划用大约 15 年的时间构建出一些相似规模的城市。这是一个包含 30 章内容的复杂得让人难以置信的规划。

尽管中国的城市规划被一些人强烈诟病，将其描述为"仓储"计划，但也有一些人认为这是"不可避免且值得期待的"[①]。中国最近的一个城市规划项目于 2017 年 4 月公布，名为"雄安"，这座规划中的城市位于北京以南约 100 公里处。雄安建设完成后，其规模预计将会是纽约的 3 倍。如果能在该项目上取得成功，中国将拥有约 70% 的城市人口，而美国的比例为 82%，欧洲国家为 76%。对于那些怀疑中国实现目标的能力的人来说，他们可能需要在网上查看一下深圳发展的故事。深圳在 20 世纪 70 年代成为一个经济特区，从一个只有 3 万人的村庄发展到现在 300 倍于当初的规模，现在已经有近 1000 万人。它目前是中国最富裕的地区之一。

对比来看，其他发展中国家却不是这样的[②]。例如，印度目前仅有超过 33% 的人口居住在城市（图 1-45），城市化进程要慢得多。虽然这两个国家之间存在许多差异，但其中一个关键因素是印度是世界上最大的民主国家，不是一个中央计划的经济体系。因此，政府主导的过渡计划执行起来难度要大很多。2010 年，麦肯锡的一篇文章显示，中国每年人均花费 116 美元用于城市基础设施（这是超出这方面需要的），而印度在

---

① 引用阿兰·伯塔德的话。
② 麦肯锡公司。

这方面的人均支出仅为 17 美元。① 印度农村和城市地区的生产力差异也远低于中国。在中国，城市居民的生产力大约是农村劳动力的 3.2 倍，而在印度这个数字只有 1.6 倍②，这就导致印度农村居民移居城市的动力不足。

非洲大陆是我们在城市化方面最后关注的一个大陆。非洲大陆不同地区之间存在很大差异，城市化比例也是如此。在北非和中东，65%的人口已经在城市中居住。撒哈拉以南非洲地区的情况截然不同，城市居住人口只有 38%。这意味着生活在撒哈拉以南非洲的人口中几乎有 2/3 仍然生活在农村地区，这和印度类似。

除了像雄安这样新建立的城市，城市化影响也会在现有一些城市的规模上显现出来。21 世纪我们将会看到更多超大城市的发展，即拥有 1000 万以上居民的城市。东京目前是世界上最大的城市，拥有 3800 万居民，其次是德里（2600 万人）和上海（2400 万人）。但东京未来不太可能依然一枝独秀。预计到 2030 年，世界将拥有 41 个超大城市③。德里和上海预计将拥有超过 3000 万居民，预计其他九个城市的人口将达到 2000 万或更高（图 1-47）。很明显，超大城市将在未来发挥越来越重要的作用，专家们已经建议一些国际公司在城市层面而不是国家层面拟订战略。一定程度上讲，这是有道理的。一些城市的经济规模将超过某些国家，预计到 2025 年天津的经

① 《中国和印度的城市化比较》，麦肯锡（2010）。
② 《城市化是印度落后于中国的关键因素》，英国《金融时报》(2015 年)。
③ 《全球城市化展望》，联合国，2014。

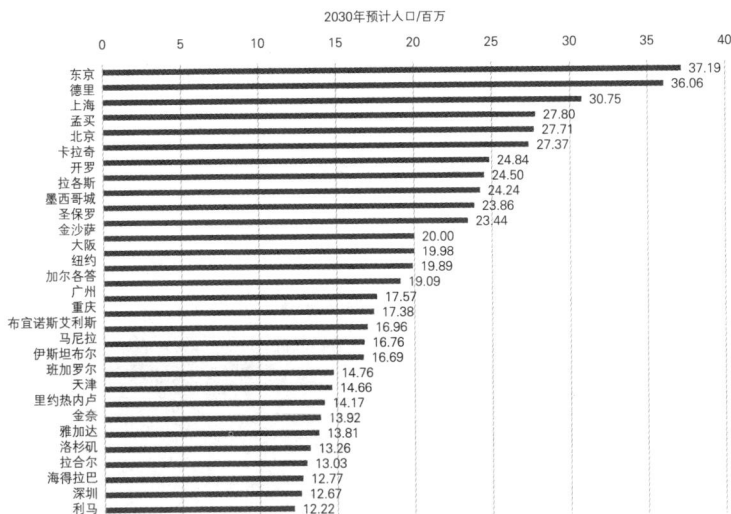

图1-47　超大城市正在变得越来越常见

资料来源：联合国人口司

济规模将与瑞典相媲美。[①] 与许多国家相比，城市在文化上更具连贯性。同样显而易见的是，亚洲将继续成为世界人口中心，因为2030年世界七大城市都将是亚洲城市。到2025年，世界上最大的200个城市中有46个将位于中国。[②]

高质量教育的趋同

除了显著的移民力量之外，人类社会还有一些更加微妙的转变：我们的智力发展将达到人类历史上前所未有的水平。21世纪将会是第一个这样的世纪，教育（几乎）变成全球任何

① 《非同一般的颠覆》，麦肯锡全球研究所（2015）。
② 同上。

地方都可以获得，大多数人口都将拥有高中和/或中学后的学历。这代表了第三个结构性演变：**良好教育人口的上升**。拥有良好的基础教育将成为全球通识标准（图1-48）。这还不是全

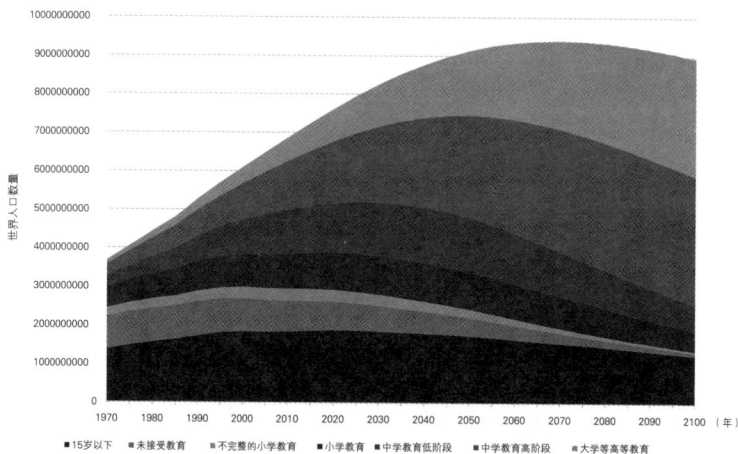

图1-48　接受良好的教育正在成为新常规

来源：www.ourworldindata.org

数据来源：国际应用系统分析研究所

部，因为越来越多的高质量教育在网上越来越容易获得。[①] 借助 Coursera、可汗学院和 EdX 等平台，超过 10 万名教师通过在线课程分享他们的智慧。[②] 这些课程的学习过程是基于群体智慧而设计的，配套的工具有实时在线调查、伙伴之间互相评

[①] 　这方面的典型例子是 Coursera（由两位斯坦福大学教授创办）和 EdX（由哈佛大学和麻省理工学院创办）等平台。这些平台提供最好的教授教授的课程，大部分是免费的。课程证书可自行购买。如果你还没有使用过这些平台，可以去它们网站上看看。

[②] 　杰里米·里夫金，《零边际成本社会》（2014）。

分，以及能够回答几乎所有潜在问题的平台。虽然开发一门在线课程的费用在 20000 美元到 30000 美元，但增加学生的边际成本几乎为零。为了让孩子们能够应对这样的冲击，亚洲国家的父母从很早就开始教他们数学，为他们以后生活中激烈的竞争做好准备。西方国家可能需要采取类似的做法，从而不至在全球范围的杰出人才竞赛中落后。最近的 PISA 民意调查在基于 72 个国家 15 岁学生的平均水平的调查中显示，美国学生远远落后于亚洲学生，尤其在数学方面的表现更差。[1] 至少在美国，已经有初步迹象表明，获得更多教育的人与普通人的薪酬差距越来越大（图 1-49）。在未来几十年中，对于许多人来说找到一份好工作将是他们面临的一个严峻压力，因为随着自动化程度的提高（在关于技术的章节中有更多介绍）和来自其他国家竞争的加剧，这种要成为杰出人才的趋势越来越强。荷兰在教育实践方面颇为知名，在荷兰，年龄 15 岁以上的人拥有大约 11 年的学校教育是很普遍的事情。到 2050 年，中国、尼日利亚、孟加拉国、埃及、印度尼西亚和菲律宾也将出现类似的学校教育年限。[2]

① 《数学、阅读和科学领域排名前十国家的最新排名》，《商业内幕》（2016）。
② 《巨变：2050 年的世界》，《经济学人》（2012）。

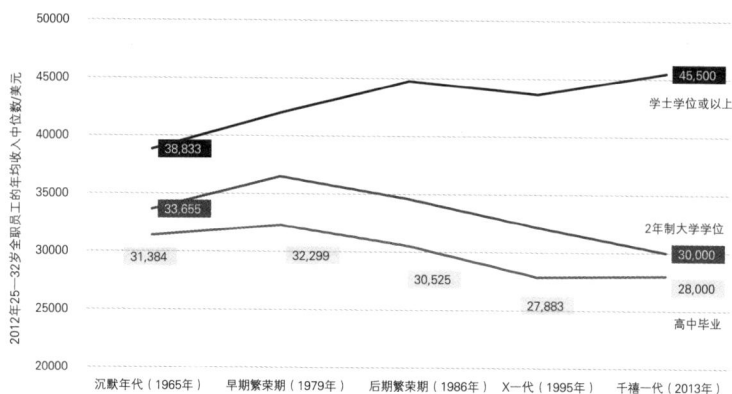

图 1-49 "精英"将比"普通人"获益更大

数据来源：麦肯锡全球劳工报告，2012；CPS 2008

　　正如我们在其他趋势中看到的那样，教育的兴起在世界范围内并不是均匀分布的。教育公平增长面临着一个重大挑战：一方面是在发达经济体中形成可预期的熟练技能人才"池"；另一方面是来自欠发达经济体的所谓人才流失，因为它们的顶尖人才会离开本土去外国找工作。由于世界上受过良好教育的人也都是择地而居，那些教育程度较低的人也不可避免地聚集在一起。事实上，据世界银行预计，到 2030 年发展中经济体的非熟练工人将比熟练工人的人口多近 8 倍（图 1-50）。而发达经济体的这一比值接近于 1.5∶1。从绝对数字来看，新兴经济体在 2030 年将容纳超过 32 亿的非熟练工人。不幸的是，这种不平等也体现在教育上。如果我们参考一个更广泛的指标——人类发展指数（HDI），这是一个由联合国提供的包含教育、预期寿命和人均国内生产总值在内的综合评估指标，数值在 0 到 1 之间（图 1-51），其中 0 是最低分，1 是最高分。图 1-51 显示，人类发展指数在全球范围内正在上升，但撒哈拉以南非洲的人类发展指数为 0.523，远远低于其他地区的得分。按照国家名单的进一步研究①表明，一些国家比如挪威、丹麦、瑞士和荷兰的得分超过 0.92。令人震惊的是，位于名单上的最后 30 个国家中，有 28 个是非洲国家。排在最后 30 位的另外两个国家，一个是阿富汗，目前已经经历战争有十几年了；另一个是海地，正在从 2010 年的地震中恢复过来。在了解到关于这些地区机会不平等的所有坏消息之后，让我们以一个积极的信息结束，如图 1-52 所示。该图显示，在 1980 年人类发展指数最低的那些国家，在 1980—2013 年的人类发展

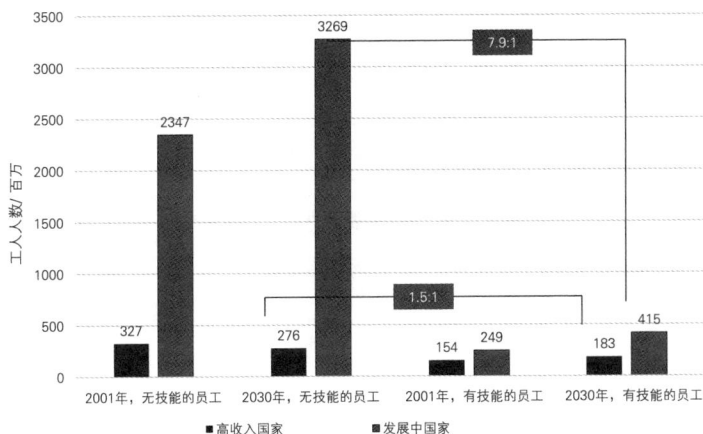

图 1-50　非熟练工人将集中于发展中国家

数据来源：世界银行，《全球经济展望》（2007）：管理下一波的全球化浪潮（2007）

---

① 2015 年的榜单在网上很容易就能找到，比如维基百科。

指数增长率是最高的。这给予了人们希望，从长远来看，世界各国在人类发展水平方面会逐步趋同。

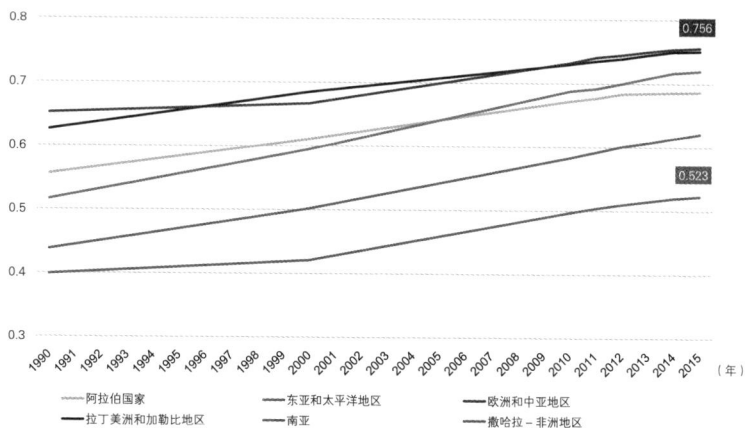

图 1-51　全球范围内人类发展差异显著

　　数据来源：联合国开发计划署，人类发展报告。人类发展指数趋势，1990—2015（官网）

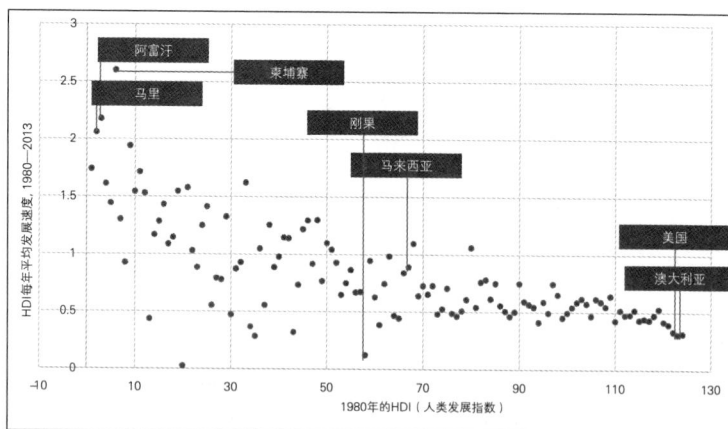

图 1-52　在非线性中预期线性结果

　　资料来源：联合国开发计划署，人类发展报告，人类发展指数趋势，1990—2015 年（官网）

人口老龄化

第四个结构性演变是**人口老龄化**的趋势。在过去 200 年人类取得的所有进步中，其中一个关键受益是我们可以不断延长自己的寿命。事实上，据估计，历史上大多数时期人类平均寿命大约为 30 岁，并且暴力死亡是相当普遍的。对于当今世界大多数人来讲，这已经彻底被改变了。当前人类的平均预期寿命为 71.5 岁（在大多数发达经济体中超过 80 岁，塞拉利昂是最低的，平均为 50 岁），我们现在都能够活得更久。预计在未来几十年这种趋势将会持续下去（图 1-53）。到本世纪末，人的平均寿命将可以再延长 12 年。有趣的是，预计男女之间的差异（4-5 岁）将保持不变；女人比男人活得久。这种年龄的增长将改变社会的构成：目前全球 13% 的人口已经超过 60 岁，到 2100 年这个数字将增加到 28%（图 1-54）。

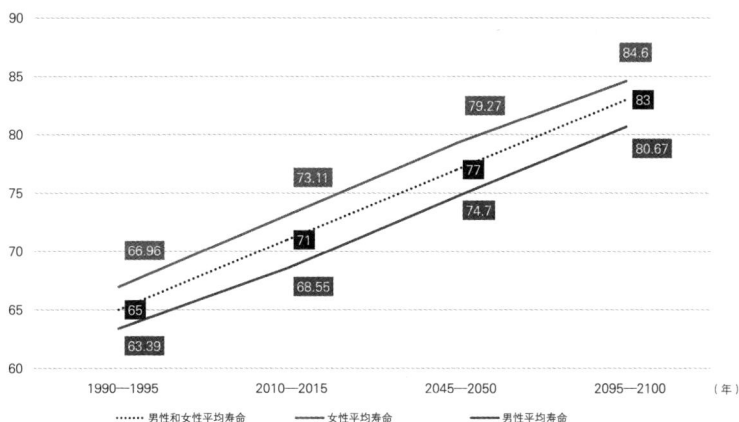

图 1-53　人类寿命将延长大约 12 年

资料来源：《联合国人口展望》(2017 年修订版)

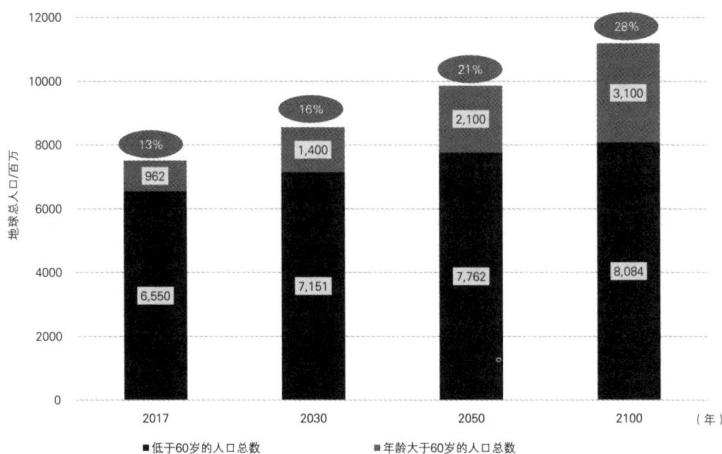

图 1-54 老年人口的占比将会越来越大

数据来源:《联合国人口展望》(2017 年修订版)

目前,唯一和我们所设想的那种未来由老年人扮演重要角色的社会比较相像的国家就是日本。日本被称为超级老龄化社会,其中有 33% 的人年龄超过 60 岁。日本已经显现的一些经济问题,有一部分与这些趋势有关。首先,老龄化社会对养老金制度提出了严峻挑战,因为老年人口较多的国家依靠更少量的劳动力来征税。联合国人口部门的一项研究建议,为了保持稳定的工人与退休人员的比例,日本需要将退休年龄提高到 77 岁(日本的退休年龄已经从 60 岁提高到了 65 岁)。解决这个问题的另一种方法是允许 1700 万工人的净移民。两种选择都不太可能实现,因为它们将面临政治团体的强烈抵制。老龄化社会也使医疗保健成本增加。许多发达经济体已经显现高医疗保健支出,因此可能需要在其他领域削减成本或提高税收。

正如我们在关于经济的一章里简要提到的那样，日本现在是例外，但在未来将不再是特例。中国将出现一个特别快速的老龄化趋势，因为中国目前的人口红利可能会在2050年成为拖累，当前的工人盈余将转变为那个时候老年人的过剩。巴西也将遭遇类似的情况。因此，对于这两个国家而言，实现今天的高速经济增长至关重要。

主导宗教的变化

人口领域内的最后一个结构性演变是**主导宗教的变化**。基督教是当今世界的主导宗教，因为它是欧洲大部分地区、北美洲、南美洲和撒哈拉以南非洲地区民众的首选宗教。在基督教内部，天主教会是最大的派系，拥有10.9亿信徒。而这一主导地位将在21世纪后期发生变化，因为预测显示在信众规模上伊斯兰教有可能在2070年左右赶超基督教。[1] 鉴于世界总人口增长，预计这两种宗教信众的绝对数量都会得到增长，而当前伊斯兰教教徒的增长速度远远超过基督教信徒（图1-55）。仔细观察其中的数据可以发现关于世界宗教多样性的两个更大的洞察。首先，非宗教人士将越来越成为绝对少数。目前只有16%的人"没有任何宗教关系"，这个数字在2050年将达到13%。显然，人类是一个非常有宗教感的物种。其次，尽管犹太教被认为是世界五大宗教之一，但它只覆盖了全部人口的0.2%，而且预计这个比例将持续保持稳定。

---

① 皮尤研究中心。

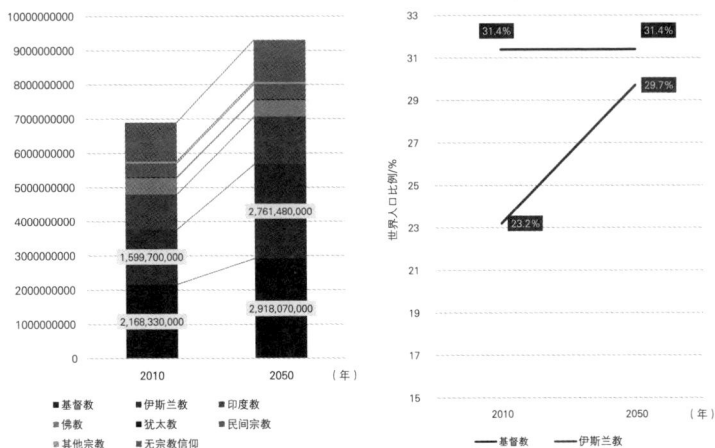

图 1-55 伊斯兰教将取代基督教成为信众最多的宗教

资料来源：皮尤研究中心

回顾一下，以下是本章讨论的人口方面的五个主要趋势：

1. 人口增长的区域激增。预计非洲大陆将面临重大挑战，22 世纪将再增加 30 亿人口。这种人口红利可以刺激经济增长，当然这也需要更具包容性。相比之下，其他大陆的人口增长将持平或负增长。

2. 越来越多被迫迁徙的人口。当今世界比以往任何时候都有更多的人正离开自己的原住地。各国允许人们主动就如何划分空间和资源达成集体协议。不断上升的政治孤立主义使得解决方案更加难以实现。

3. 城市大迁徙。随着全球越来越多的人进入城市，到 2050 年，70% 的人将居住在城镇或城市。拥有超过 2000 万人口的超大城市将不再是稀有事物。

4. 良好教育人口的上升。随着人们越来越多地接受高质量的教育，21世纪受过良好教育的人口将大量增加。这也将创造一个激烈的竞争格局，努力成为杰出人才的竞赛将上演。

5. 老龄化社会。到21世纪末，人类整体可能会再延长12年的平均寿命。这带来了巨大的经济挑战，因为税收只能依靠更小的一个群体来承担。

6. 宗教转折点。到2070年，伊斯兰教有可能接管基督教的主导地位成为信众最多的宗教。

本章描述的人口趋势和集体挑战将为组织提供与以往截然不同的人力资本来源。非洲很可能成为世界的工作场所，并将在此过程中创造数十亿新消费者。距离已经消失，因为人们可以毫不费力地跨越边界。难民群体中也可能存在未开发的潜力，这些群体的规模正在扩大，而且还受过高等教育。接受教育将成为常规，领导者应该期望领导接受过比他们更好的教育的劳动力。最后，无论是从代际角度还是从文化角度来看，劳动力将变得更加多样化。能够跟随这些人口趋势发展，甚至能够合理利用这些人口趋势的组织，将会在21世纪中经营得更好。

1.5　科　技

近一个世纪以来，航空、汽车、太空旅行、自动化战争、电话、电脑和互联网等领域的科技转型已然改变了我们的社会。单纯从经济角度来看，那些推动社会规划改变的最重要的技术已经发生。汽车和飞机使人们可以往返于他们的工作。电话允许进行远距离的沟通。互联网使人几乎可以在全球范围内分享事物和获取信息。这些发明确实是 20 世纪经济奇迹般增长背后的真正驱动力。但正如罗伯特·戈登等经济学家所预测的，时至今日这些重要发明也仅仅是一些边缘的改进，这一点很重要。因为，这种边缘的增长不足以支撑我们想要看到的经济增长。[①] 可以换个方式来解释这种边际效益递减现象，只需看看年度最值得期待的科技事件：新款 iPhone（苹果手机）的发布会。尽管手机本身已经是一个重要的游戏规则改变者，iPhone 也曾是"手机和电脑"领域的一场革命，但更新款的iPhone 却只是变得略微更好一些而已。

尽管技术创新在 21 世纪所带来的经济收益相比 20 世纪可能更少些，但出于不同原因，技术仍有可能成为未来数十年的一股相关力量（图 1-56）。只需要打开窗户看看今日的外部世界，这就已经给我们提供了很多有关将来的线索：奥斯陆和阿

---

① 参考罗伯特·戈登的《美国增长的起落》（2016）。

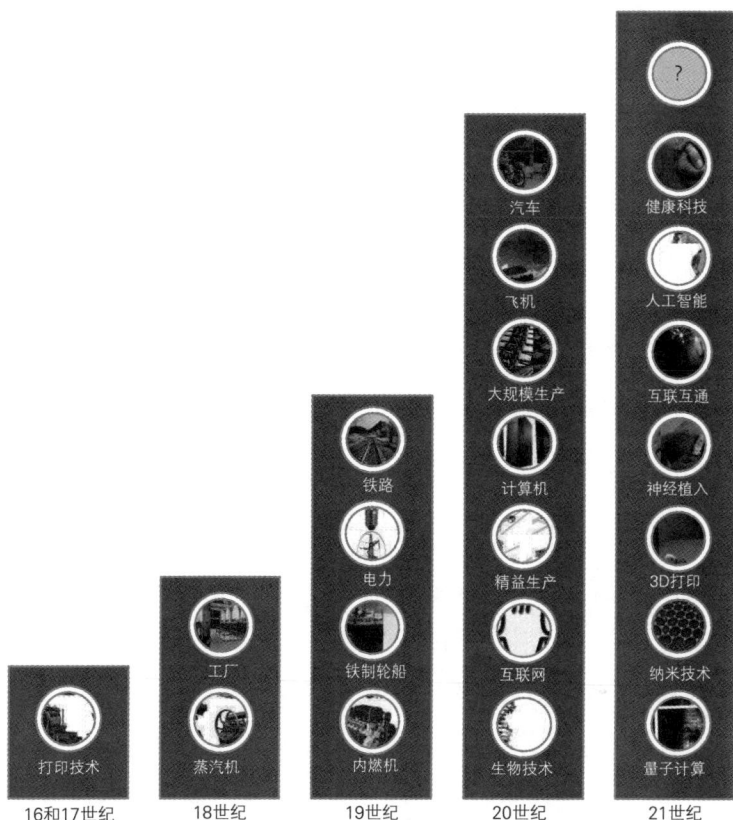

图 1-56　科技将以新的方式塑造 21 世纪
　　资料来源：适应未来，普华永道（2014），使命+团队，（组织形象，1986）

姆斯特丹等繁华都市满大街的"在线"升级型电动汽车理论上已经可以自动驾驶（如果法律允许的话）；网上购物可以使用加密货币（例如比特币）转账；自动面部识别软件已经在机场、手机和公司安全系统中投入使用；新款手机可以用虹膜扫描功能来解锁；我们购买的很多产品都已经接入了物联网（到 2022 年有 1 万亿台设备接入）；笔记本电脑用户可以获得无限且近乎免费的数据存储；3D 打印机正在改变我们制造产品的方式，甚至可以打印人体器官，而且浪费远比以往更少。此外，人工智能正在迅速地提升其实用性①，而且越来越多地被应用于医疗、战略咨询和金融领域。

在科技这一章，我们将关注如下五大趋势：机器人的崛起，劳动力生产力与工资之间的大脱钩，赢家通吃模式的崛起，区块链技术支持的自动信任的潜力，以及机器智能的发展。

机器人崛起

让我们直接切入来看第一个趋势，**机器人的崛起**。这是我们本章的第一个结构性演变，因为它很可能会在 21 世纪成为游戏规则的改写者。如今，机器人已经在处理很多重型工作，或是对人类有潜在危险的工作。亚马逊使用机器人管理其仓储②已广为人知，农民用机器人来收葡萄（葡萄酒机器人），以及拔掉农作物旁边的杂草（生菜机器人）。在你读这本书的时候，麻省理工学院的科学家们研发的机器人 Luigi 正在搜寻美国一些城市的下水道，通过分析它们发现的肠道细菌来检查人们的健康情况。2015 年，LOWRY 成为第一个可以制作整件

---

① 我尝试用人工智能（基于 IBM 的沃森）对这本书做一些分析，结果失败了，没想到它的接口比直接运行 Excel 表格难很多。但可以肯定，对 IBM 来说，这些问题都是暂时的。

② 可以在油管上搜索"亚马逊机器人"。

T恤的机器人，随后2017年，耐克为其工厂购置了能使用电黏附技术制鞋的机器人。① 尽管很长时间以来，制作柔软有弹性的服装对机器人来说都是一项艰巨的挑战，但工程师们最终还是找到了解决办法。今天，LOWRY比它的人类同伴速度快很多，可在8小时内制作1142件T恤衫。毫无疑问，工业机器人越来越受欢迎，2010至2015年的全球销售年均复合增长率达到了15%。有趣的是，在机器人领域领先的却是中国（图1-57）。事实上，一些专家认为，通过直接转向机器人技术，中国正在实现不同于精益和六西格玛型企业传统运营效率轨迹的跨越式发展。

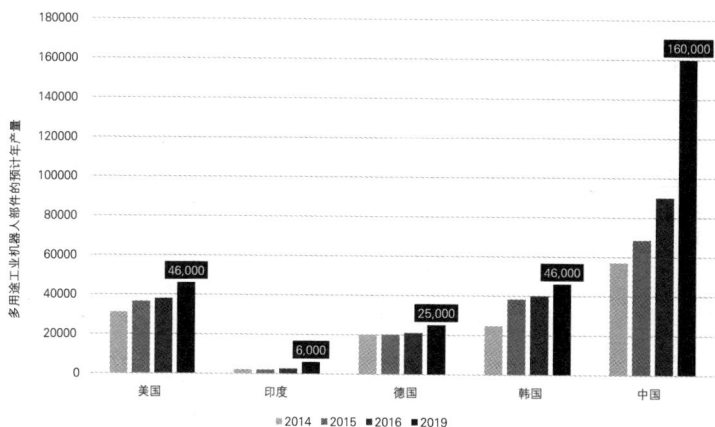

图1-57　中国在机器人技术领域已经处于领先地位

数据来源：国际机器人联合会（2016）

---

① 《石英》（2017），《耐克正在投资用电黏附技术制鞋的机器人》。

上述案例的共同之处在于，它们远离大多数人的视线，安全地运行在后台。这些计算机是藏起来的，不跟它的人类同伴们沟通。而这一切都在飞速地变化，21 世纪很可能会看到机器人走上主舞台。随着人们越来越习惯于看到机器人，而且也被工程师们越做越漂亮，它们将越来越多地从事更能被看见的工作，也会更贴近人类。这类案例比比皆是：为你调制鸡尾酒的首位机器人调酒师（名为 MakrShakr），麦当劳为你接单的电脑系统，日本的防孤独机器人①，以及通过比对你的当前表现与云端存储的早期数据以提供针对性辅导的人工智能个人教练，例如 VI②。事实上，我曾使用 VI 完成了一次穿过公园的跑步，但也只是在它明确表示我已经快一个月没有跑步之后。尽管 VI 的对话能力还很有限，而像苹果的 Siri、亚马逊的 Alexa 和微软的 Cortana 等基于 AI 的平台，它们的未来能走多远已可见端倪。很快，能与机器人进行个性化交流将成为常态。

一些公司很巧妙地利用了与机器人增进接触的这股潮流，有意地把机器人做成可爱又有趣的样子。最新案例是丰田出品的 Kirobo Mini，它是一个 10 厘米高的"机器人朋友"，可以在你漫长而孤独的驾驶旅程中陪伴你并与你对话。Kirobo 可以区分不同情绪，因而可以在你驾驶时对你的情绪发挥作用。

① 《日本机器人厂商用 R2-D2 型机器人解决孤独问题》，《金融时报》2017年报道。

② 在过去的几个月里，我一直在使用 VI，这段经历给我留下了深刻的印象。VI 在运行中对不同的模块进行评论，比如步速、心率、速度等。幸运的是，你可以根据需要调整每个模块的级别。

Kirobo 很小巧，功能有限，而且只能说日语。但这些缺陷终将被攻克。华硕和索尼等其他一些公司也都在构建反孤独机器人的原型。索尼公司著名的机器狗 Aibo，首次发布是在 1998 年，并于 2017 年年底迎来配有 AI 功能的新版本。预兆已然明晰：在接下来的数十年内，机器人将日益增多，并开始呈现出"人造同情心"的迹象，这样我们会喜欢它们更多一些。

生产力与工资的大脱钩

过去，更好的技术可以带动企业生产力改进，而改进的生产力又可以带来工人工资的提高。技术、生产力和工资之间的这种共生关系如今已被打破。这是第二个结构性演变：**工人工资和生产力之间已不再有联系**。有三张图可以支撑这个论点。首先是图 1-58，"大脱钩"[1] 的著名图表，通常被称为经济学最重要的图表。这种大脱钩意味着鲍利定律的终结。该定律认为，劳工收入占经济产出的份额保持不变，即经济增长将始终惠及所有参与者。不幸的是，对我们来说，他错了。自 1980 年以来的现实情况呈现出不同的景象：图中由人均 GDP 显示的生产力在持续上升，然而家庭收入中位数却已停止增长。图 1-59 是第二张支撑此转变论点的图，它展示了组织的季度利润变化。

基于鲍利定律进行推导，随着企业利润飙升，资本所有者会得到更大的份额。该图显示的是美国的数据，但欧洲国家，例如德国，也呈现出了相似的趋势。最后一张图表，图 1-60

---

[1]　《大脱钩》，2014 年麦肯锡季刊文章，作者布林约尔弗森和迈克菲。

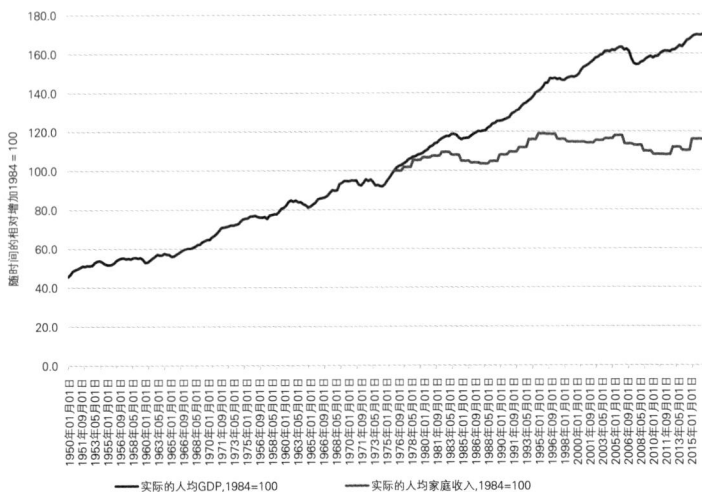

图 1-58　人均 GDP 与家庭收入已经脱钩

来源：美联储的数据集，2017 年 8 月

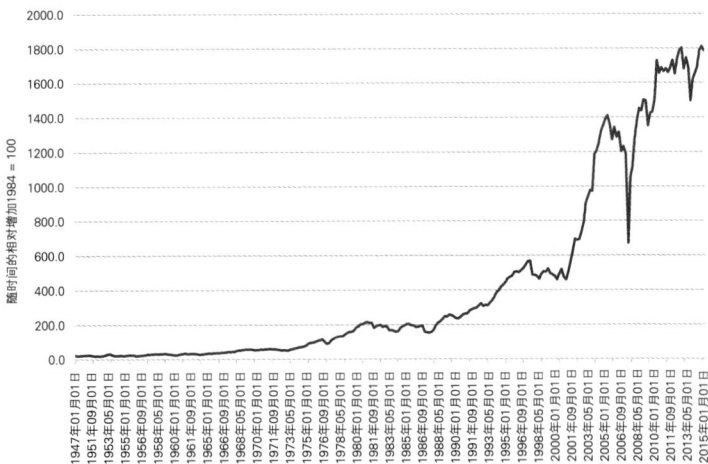

图 1-59　公司利润在上升

注：美国的数据

数据来源：美联储数据集，8 月 20 日

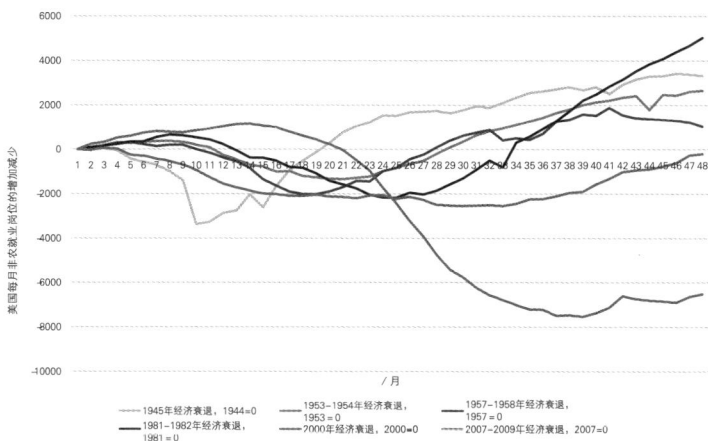

图 1-60　最近的经济衰退伴随着就业更缓慢的复苏

* $X = 0$ 表示前一年的 12 月底数值为 0

数据来源：联邦储备银行，作者的分析基于网站：www.calculat-edriskblog.com

展现了经济衰退对非农就业的影响。《哈佛商业评论》发表的这张图备受关注是有原因的。这张图格外引人注目之处在于，以就业情况来看，最近两次衰退（2001 年和 2007—2009 年）相比以前衰退的复苏轨迹要缓慢得多。过去衰退通常会在两年的周期内恢复，但最近这两次衰退并没有。2001 年的衰退经历了整整 4 年才恢复，而 2007—2009 年的衰退在经历了相同周期后甚至都看不到任何恢复的迹象。就业恢复速度放缓跟大脱钩有关：生产力提高不再等同于就业增长。为了度过衰退期，企业可以通过更多的自动化流程的方式提升生产效率。当今的科技为它们提供了充足的机会来这么做，而且从财务角度来看这样做也越来越合理。随着工资的持续上涨，机器人或

"协作机器人"（支持半自动化的协作式机器人）正在变得便宜。以中国为例，制造业时薪当前有望从 2010 年约 2.3 美元的水平增长至 4.5 美元。尽管相比发达经济体一般在 30 美元以上的时薪水平低很多，但竞争仍然可能会从其他方向袭来。机器人越来越技艺娴熟，同时也越来越便宜，也就难怪对机器人供应的投资越来越盛行了。为了解释最后这一点，我引用花旗集团曾发布的一份有关中国汽车行业常用 165 公斤点焊多关节机器人的投资回报的案例。2010 年，投资机器人的投资回报期还要 5.3 年，到 2017 年就只需要 1.3 年了。[①]

这场技术驱动转型的主要受益者是如下两大群体：组织所有者（投资人和股东）和教育程度高的群体。后者同样也能受益于技术进步，这在 Cedefop[②] 用于展示欧盟就业情况长期预测的图表中可见。高资质岗位需求（大学教育水平）预计会增长，而较低资质岗位空缺（中小学教育水平）将会越来越稀少。欧盟预计，2013 至 2025 年将出现 1.07 亿个工作机会，其中有 4600 万个新工作机会将需要高水平的资质，而同期低资质领域则只能创造出 1000 万个工作机会。经由科技加强的这股趋势，跟我们在人口统计章节看到的教育水平增长情况相似：对那些想提升自身价值、维持就业能力的工作者来说，未来世界对他们技能水平的要求越来越高。要想找到好工作，拥有特殊技能变得越来越重要。

---

① 《全球化背景下的中国自动化》，Alex Chang、Eric Lau、Paul Gong、Graeme McDonald，2015 年花旗集团研究报告。

② Cedefop：全称"欧洲职业培训发展中心"。

在全球化方面，科技或许也能激发出截然不同的想法。外包和离岸开发等 20 世纪经典的成本削减做法或许即将过时。随着中国等新兴经济体的工资水平上升，发达经济体的企业越来越没有兴趣把工作离岸外包出去。另外，如果由机器人构成供应链更大的一部分，那么供应链具体在哪里构建就变得没那么重要了。因而，公司或许会诉诸称之为"回岸"的一种概念，也就是将之前离岸外包出去的价值链业务重新转移回国，以最大限度减少交易成本、加强生产过程的控制和更好地保护资产。事实上，花旗银行的一份最新调查显示，70%的受访者认为自动化程度的提升和 3D 打印技术的发展会导致回岸[①]，至少在一定程度上是这样的。正如我们之前看见的，政治趋势指向了一种相似的反全球化方向，尤其是在美国。"把工作带回国"或是决定在国内而非国外投资的那些公司，都受到了国家元首的公开称赞。这包括了拜耳、沃尔玛、亚马逊、开利和福特等大型企业。虽然这些都是回岸潮的初期迹象，但这股趋势还没有强劲到可以成为结构性演变。这是否会发生取决于一组相关因素的组合，比如政治环境的意识形态变化、新型制造方式（例如 3D 打印）的技术进步、非洲劳动力未来的吸引力，以及中印两国的工资上涨速度。

赢家通吃

除了已描述的这些趋势，我们还发现市场上由技术驱动的**赢家通吃模式的兴起**。这是本章涉及的第三大结构性演变，因

[①]　《工作中的技术 V2.0》报告，花旗研究，2017 年。

为它将彻底地改变我们身边所见的这些公司，以及它们的竞争方式。在深入探究赢家通吃模式的概念之前，让我们先探索一个相关机制，对于理解这股趋势很重要：零边际成本的概念。相较于过去的生产周期，每个新产品都需要有额外的投入和资金才能够生产，数字生产是不同的。它意味着免费的、完美的和无限的复制，因为每个数字单元都是可以被任何人在任何时间复制的。杰里米·里夫金在他的《零边际成本社会》(2014年) 一书中很好地介绍了这股趋势，他认为数字产品的边际成本最终将降至零，而这将会改变整个行业。MP3 格式的兴起就是一个绝佳的实例。[1] 数十年来，音乐行业一直都是通过将杰出艺术家作品集成录制到唱片和 CD 光盘等特殊材质的方式赚钱的，但在 MP3 编解码器出现时，这些钱几乎可以说是在一夜之间就没了[2]。政策制定者挣扎着试图跟上潮流，在纳普斯特等平台上，可以免费下载互联网上的所有内容，只要有人愿意分享出来就行。现如今我们发现，随着资金向价值链不同领域转移，行业发生了巨大的变化。这种变化被宏碁集团创办人施振荣先生的知名的 "微笑曲线" (图 1-61) 所预测。该图显示，在过去制造产品是有利可图的。在 MP3 的例子里，这意味着对唱片公司来说，录制新 CD 并进行大规模生产曾经是值得做的。然而，今时今日这个曲线已经翻转，因为价值已经不再在链条的中间部位 (制造) 了。相反，增值最大的地

---

① 其他案例包括报业和出版业，它们被免费在线信息和电子书颠覆了。

② 更多信息可以在《MP3 便携式音频播放器和录制音乐行业案例》中找到，《哈佛商业案例》(2014)。

方是在价值链的开始部分（设计、研究和开发等）以及结束部分（市场开拓、销售、广告、附加服务）[1]。这就为一种特殊类型的业务创造了完美的环境，即亚马逊、谷歌和 eBay 那样的平台型业务。

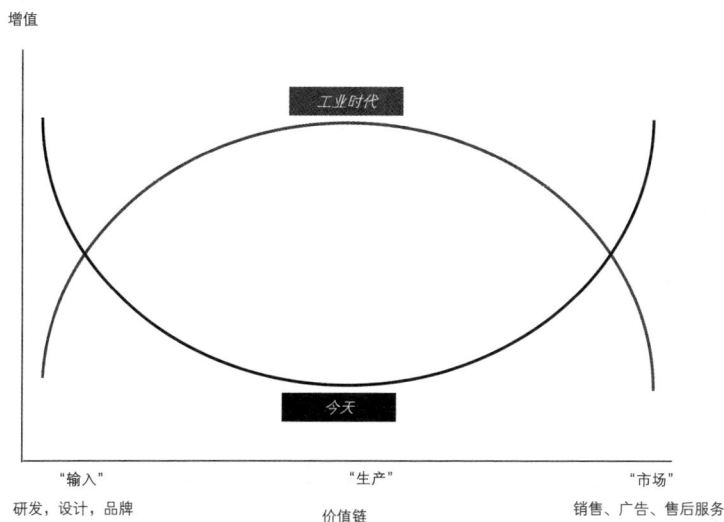

图 1-61　微笑曲线代表新的"高价值"领域

资料来源：施振荣（宏碁公司创始人）的原创"微笑曲线"

　　我们在观察成功的平台型企业如何服务它们的用户时发现，除了巧妙的战略运营模式，它们显然也很依赖零边际成本机制。正如图 1-62 所示，今天的公司要触达 5000 万用户只需要一年或不到一年的时间，而在过去这可能得用好几十年才能

---

　　[1]　请注意，微笑曲线也被用于理解不同国家和行业在全球价值链中所扮演的角色。叶明、孟渤、魏尚进的（2015 年）最新论文《测量全球价值链的微笑曲线》显示，在这些场景中也可以观察到相似的微笑曲线。

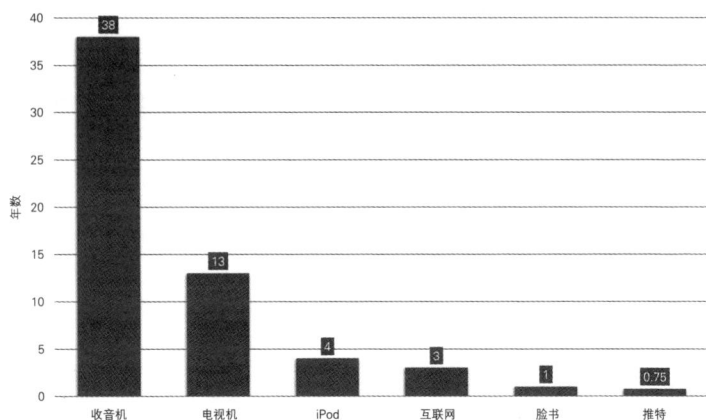

图 1-62　达到 5000 万用户的时间大大缩短了

数据来源：经合发展组织《经济全球化：起源和后果》；麦肯锡，《没有普通的颠覆》；《零边际成本社会》（杰里米·里夫金，2014）；《机器人的崛起》（马丁·福德，2015）

做到。原因很简单，平台基本上是在把一个相似产品卖给几乎所有用户，例如，用于访问平台的一个 App 应用。脸书用了一年时间才达到 5000 万用户，推特不到一年就做到了。脸书是世界上最大的社交网络，如今已拥有超过 20 亿用户（全世界人口的 25%），是一项利润极为可观的业务。共享出行巨头优步公司是另一个例子，它在 2011 年才首次发布其应用，但却已经服务了超过 20 亿次出行。它的月活跃用户达到了惊人的 4000 万。优步与其中国同行滴滴公司相比，还算是小的。2012 年才起步的这家中国巨头如今每天服务 2000 万次出行。而且，与中国的绿色能源雄心方向一致，滴滴通过其平台已经提供了 20 万辆电动汽车，目标是在几年内提升至 100 万辆。

　　这导致产生了一种赢家通吃的市场，在今天这种市场主要出现于数字广告、在线零售和共享出行领域。在所有这些市场中，都是一家或少数几家公司占据统治地位。这并非局部现象，而是全世界范围都在发生。图 1-63 是关于中美两国关键参与者的总览图。网络广告业务方面，谷歌和脸书共同占去了 2016 年数字广告收入增长的 99%。两家公司加起来拿走了数字广告总支出的 77%，此领域其他公司的平均增长率几乎为零，创造了双寡头的局面。① 在中国，也可以看到相似的趋势，

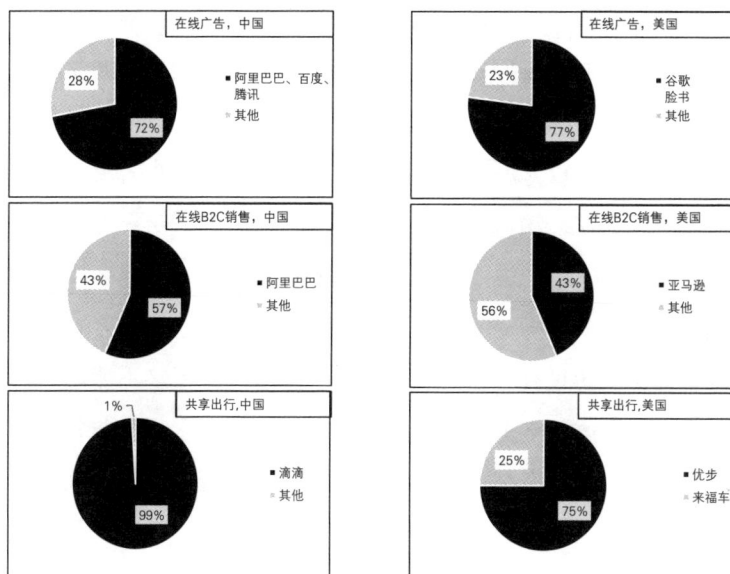

图 1-63　"赢家通吃"模式日益影响市场

来源：Statista，《商业内参》，《南华早报》

---

① 《脸书和谷歌完全主宰了数字广告业》，《商业内参》(2017)。

阿里巴巴、腾讯和百度正在创造一种占市场份额72%的三寡头局面。在线零售领域可见有相似进程，分析师们表示，亚马逊正在"吃掉零售"。亚马逊在全美在线销售中占据了惊人的43%份额，而且仍在迅猛增长中。在欧洲，亚马逊也正在迅速成为首选，德国25%的在线销售在此平台上完成。我们在中国也看到了类似的趋势，只不过头奖获得者的名字叫阿里巴巴。阿里巴巴是当下在线B2B和B2C交易两大领域的最大参与者，分别占到了43%和56.6%的市场份额①。为此趋势收尾的故事是共享出行市场，优步和来福车等公司正在争夺市场份额。优步受道德丑闻影响，其美国市场份额占比从90%降到了现在的约75%。这场比赛只有一个够格的竞争对手，即来福车，拥有接近25%的市场份额。正如我们所见，相似情况也在中国出现，滴滴事实上占据中国共享出行市场几乎99%的份额。对平台来说市场前景似乎特别有吸引力。但在当今世界，关键是要尽早达到那里，并想方设法做到（非常的）高速增长，因为只有一家公司能够最后登顶。如果你不能成为那家公司，竞争基本上就毫无意义。竞争是经济学理论非常核心的理念，如今正在被这些企业所挑战。而新规则的出现或许会改变这些行业未来的动态。

数据信任

技术的第四大结构性演变，是**自动化信任的兴起**，主要是

---

① 数据来源包括Statista、易观、中国互联网观察、艾瑞中国、美国商务部、《商业内参》等。

通过区块链之类的基础性的、隐藏于后台的技术来实现。区块链是比特币和以太坊等加密货币背后的技术，不过，从技术上来说，它可以用于需要基于信任交易的任何事务。该技术由包含了时间戳和"哈希码"（链接至前一区块）的记录（区块）的列表构成。这些记录无法被追溯性地改变，因此也就形成了一条单个交易的长"链"。这条链没有中央管理员，审查是通过点对点网络、基于名为分布式账本的可多方访问的同步数据库来完成的。因为有这些功能，区块链被认为有潜力可以颠覆传统的基于信任的行业，例如银行业、法律行业和审计业等。不足为奇的是，所有主要的会计企业都在试行这项技术，其中一些企业，比如安永，已经接受用比特币付费了[①]。安永甚至在它们其中一间办公室里装了一台比特币自动取款机。理论上来说，加密货币背后的技术甚至可以挑战金钱这一概念本身。可以肯定的是，随着相信这项技术的人越来越多，基于该技术的交易量已显著上升（图1-64）。2013年1月某日，总交易额为26.9万美元，到今天的交易水平已高于日均5.4亿美元。这相当于在不到4年内增长了2007倍。比特币的流行也可以看它的单币价格：2013年1月，一枚币的售价是13.4美元，而现在一枚币的价值是4200美元（图1-65）。比特币价格疯狂地飙升，这使得摩根大通银行首席执行官杰米·戴蒙做出结论认为比特币是一场"骗局"，而且"比郁金香泡沫更糟糕"[②]。

---

①　维基百科。

②　杰米·戴蒙，《比特币是一场比郁金香泡沫更糟糕的骗局》，《商业内参》(2017)。

戴蒙有此情绪可以理解，因为他知道对金融业来说，比特币或任何相关的区块链技术可能是颠覆性的。

主要比特币交易所每天的美元交易额

图1-64　加密货币正在成为大家接受的支付方式

数据来源：www.blockchain.info

各大比特币交易所的比特币平均市场价格

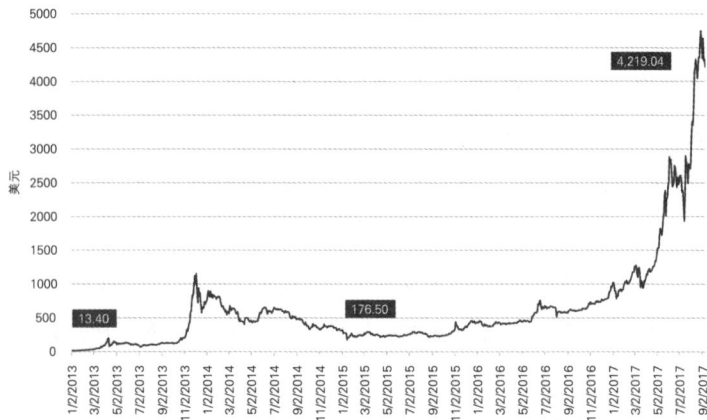

图1-65　加密货币的币值还没有稳定下来

来源：www.blockchain.info

人工智能

这一章最后的结构性演变，是**人工智能（AI）的兴起**。AI 指的是软件或智能硬件的创造，能够复制或超越人类职能。普京在说出 AI "不仅是俄罗斯的未来，更是全人类的未来"时，很可能已经掌握了其精髓。或许有必要指出，AI 的广泛应用之日并不遥远，而且也不再是一个神话或是一个梦想。它已经存在于我们今天的社会中，被我们所有人所使用。AI 正在被用于机场和智能手机的面部识别软件、搜索引擎、路径导航软件、信用卡欺诈检测、Siri（苹果研发）和 Alexa（亚马逊研发）等语音识别软件、算法交易、社交网络、数据集分析（IBM 沃森）、医疗诊断（如癌症检测）和自动驾驶与飞行。随着算力和算法的改进，AI 的功能也会随着时间推移而增长。麦肯锡近期的一份报告描述了其功能与人类准备度之间的矛盾："AI 已准备好走向市场，但市场有否准备好迎接 AI 呢？"我们都可以问问自己同样的问题。

基于 AI 的软硬件正在来临，这一事实在我们追踪投资资金流动时看得格外清楚。麦肯锡声称，2016 年各大企业对 AI 的投资在 260 亿—390 亿美元，主要用于研发。谷歌、苹果、微软和英特尔等公司构成了 AI 领域的一份完整的并购清单。在中国，我们看到搜索引擎公司百度也是相似的情况。目前是谷歌领先，它的清单上是从 2012 年至今所收购的 12 家基于 AI 的创业公司。风险投资公司，比如红杉资本和安德森·霍洛维兹（其座右铭为"软件正在吞噬世界"），也在用它们的投资选择跟随这些趋势。只要看看 AI 预计将带来的预期收入

（图 1-66），大概是在 2025 年达到每年 600 亿美元，就很容易
理解这些投资流向了。

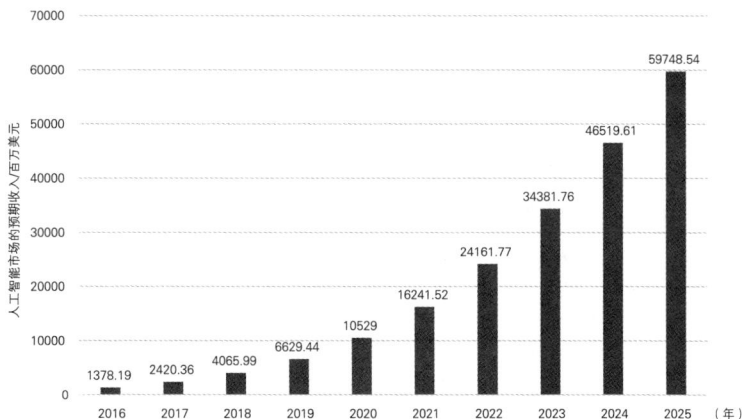

图 1-66　人工智能代表了主要的商业机会

资料来源：Tractica 和 Statista 的预测

AI 一方面给我们带来了很多好的消息与机会，另一方面
也带来了关于 AI 概念的同等程度的恐惧。诸如《我们最后的
发明》（巴拉特，2013 年）等著作，其中充满着对 AI 将把世
界带至何方的鲜明警告。特斯拉首席执行官埃隆·马斯克曾发
表推特说他认为"AI 在国家层面的优势极可能诱发第三次世
界大战"，而针对此话题写过一本大部头（《超级智能》，2016
年）的尼克·波斯特洛姆则警告说，设计"超级智能"AI 最
终可能会导致我们对之缺乏控制。超级智能（SI）超越人类的
智能水平，理论上来说它是人类所无法理解的。对这项发明的
恐惧是合理的，毕竟计算机已经在国际象棋、拼字游戏和危险
边缘（Jeopardy！）等多项人类游戏领域击败了人类！一个更

深层的分析（图1-67）表明，人类大脑与计算机在功能层面相比，计算机在单次计算的沟通速度、存储容量、可伸缩性和可靠性方面更有优势。看样子，人类唯一真正有优势的地方，是巨大的并行处理能力[①]，以及在能量使用方面超乎想象的效率。但长远来看，随着电脑化神经网络的持续发展，电脑有望最终克服这些挑战。

	人类的智力水平	…今天计算机的计算能力…	…预期的赢家**
计算速度	生物神经元的峰值运行速度仅为~200赫兹；但是大量并行操作以及运用能源的效率可以补偿这部分。	今天的处理器运行速度超过3千兆赫兹，已经比现在大了7个数量级。并行"神经网络"计算正在兴起。	💻
沟通的速度	生物轴突可以达到120米/秒的速度通过人体的通道。	理论上，计算机可以通过光子发送信号——达到光速:300,000,000米/秒。	💻
计算元素数	人类的大脑受到颅容量的限制，有大约1000亿个神经元。但是从理论上讲，人是可以相互联系的。	计算机硬件是无限扩展的。超级计算机可以是仓库大小的，并且已经通过互联网相互连接。	💻
存储能力	人类的工作记忆中不超过4—5块信息。长期记忆的大小估计*10^{15}位。	从理论上讲，计算机RAM可以无限扩展，长期存储容量也可以无限扩展。	💻
可靠性	当疲劳时，生物神经元不是很可靠。大脑在几十年后会衰退。修复脑组织是出了名地困难，甚至是不可能的。	晶体管比神经元更可靠，在损坏时可以很容易地更换和反向工程，其容量与以前的晶体管类似。	💻

图1-67　人工智能将在各方面超越人类

注：＊根据兰道尔（1986）的一项研究；假设在大脑中每个突触有1比特。注意，计算出的总存储容量小于当前智能手机上的存储容量。

＊＊从长远来看。短期内，人脑至少在某些方面仍优于电脑。

资料来源：《超级智能》（*Superintelligence*），尼克·波斯特洛姆（2014）；《全脑模拟》，波斯特洛姆和桑德伯格（2008）

----

① 并行处理：这意味着多个神经元可以同步地兴奋起来，同时在大脑多个地方开始工作。这跟晶体管不同，其数据流是线形的。

得益于计算领域的持续创新，人工智能的算力还会继续提高。引领硬件领域发展的是量子计算，它并不使用二进制位（取值 0 和 1），而是可以通过叠加产生更多状态的量子位元①。尽管这项技术仍处于起步阶段，但它有能力解决现今计算机解决不了的问题。当涉及训练我们的机器或编写代码时，该领域也在通过机器学习推进发展，这是一种实现 AI 的方式，它使用大数据集"训练"电脑以提升其知识和预测能力，手工编码要比以前少很多。通过这些手段减少对人类程序员的需要，计算机就能自己完成部分训练了。机器学习的一个子集叫作深度学习，松散地基于生物神经系统、模仿更为生物化的信息存储方式进行信息呈现。由于软硬件领域的持续发展，预计未来几十年计算化智能会继续提升。重要的是，这种提升对人类来说就没那么快了，因为通过进化完成神经学层面改变是需要好几百万年的（图 1-68）。相比科技的迅速变化，人类的智能发展似乎仍然停滞不前。即便我们接受（目前仍被认为是不道德的）胚胎筛选，用以优化人类某个方面的特质，比如智力，也绝无可能赶得上计算机智能的发展速度。波斯特洛姆在《超级智能》中提到的一份分析报告表明，即便我们可以完全基于智力千里挑一筛选胚胎以追赶算力，也只能提升预计 24 点 IQ（智力商数）。如果我们通过多代的实验室工作和体外技术来加快速度，或许可以额外增加约 100 点 IQ。尽管这看上去很可观，毕竟人类平均智力可是翻了番，但它仍然无法跟未

---

　　① 这是借用量子物理学的概念，它表示粒子在理论上可以同时处于不止一个状态。转化为量子计算的语言，就是量子位元的值可以是 0、1 或者同时都是。

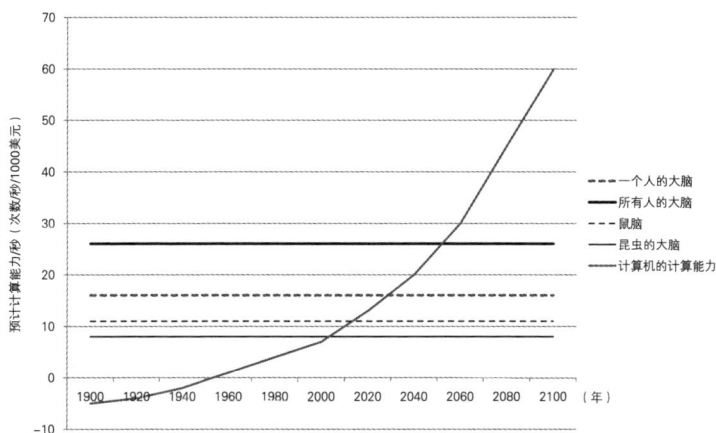

图 1-68　21 世纪可能会出现"超级智能"

资料来源：雷·库兹韦尔，www. kurzweilai. net，《奇点近在眼前》（2005）

来几十年预期的算力增长相提并论。

　　很有可能在 22 世纪我们就可以首先瞥见超级人工智能了。关于这一发明出现的确切时间，尽管科学家们很显然无法达成共识，但整合所有相关预测，我们还是能整理出一条相对清晰的时间线的①。整体来看，科学家们认为，在 2040 年前成功发明人类水平机器智能的概率是 50%，而在 2075 年前发明的概率是 90%。② 实现人类水平智能之后，人工智能预估再过 30 年可以从人类水平进步到超级智能水平。然而，雷·库兹韦尔等其他一些人则认为这一切将会在更短时间内发生。尽管超级智能或许还有些遥远，但这些事件对人类来说将是不可思议

---

① 《人工智能的未来发展：专家观点调查》，穆勒和波斯特洛姆（2014）。
② 《超级智能》，尼克·波斯特洛姆（2016）。

的，并将改变人类的游戏规则。一台智能水平与人类相当的机器，技术上来讲，足以在几乎所有工作相关事务方面取代人类。而一台智能超越人类心智的机器，则完全是另一回事。该技术将彻底重塑人类身份的意义，因为目前的人类身份在多个方面都与我们与其他物种之间的智力差距有联系。

就跟在 20 世纪一样，科技变革在 21 世纪也将被证明是游戏规则改变者，只是方式有所不同。新的发明将会改变我们工作的方式、体验生活的方式、组织相互竞争和参与交易的方式，甚至可能会挑战人类对于自身的看法。如下是本章所涵盖的五个趋势：

1. 机器人的兴起。接下来的几十年里，在亚洲的带领下，机器人将进入舞台中心。机器人会越来越多地从事例行工作，但"例行"的定义则会随着时间而改变。白领工作也将不可避免地遭受自动化的"侵蚀"。

2. 大脱钩。工资跟整体生产力越来越没什么关联。受（部分）自动化和计算化的强化作用，利润将越来越多地流向资本所有人，因为工作者跟生产力收益的关联越来越弱了。

3. 赢家通吃模式的兴起。随着集成平台业务的成长，它们也变得越来越强大。结合接近零边际成本的生产周期和巨大的规模，这些组织将改变传统的竞争观念。

4. 自动化信任技术的兴起。像区块链这样的技术有潜力可以彻底地改变会计、法律服务和金融等信任驱动型行业，甚至可能会改变包括金钱这一概念本身。信托监管的未来或许是完全数字化的。

5. 人工智能的兴起。人工智能将在不久的将来发挥重要作用。该领域的发展将激发出新商机，但或许同时也会导致自动化程度的提高所带来的存在的不确定性。在 21 世纪内也很有可能出现超人类的 AI。

众所周知，对组织来说，技术趋势的影响无疑是很大的。毫不奇怪，几乎所有咨询公司都纷纷向其客户提供"数字化转型"服务，以支撑它们做好准备迎接数字化时代。使用机器人技术的企业或许会达到前所未见的生产力新高度。新兴及发展经济体（EMDE）国家中的企业或许会完全跨越传统的效率方法，直接开始使用机器人技术。组织利润可能会因此大幅增加，但它们将不再带动普通员工的工资增长。与此同时，技术驱动的赢家通吃型企业将成为行业寡头，价值也极其高。如果不加管制，或许会对竞争力产生负面影响，或者更糟糕的是拖慢创新性破坏的周期，导致利润率持续降低，为之而竞争变得越来越没有吸引力。然而，区块链和人工智能方面的技术发展可能在短时间内就促成新型商业模式的出现。正如我们曾见到的，在所有这些方面，组织永远都是走在最前面的。

1.6 环　境

长期以来，一些人认为气候变化是一个抽象的问题，某些人甚至认为这是中国制造的一个骗局①，但是 2017 年，气候变化就以一种惨痛的方式成为大众聚焦的一个话题。2017 年 9 月，大西洋爆发了一场激烈的夏季飓风灾难。飓风哈维是一个四级飓风，它袭击了美国休斯敦，导致 71 人死亡，3 万人流离失所，给美国各地造成 1800 亿美元的损失。飓风哈维还带来了强降雨，在不到 4 天里很多地区的降雨量达到了 1000 毫米。这导致休斯敦整个城市及其高速公路遭遇了特大洪灾。由于此次降雨量实在是太大，美国国家气象局不得不在已有气象图上额外添加了两种颜色，才能够合理描述实际发生的严重程度②。不到一个月之后，接下来的三场飓风（飓风伊尔玛和她的两个表兄弟卡蒂亚和何塞）又出现在加勒比地区。伊尔玛带来了 5 级风暴，将安迪瓜和巴布达这样的小岛上超过 95% 的建筑"夷为平地"。伊尔玛后来又以四级风暴袭击了佛罗里达内陆地区，650 万人失去了电力，造成大约 2000 亿美元的损失。③ 2017 年大西洋的飓风季还没有结束，仅仅在伊尔玛之后

① 唐纳德·特朗普推特发文。
② 来自美国国家气象局的推特发文，2017 年 8 月 28 日。
③ 根据本书写作时彭博社的预测。

过了几周，飓风玛丽亚又带来了山体滑坡，造成了多米尼加地区有史以来最为严重的自然灾害。

随着气候变化从一个抽象问题变成了现实灾难，本章将探讨在未来几十年间将会彻底重塑地球环境的五个**重大的结构性演变**。我们首先将探寻大气变暖这个问题的性质，其中包括二氧化碳浓度的上升、未来可能出现的情景，以及可能的引爆点。接下来，我们将探究可预见的极端天气事件的增多以及自然资源的枯竭。最后，我们将探究生物多样性的减少，以及环境中污染物的迅速累积这几大问题。

信念惰性

在探讨以上这些结构性演变之前，我们需要先来探讨一下否认气候变化的心理现象，这一话题充斥各种争议和政治角逐。不论已经有多少研究报告，否认气候变化的人依然存在，他们要么就认为气候变化不会发生，要么就认为气候变化与人类活动无关。当这种顽固的信念发生在一些政客身上时，这就特别令人担忧。以美国为例，在唐纳德·特朗普执政期间，美国退出了《巴黎协定》，让这个国际联盟缺失了美国这样一个世界最大经济体，而美国也是人类活动导致气候变化的最大"贡献者"。这标志着美国在这个主题上重大的退步。值得注意的是，从心理学的角度来看，信念惰性在任何变革曲线中都很常见。人们常常很难放弃先前持有的信念，甚至在看到与他们信念完全相反的证据之后也是这样。这种惰性的倾向会随着年龄而增加，当人年过 30 性格中开放和外向的特征将会减少。① 皮尤研究中心最近的一项民意调查也显示，人们对气候变化的担忧与他们国家当前的二氧化碳排放量呈负相关（$R = -0.54$）。比如澳大利亚、美国和以色列这些富裕国家相对来讲不是很担心，而非洲的一些国家、印度和拉丁美洲这样的新兴经济区的担忧度往往更高。② 这也许是因为富裕国家认为自己可以更轻松地应对其后果。2016 年，大多数（65%）美国人认为人类是气候变化的原因，但近 1/3（31%）仍然认为情况并非如此。然而在中国，超过 90% 的被调查人群认为气候变化是和人类活动相关的。③ 然而在科学界这个问题很明显：97% 的科学家都认同气候变化是人为的这一理念④，并且气候科学专业知识水平越高的人认同率也越高⑤。奥巴马 2016 年在推特上发布了这个结果，并果敢地提到："如果任何人仍然想质疑关于气候变化研究的科学性，看看这个报告吧。你会很孤单的。"奥巴马当时不知道的是，不到一年之后，唐纳德·特朗普就会当选；斯科特·普鲁特，一位著名的气候变化否认者，将以美国环境保护署（EPA）的领导人身份宣誓就职。显然，应对气候变化的未来道路可能比预期的更

① 还有一个好消息：宜人性和可靠性往往会上升。采用这一说法的研究是《年龄差异的影响贯穿其一生：来自两个国家样本的证据》（唐纳兰和卢卡斯，2008 年）。

② 《世界各国对气候变化的看法》，皮尤研究中心（2016）。

③ 易普索-莫里报告（2014）。

④ 库克等人（2016），《基于共识的共识：对人为因素造成的全球变暖的共识预估》。请注意，这是七个已存在的共识估计值的组合。这份文件是为了彻底解决气候问题而写的。

⑤ 同上。

为曲折。

　　为了帮助大家理解我们正在面临的环境变化的规模，首先我们可能需要跳出问题自身来确认一下我们的心智模式，也就是我们的整体思维方式。由于传统的经济理论不能提供所有必要的术语，所以还需要一些新的术语来帮助我们正确理解当前的趋势。尽管新自由主义信念一直是过去几十年内主流的经济增长思潮，但我认为这种经典的经济理论不再适用于当代。因此，我们将介绍三个新的概念：非经济增长，净效用，满世界经济学。主要模型如图 1-69 所示。简单来讲，这个图表明经济增长既有好的一面又有不好的一面。这个模型借鉴了赫尔曼·达利的研究，他是一位杰出的生态经济学家，他的文章我都倾力推荐。[1]

　　图 1-69 中有两条曲线，一条是边际效用，另一条是边际负效用。边际效用曲线是经济学中的一个经典概念，当消费者消费更多时，消费者因额外消费而获得的满意度将呈指数级下降。发生在第一步的消费单位通常比后来的单位更有价值，人类首先会倾向于满足他们的基本需求。一个例子就是当你购买你的第一部 iPhone 时，它让你一下子可以访问大量新功能。尽管你因消费第一部 iPhone 所带来的体验可能是颠覆性的，但你购买第二或第三部 iPhone 所获得的效用价值远没有第一部低。对于其他产品和服务也会有类似的体验，无论是 iPhone、汉堡包还是汽车。

---

　　[1]　如果需要进一步研究的，可以参考《生态经济学和可持续发展》，赫尔曼·达利论文选编（2008）。

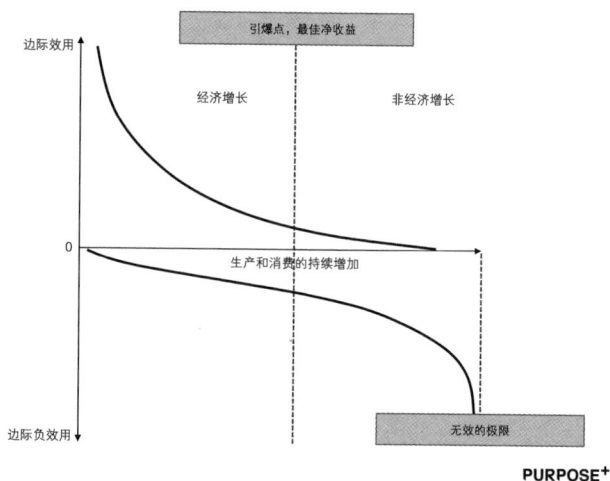

图 1-69 经济增长有其黑暗面

资料来源：赫尔曼·达利（2007），《生态经济学和可持续发展》，赫尔曼·达利论文集

图 1-70 中的第二条曲线显示的是边际负效用，或者是为了促使更多商品或服务消费发生所需要做出的牺牲。这种牺牲通常被理解为对有限资源的利用，例如在你的智能手机里的铝和铜资源。看待这个问题的另一种方法是检查我们是否在这个过程中超越了地球可承受资源的界限。[①] 正如所预料的那样，当需要更多资源来生产所涉及的商品和服务时，边际负效用会随着消费水平的提高而增加。简而言之，如果总边际负效用高于总边际效用，那么我们处于非经济增长区间。这些概念结合起来就形成了净效用的概念，即我们在增长过程中还需要考虑

———————

① 要纵览这些行星边界可能的样子，参考《探索安全工作空间的人性化》（罗克斯特伦等，2009），美国可持续解决方案研究所。

在其过程中牺牲掉的资源。这个模型为我们提出了一些全新且重要的问题，例如：确保一个社会享有最大净效用的合理消费规模是多少（图 1-69 中间的垂直虚线）？每一个社会的无效生产界限在哪里，也就是说生产多余的货物和服务不再能够提高真正的满意度但却越来越需要资源的消耗（图 1-69 右侧的垂直虚线）？最后是一个更偏哲学和心理学的问题：一旦我们集体跨越了净收益点时，我们有能力降低生产与消费吗？

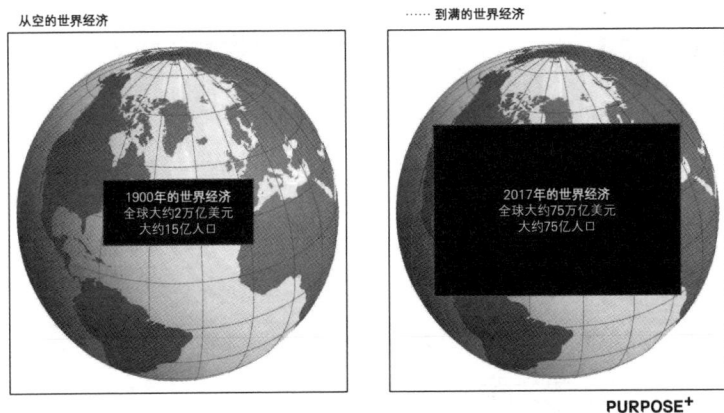

图 1-70　从空的世界经济到满的世界经济

注：1900 是安格斯·麦迪森估计的数字，以 1990 年的国际吉尔-哈拉米标准计算

资料来源：安格斯·麦迪森，世界银行，赫尔曼·达利

达利的模型基于两个基本的假设，它们来源于热力学的第一和第二定律。[1] 首先，全球经济被看作一个更大的生物物理

---

①　热力学第一定律指出孤立系统的总能量是恒定的。第二条定律指出，对于一个孤立的系统，熵只能随着时间的推移而增加。

系统即地球生态系统的一个子系统，这是一个规模有限的系统。① 因此，"经济"这个子系统的增长就不能大于"地球"这个总系统。此外，在一个有限的生物物理系统中，如果一个子系统变大时，其他子系统（例如动物的物种、自然资源）就只能变得更小。图1-70中显示了经济子系统的这种增长与整个地球系统的对比，并且该图还显示出了"满世界经济"（今天）和"空世界经济"（过去）的对比。在过去，因为地球的自然资源不会真正限制社会的生产，所以不需要借用子孙后代的资源。在人少但资源充足的时代，限制产量的是人类的创造力和劳动力资源。今天的世界与过去那种"空的世界"形成了鲜明的对比，现在世界上有超过75亿人口，全球年度生产总值超过75万亿美元，并且全球经济仍在快速增长。在今天和未来的世界里，资源不再是富足的。这种耗竭其他子系统的做法可以比拟成我们的银行信用系统：我们今天可能足够花，但账单总是要还的，并且数额会越来越大。回到我们的这个例子，我们不是向银行而是向子孙后代借款。

为了更好地理解这种"满世界经济"是如何快速形成的，图1-71揭示了全球经济总产值在不同的历史时间段是如何随着时间推移而增长的。在这个图中，涵盖了第二次世界大战后、后工业化革命、后罗马文明以及后农业革命四个不同时代的视角。通过这样的视角，人们越来越清楚地看到，我们的经济增长对整个系统有着深度的冲击。而且，尽管你可能认为农

---

① 更深入地说，地球有积蓄（如资源）和流动（如阳光）。积蓄本质上是有限的。这里假定太阳光的流动是恒定的。

后二次世界大战视角

后工业化革命视角

后罗马文明视角

后农业革命视角

PURPOSE⁺

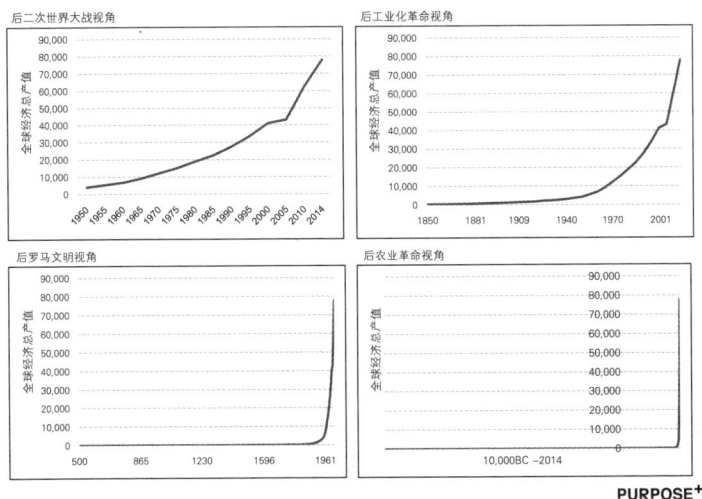

图 1-71　从对地球系统的影响来看经济增长

资料来源：布拉德福德·隆德的数据估计

业革命横跨 1 万年的视角相对于人的平均寿命来讲太长，但相对于地球气候变化模式、生物多样性和自然资源形成来讲，这实际上是很短的一段时间。

在我们结束关于心智模型的阐释之前，该模型中还有一个至关重要的假设。这个假设就是我们对于资源的使用一直都表现为一种熵增的流。这个假设可以比拟成一个生物体的代谢流，这个生物体汲取营养物质后会形成分泌物，也可以比喻成一个不可以倒置过来的沙漏。有价值的资源都源于地球（例如，来自海洋里的鱼及草原动物的肉，从矿山中提炼的金属），我们的工厂再经过提炼和加工这些材料而获得增值，直到它们通过线上或线下的商场传递到消费者手中。一旦被消费后，这些资源将以不同于我们发现它们时的状态被处理后再回到大自然中。这时它们的状态通常是比其最初的状态的价值要低的，这是在整个"开采—加工—处理"循环中熵增的结果。出于这个原因，只要回收的比例不能够匹配生产的周期，实际的生产环节就是主要问题。埃伦·麦克阿瑟基金会和麦肯锡最近发表的就欧洲经济的一篇文章提供的数字可以很好地说明这个观点。在欧洲，它们的生产系统使得所有材料在首次使用之后剩余的 60% 立即就被处理了（倾倒在垃圾填埋场或被焚烧），而只有 40% 是被重复利用的。转换成价值术语，欧洲经济在使用这些资源时它们的资源损失价值高达 95%，只有 5% 的原材料价值是被回收的。[①] 也就是说，在我们消费过程中价值就流失了。关键是，我们不仅仅消耗人类创造的附加值，同时也消耗我们所生活其中的生态系统已创造的附加值。尽管我们直觉上认为这是合理的，但我们当前衡量经济价值的方式是与此完全背离的：GDP 只衡量人类通过生产创造的附加值，但还没有通用标准来衡量自然资源的内在价值。说直白一点，自然资源大多被认为是免费的。[②] 如何量化在生产和消费中的内在自然资源价值以及产生的熵将是人类社会转型为可持续发展模式的关键因素。

全球变暖

我们要用全新的思维模式来反思环境变化。首先我们开始

① 埃伦·麦克阿瑟基金会，Sun，麦肯锡：《内部增长：有竞争力的欧洲的循环经济展望》。

② 当今经济学中的一些热门话题，如共享和循环经济，就在试图直接解决这个问题。

对与环境变化相关的重大演变进行深度探究。我们将直接从"全球变暖"这一概念开始，全球变暖也是整体代表了人类观察到的大多数环境变化现象的一个简洁流行术语。自 1945 年以来，**全球温度已经升高了差不多 1 摄氏度**（图 1-72）。虽然"变暖"这个概念可能看起来简单，但在全球范围内测量平均气温上升可不是一件简单的事情。不同地区有不同的气候；不同地理区域可能会对各种变化做出不同的反应（图 1-73）。作为一个基本规律，北半球比南半球更暖，陆地比海洋更暖。为了应对这种复杂性，科学家们测量了一系列变量。他们结合了来自全球的传感器数据，包括陆地、海洋（通过船舶及浮标的测量）以及太空（通过卫星的测量）。在实践中，目前有四个主要数据集被用于研究全球气温，其中一个由英国建立，另外两个由美国建立，最后一个由日本建立。这些数据集通常与

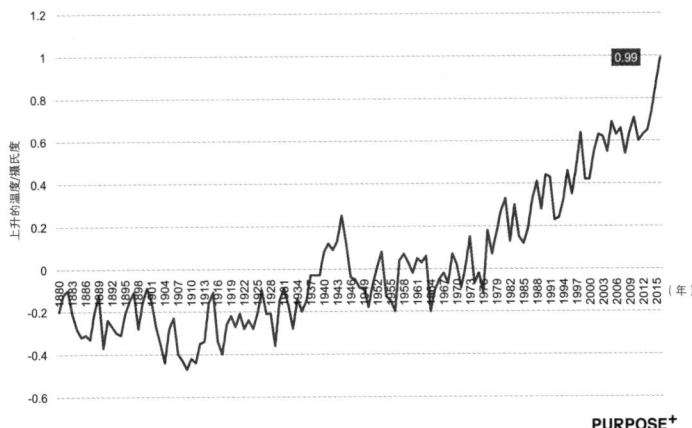

图 1-72　全球气温上升了 1 摄氏度

来源：美国国家航空航天局（2017 年 8 月）

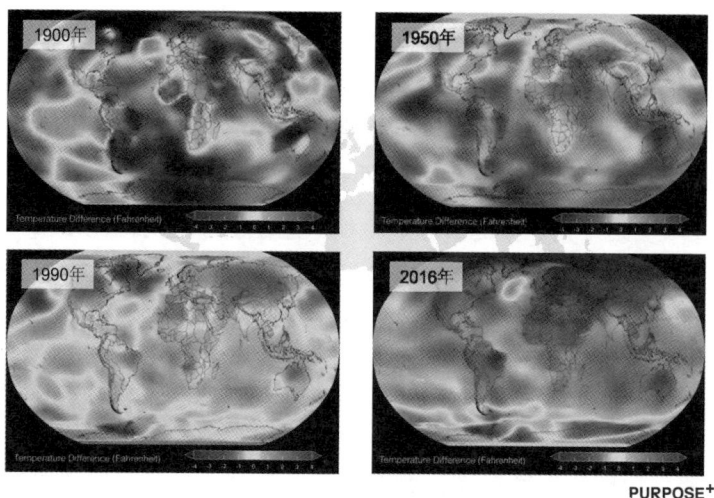

图 1-73 不同地区的气候变暖效应不一样
来源：美国国家航空航天局（2017 年 8 月）

全球平均气温的趋势一致，他们都一致认为，"气候变暖效应"
正在发生。这种气温的平均升高也会增加炎热夏季气温的可能
性。[①] 这种意想不到的夏季高温可能导致一些奇怪的事件，比
如 2012 年夏天，一架飞机在华盛顿特区因陷进了过热的跑道
而造成了航班的延误。[②] 一位乘客在推特上分享了这一事件，
"为什么我的航班被取消了？因为 DC 太热了，我们的飞机陷
进路面 4 英寸[③]深"，还附有一张柏油跑道上被高温晒化了的

---

① 汉森等（2012），《气候变化观念》（PNAS）；汉森等（2016），《2015 年全球温度》，哥伦比亚大学地球研究所；《这不是你的想象，萨默斯已经很热门》，《纽约时报》（2017）。

② 《软区》，《华盛顿邮报》（2012）。

③ 1 英寸＝2.54 厘米

路面照片。①

　　作为联合国的一个分支机构，联合国政府间气候变化专门委员会（IPCC）一直在持续地评估未来预期的气温上升。每五到七年 IPCC 就会发布一次重大的评估报告（AR5）。2014 年发布的 AR5 表明，虽然巴黎气候协定的宗旨是"保持全球平均气温比工业化时代之前的水平升高不超过 2 摄氏度，并争取控制气温增长不高于工业化时代之前水平的 1.5 摄氏度……"但这个目标是不太可能实现的。IPCC 模拟了四种主要情景，这四种主要情景也被称为代表性的聚焦途径（Representative Concentration Pathways，RCPs），其中只有 RCP2.6 是最乐观的情形。基于该情形，相对于 1986—2005 年的平均水平其预测的升温低于 2 摄氏度。基于 RCP2.6 这种乐观情景进一步假定温室气体（GHG）会在 2010 年至 2020 年期间达到峰值，并且假定从 2010 年至 2100 年期间温室气体总排放量相比于今天的数值将下降 70%。② 实现这个目标需要全球一致性政策制定，当前这点并没有实现。其他模型则假定温室气体排放的峰值将滞后：RCP4.5 预计的峰值会出现在 2040 年前后；RCP6 预计会在 2080 年前后；而 RCP8.5 则预测根本没有峰值，整个 21 世纪温室气体都将会持续增加。因此 IPCC 的模型在预期的气温上升幅度上有一个很大区间，在 21 世纪后半期气温升高 0.3 到 4.8 摄氏度。不同情形之间的差异是巨大的，

---

　　① 请注意，该航空公司女发言人使用了"软区"（soft spot）这个词。
　　② RCP2.6：探讨将全球平均气温升幅控制在 2 摄氏度以下的可能性（克里斯蒂安·范维伦等，2011）。

这些差异所带来的后果也将是截然不同的。

　　尽管迄今为止 IPCC 模型在预测短期气温升高方面相当准确，但在其他领域却受到了质疑，典型质疑之处就是针对其气候系统未能很好地整合潜在的临界点现象。这里需要解释一下这个概念：临界点在气候科学中被定义为一个临界阈值，在该临界值下子系统中的微小扰动可以造成整个系统状态的质的改变。由于它们会通过放大的反馈回路而不断推进，这些临界点往往是不可逆转的[1]，随着时间的推移它们会自我增强。尽管关于某些临界点的恐慌已经被广泛宣传，例如电影《后天》（2004 年）中北极冰层的消失，以及关于包含大量甲烷气体的永久冻土层的消失，两位俄罗斯科学家旨在通过恢复猛犸象来建立"更新世公园"[2]。实际情况是大多数临界点都不易理解，并且不能很好地把这些临界点纳入我们的模型中。北极冰层就是一个例子，现在大家普遍认为北极冰川将从 2040 年夏开始彻底消失。[3] 这比之前预测的时间提前了整整 30 年。我们在图 1-74 中展示了一些最相关的临界点区域，以供你进一步探究。需要注意的是，因为当下人类欠缺对这些临界点的理解，所以这个图中不是所有临界点都有可能在 21 世纪成为现实并颠覆当前的 IPCC 预测。

　　气温上升的主要原因是大气中二氧化碳浓度的上升。20世纪二氧化碳的浓度水平已经上升了（图 1-75）。历史分析已

---

　　[1]　《地球气候系统中的引爆元素》，伦顿等（2007）。

　　[2]　《大西洋：欢迎来到更新世公园》（2017 年 4 月）。强烈推荐大西洋的相关纪录片。

　　[3]　《北极冰川预计到 2040 年消失》，世界经济论坛（2017）。

图 1-74 影响全球变暖可能的临界点

来源：伦顿等人（2007），《地球气候系统中的引爆元素》

经证明了二氧化碳和气温上升之间的紧密联系①，在大气中二氧化碳每增加一倍气温就会升高 3 摄氏度。出于这个原因，各国政府都已经在聚焦解决如何限制二氧化碳的排放。但是这样做会让政府面临一个道德和经济的困境：现在不明确究竟谁应该为未来的二氧化碳排放量埋单，是过去的污染者还是未来的污染者呢？由于大多数二氧化碳排放都来自燃料的燃烧，它们都与社会中的工业化和经济发展密切相关。从逻辑上讲，今天发达经济体的人均二氧化碳排放量（图 1-76）比新兴经济体更高。然而，无论是美国还是欧盟国家的总二氧化碳排放量都

———————————

① 《大气二氧化碳：控制地球温度的主要控制旋钮》，拉西斯，施密特，林德，鲁迪，2010。

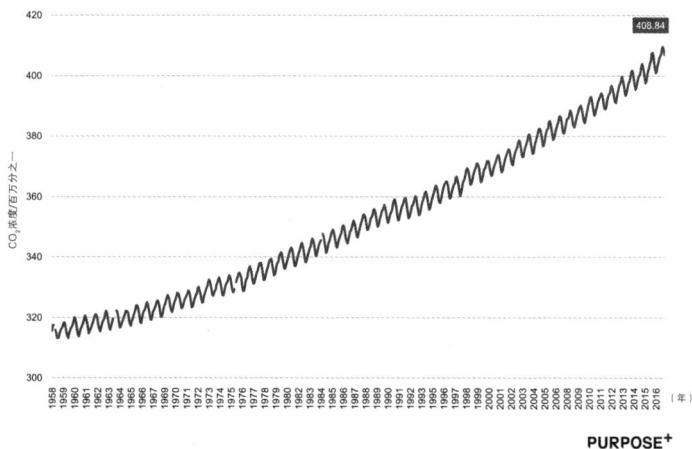

图 1-75　空气中的二氧化碳随着时间在持续增长中

数据来源：美国国家海洋和大气管理局

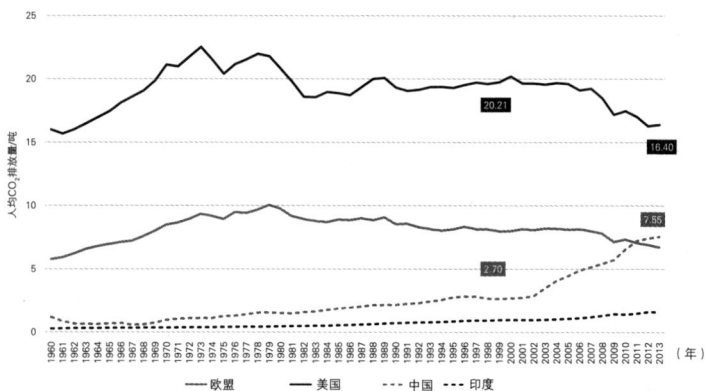

图 1-76　发达经济体是当今主要的制造污染国

数据来源：世界银行

在从一个绝对值水平下降，而新兴经济体的二氧化碳排放量正在随着经济发展而上升。中国的例子特别引人注目：2000年至2013年，中国的人均二氧化碳排放量几乎增加了两倍，并且这种趋势可能还会继续，预计在2025年左右达到温室气体的峰值。[①] 印度的二氧化碳排放量虽然很低，但随着经济增长的继续和更多人进入中产阶级，印度的二氧化碳排放量也会增加。因为印度经济发展相对缓慢，所以其温室气体排放峰值将出现在2035—2050年[②]，并且印度已经强调其立场，即"必须允许发展中国家得到发展"。正是这种道德困境阻止了像哥本哈根气候大会这样被赋予高度预期的峰会的推进，该峰会的目标是在2050年将全球温室气体总排放量减少一半。对新兴经济体所需的减排被认为是不公平和不切实际的，因为这些国家明确需要高水平的经济增长和人口增长。为了实现哥本哈根气候大会的理想，新兴经济体国家将不得不冻结每人的碳排放量，这是不现实的。尽管如此，甚至包括新兴经济体国家里的一些政治人士看上去都愿意向世界展示他们如何能迅速地走向绿色。中国宣布从2030年开始禁止使用汽油发动机，并且在电动汽车方面处于世界领先地位（图1-77）。中国还有地球上最大的退耕还林项目。[③] 印度在内燃机方面也宣布了类似的计划，目标是到2030年路上只能看到电动汽车。非洲国家通过非洲联盟在绿色长城倡议中开始协同努力，这项倡议是在撒哈

---

① 《自然》(2016)，《中国的碳排放量可能比预测的高峰期高》。

② 《印度公布了应对气候变化的计划》，《卫报》(2015)。

③ 这个项目被称为"退耕还林"。中国政府已经花费了1000亿美元进行这一项目，约2833万公顷的耕地被重新造林。

拉沙漠以南培育一条 8000 公里的森林带以保护萨赫勒地区的人口。① 与此同时，荷兰、法国、英国和挪威在电动汽车方面宣布了类似的绿色雄心计划②，德国的"能源效益"的宏伟计划是到 2050 年减少 80%—95% 温室气体③。基于这一理想目标，人类正朝着正确的方向前进。

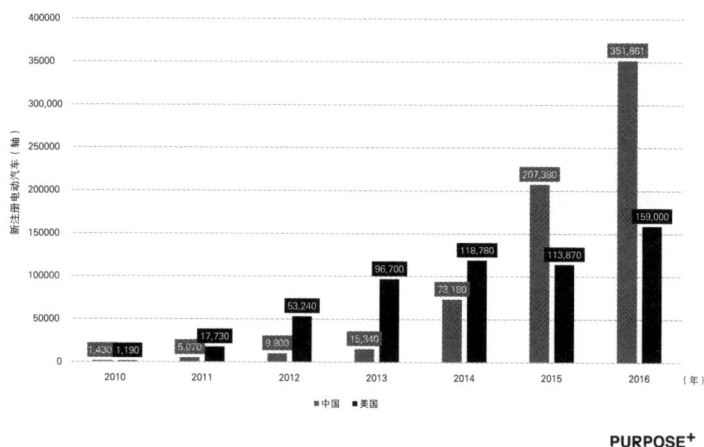

图 1-77 中国在电动汽车方面处于领先地位
来源：Statista

极端天气变化和自然灾害

本章的第二大结构性演变是未来几十年间**自然灾害增加的可能性**。正如我们在本章开始提到的大西洋飓风季，这么看来

---

① 更多信息请访问 www.greatgreenwall.org。

② 《各国正在宣布计划淘汰汽油和柴油汽车。你的汽车在淘汰的名单上吗?》，《石英》(2017)；《中国正在采取措施逐步禁止使用内燃机》，《经济学人》(2017)。

③ 《未来的能源》(2015)，柏林联邦经济事务和能源部 (BMWi)。

那些事件似乎是合理的。无论我们采用 IPCC 的哪种预测模型，结果都是预计会出现更多极端天气事件和更强烈的台风。这是因为温度的变化会影响到其他元素的变化，如大气湿度。一条被称为克劳修斯–克拉珀龙关系定律指出，空气温度每升高 1 摄氏度，空气中可包含的湿度就会增加 7%。由于飓风的破坏性能量源于海洋的变暖，所以当海水温度上升时飓风发生的可能性就会增大。自然损失保险公司慕尼黑再保险公司的数据显示，这个现象已经开始发生，并且由于更加极端的天气他们也在面临更高的账单。从 1980 年起，保险公司的账单就呈现上升趋势，1980 年至 1990 年年均损失为 500 亿美元，1990年至 2000 年年均损失为 1000 亿美元，2000 年至 2010 年损失超过 1000 亿美元，2010 年以后每年年均损失都在 1500 亿美元以上。①

　　洪水或许是最危险的自然灾害。1980—2009 年，全球范围内洪水已造成约 50 万人死亡和 28 亿人受灾。② 由飓风造成的死亡 90% 是由海洋、湖泊和河流的浪潮所引起的。由于水路可提供直接的食物和交通，全球估计有 10 亿人口生活在平均海拔 20 米以内。远见（Foresight）是一家英国政府研究机构，该机构预计到 2060 年这个数字会增加 1.92 亿人。城市化是主要的驱动力，全球 75% 的大城市都位于沿海地区。逃离"上升的海平面"将会越来越困难。因为有着强大的经济支撑，

---

① 《自然灾害：全球年度数据》，慕尼黑再保险公司网站（2017 年 3 月27 日）。

② 《洪水的人类影响：历史回顾事件 1980—2009 和系统文献回顾》，（道奇，丹尼尔斯，穆雷和柯什，2013）。

像休斯敦和迈阿密这些富裕地区或许可以从极端天气的灾难经历中快速复原，但是新兴经济体的沿海地区可能会面临不同的命运。孟加拉国是一个众所周知的例子。每年会有40万人来到孟加拉首都达卡，其中70%的人是因为环境对他们家乡地区的冲击。① 所以达卡已经有了它的第一批气候难民，在21世纪世界范围内可能会看到更多这样的难民。对未来的预测是高度不确定的，基于一些预测数据，22世纪将有1.3亿（气候升温2摄氏度的情形下）至7.6亿人（气候升温4摄氏度的情形下）可能成为气候难民。②

洪涝变得更加频繁的部分原因是冰川融化。随着陆地或海洋大气层温度的升高，冰川面积将会变得越来越小。如图1-78所示，这一切确实正在发生。虽然当前数据仅涵盖过去15年左右的数据（这段时间我们才拥有必要的卫星来准确测量冰层），但这里呈现的趋势指向的是同一个方向。格陵兰冰盖包含世界10%的淡水资源，最近几年已经出现创纪录的融化结果。气候科学家近日发出警告，一旦气候变暖1—2摄氏度，整个格陵兰冰盖将会融化，这将导致全球海平面上升约7.2米（伴随而至的是，许多靠近海洋的城市，像阿姆斯特丹、纽约和迈阿密，将不复存在③）。在过去的30年里，北极的冰容量

---

① 《达卡：气候难民已经成为现实》，《卫报》2015年援引国际移民组织的文章。

② 来源于气候中心。

③ 《众所周知，北极如今几乎肯定要消失了》，《经济学人》（2017年）；《在不远的将来，海平面上升将淹没数百个城市》，《国家地理》（2017年）；联合国政府间气候变化专门委员会第5次评估报告；莎拉·哈里斯，不列颠哥伦比亚大学。

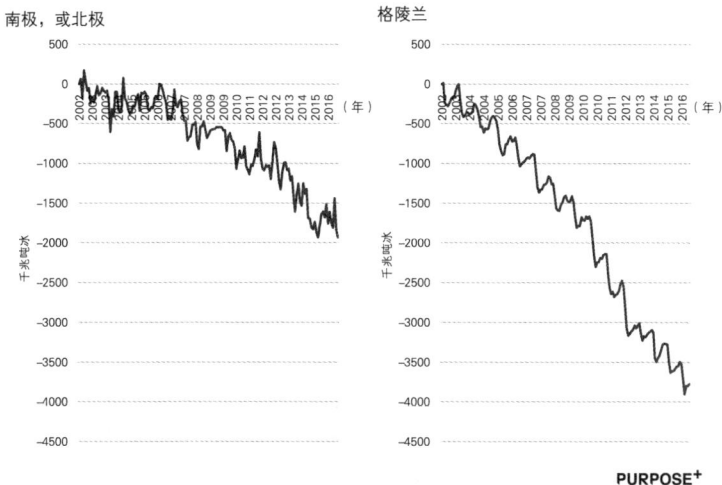

图 1-78　全球冰总量在急剧下降

来源：美国国家航空航天局（2017 年 8 月），来自 GRACE 卫星的数据

已经显著减少，并且这种情况将会按照预期持续下去。正如前面提到的，这比先前所预期的整整提前了 30 年，并且即使假定目前已经签署了《巴黎协定》的所有国家都能够履行自己的承诺（这本身是不大可能的），这一切依然会如期发生。考虑到北极冰川相对较小的面积以及已有冰块漂浮于海面的事实，它对海平面上升的影响或许是微不足道的。但是在北极发生的事情不会只影响到北极，地球的反射和冻土层也将随之受到影响。

　　如果南极大陆融化的话，那就是另外一回事了。南极大陆储存了地球上 61% 的淡水，仅仅南极冰川的融化就会导致全球海平面上升达 58 米。比较幸运并且有些出乎意料的是南极洲的面积似乎没有减少——事实上，近些年它还在缓慢增长。① 其原因还不是完全清楚，但可能与南大洋环极洋流有关，这是一股将大陆与温暖水流隔开的洋流。尽管如此，南极冰川并非没有风险。有人认为比较大的冰盖正在解体，这被称作冰裂现象。在有些地方，一些面积如一个国家大小的冰盖会裂开②，冰层上会出现数百公里宽的裂缝。尽管冰裂是一种正常现象，但人们担心这些裂开的冰盖面积正在增加。如果一张足够大的冰盖裂开，这本身就可能会影响海平面的上升。总而言之，未来将会出现更加极端的天气，特别是更加极端的洪水灾难。为此，国家地理已经出版了一本更新的世界地图，显示如果所有的冰都融化了世界会是什么样子。③ 地图勾勒出一幅令人难以置信的景象，世界上大部分的大城市永久处于大水淹没之中，各大洲都完全改变了形状，大洋洲大陆的中央是一个大湖。我们可以通过国家地理的网站在线查看这张地图。

自然资源枯竭

第三大结构性演变是**地球资源的枯竭**。正如我们在本章中关于经济的分析中所看到的，到 2050 年世界经济将大致翻一番。生产的需要导致对原材料需求的熵增，这将对世界上不可再生的有限资源产生重大影响。关于地球上还剩下多少可供生产的资源的各种估计差别很大，BBC 曾在 2012 年发布了一个

---

① 美国国家航空航天局。

② 《两倍于卢森堡大小的冰山从南极冰架上脱落》，《卫报》(2017)；《大规模冰山从南极脱落》，CNN (2017)。

③ 《如果所有的冰融化，世界会是什么样子?》，《国家地理》(2013)。

关于剩余不可再生资源储存量的汇总①，如图 1-79 所示。这些数字或许值得更多商榷，比如一些新技术可能会将先前不经济的开采区加入到经济开采区范围（例如水力压裂技术使得更多石油资源的开采变得经济），但总体趋势依然是很明显的。依照目前的速度，那些珍贵的矿物质和化石燃料只需几十年时间就会被消耗完。一些关键的生态系统，比如热带雨林和珊瑚礁，或许只能持续存在一个世纪左右。因为在我们消费的

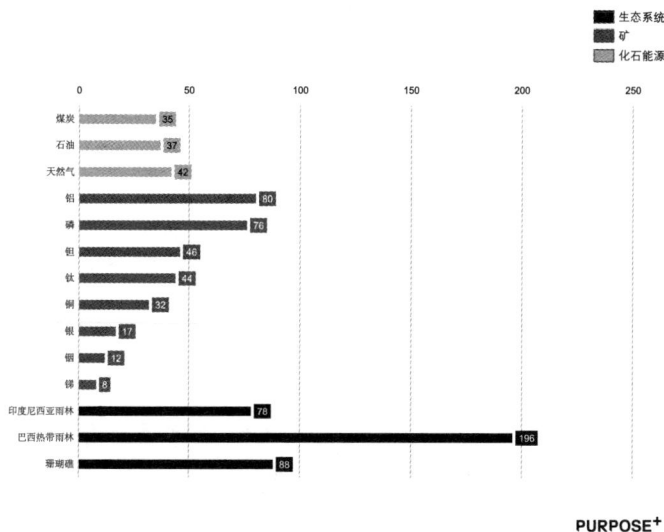

PURPOSE+

图 1-79   一些资源将在一代人的时间内消耗殆尽
注：假定每年使用量增加固定百分比
资料来源：英国广播公司（2012），全球资源盘点

① 《信息很美》提供了一个类似的图，其中数字非常相似（最多五年的差异）。

产品和服务的价值链中对资源的重度利用，资源稀缺将直接影响我们的经济。一些科技公司就是例子：几乎所有的科技产品都依赖于所谓的"稀土供应链"。作为目前世界上最大的科技公司，苹果已经承诺"完全停止开采地球资源"，但并没有就此设定时间表或明确的行动计划①。

　　生态足迹概念是另外一种可以帮助查看我们消费的资源对应于地球的供给能力的方式。它可以衡量一个国家消耗资源（如能源、木材、食品、海鲜）以及产生废弃物（二者加总起来被称作"生态足迹"）的速度与该国的自然资源的补给（被称为生物承载力）的速度。如果生态足迹超过生物承载力，该国就会出现生态赤字。这种赤字可以通过从其他国家进口货物或抵押生态资产（借用未来资源）的方式来弥补。生态足迹的计量方式是以公顷土地来计量。非营利性组织"全球足迹网络"（Global Footprint Network）发布过一份题为"全球每个国家的生态足迹"的年度报告。报告结果令人担忧：我们在资源方面使用了大约1.5个地球。更糟糕的是，如果假定我们都以卢森堡和卡塔尔等国家的方式生活，我们需要超过7个地球来维持正常生活（图1-80）。如果我们都采用美国的生活方式，那么我们需要5个地球。"地球超载日"提供了另外一种方式来解释相同概念，即一年中某个国家消耗完其生物承载力所对应资源的日子。② 这个日子在卢森堡和卡塔尔是2

---

　　① 《苹果公司将要"完全停止开采地球资源"来制造iPhone》，《石英》（2017）。

　　② 从技术上讲，如果整个世界都像那个国家一样被消耗掉，这一天就是地球超载日。

以地球的大小计算维持现有生活水准的生态碳足迹，排名前十的国家

维持现有生活方式要消耗的地球数量

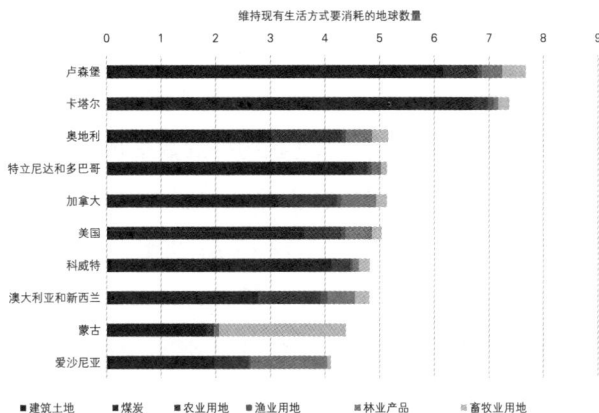

■建筑土地　　■煤炭　　■农业用地　　■渔业用地　　■林业产品　　■畜牧业用地

PURPOSE⁺

图 1-80　我们集体的碳足迹是地球的 1.5 倍大小
来源：全球足迹网络

月，在美国是 3 月，在法国和英国是 5 月。虽然生态足迹的概念出于一些原因而受到批评，比如不够完整、没有正确区分城市和腹地，以及总分计算强依赖于碳排放等，但它仍然可以让人们意识到当前的处境。将来如果要就此问题制定好政策，我们就需要更多关于自然资源的更复杂的信息。事实上，特别是与经济学、组织和金融业的数据相比，这方面的数据显著缺乏。

生物大灭绝

上一个趋势描述的是非生物资源的丧失，其实不仅仅是非生物资源，我们也在以极快的速度丧失生物资源。这就是第四个结构性演变，它也被一些科学家称为**第六次大规模灭绝**。乌

波·欧克斯是一位荷兰宇航员，有过从太空俯瞰地球的经历，他曾经说过："生命的主要目标是让生命得以持续。"目前我们离这个理想很远。世界自然保护联盟（IUCN）跟踪所有濒临灭绝的物种，众所周知，对于这些物种的数字预测是极为困难的。世界自然保护联盟的研究汇总成一份全球物种的"红色名单"（红色名单旨在成为反映物种生命的晴雨表），该机构将来会完整跟踪记录16万个物种。目前的名单中包括77340个物种，其中22784（占29%）个物种受到濒临灭绝的威胁，主要原因是栖息地丧失。此数字包括所有被研究的哺乳动物的25%，所有鸟类物种的13%和两栖动物的41%。虽然红色名单是一个了不起的成就，但地球上生活的物种估计有870万个，其中80%尚未被发现，所以仍旧任重道远①。不过，世界自然保护联盟的工作也引发了一些颇具影响力的洞察，例如其2012年出版的名为《无价之宝或无用之物》（*Priceless or Worthless*）的刊物，列举了全球100种最受威胁物种名单②。这份出版物代表了8000位科学家之间的合作成果。令人震惊的是，名单上一些物种的现存个体不超过50个。

统计自然栖息地的遗留动物物种数量是一件困难的事情，这使得一些科学家开发出了独创的方法。哥斯达黎加的热带雨林被认为是世界上生物多样性密度最高的地方，在这里遇到戴着耳机的科学家们也越来越常见。这些科学家通过安设在树木上的麦克风"捕捉灭绝的声音"。两栖动物尤其受到大家的关

---

① 《地球上的物种数量标签为870万》，《自然》（2011）。

② 该文件仍可在网上找到。其中详细描述了濒临灭绝的物种。

注，因为发现它们是非常有挑战性的。许多蛙类只有指甲大小，但都会发出声音，从而可以确认它们的存在。归功于在哥斯达黎加丛林付出的巨大努力，科学家们以声音的方式记录了这里过去的十年。在这段时期，一些物种估计已经灭绝。它们的声音已经变成了"声音化石"：它们消失了，但我们仍然可以听到它们过去发出的声音。你可以通过在线媒体平台 Sound-cloud 在线听到这样的一些声音化石，比如你可以听到已灭绝的胃育溪蟾的声音。在短短十年内，森林变得非常安静。这种灭绝发生在我们正常意识之外，原因也并不清楚。

有人可能认为，物种灭绝是一个自然的过程，因为曾经活着的 99.9% 的物种现在已经灭绝。灭绝几乎就像是一种"背景噪声"，它持续在发生，也不会引起我们注意。然而我们还是可以通过这些化石记录来了解"背景噪声"的强度。通常的比率为 0.1—1E／MSY，即每百万物种中每年有 0.1—1 个物种会灭绝。今天，这个比例是 100—1000E/MSY，预计到下个世纪会 10 倍于现在的灭绝速度。[①] 如果这个趋势得以持续——经济发展已经告诉我们这一趋势——我们很可能会失去地球上很大一部分生物种类。更糟糕的是，最近关于 27600 种脊椎动物物种的广泛研究表明，那些"低危"物种在数量上也正在锐减，这些物种的 40% 正在经历严重的总体数量下降。尽管它们不会很快灭绝，但这些物种群体中的大多数也会快速从地球上消失。栖息地的丧失似乎是导致其数量下降的主要原

① 《生物多样性》(Mace 等，2005)；《行星边界：探索人类安全的操作空间》(罗克斯特伦等，2009)。

因——1900—2015 年，超过一半的被研究物种失去了它们80%的栖息地。

关于生物资源还有另外一点需要说明，这涉及植物以及生物资源为我们提供的营养。大气层中二氧化碳浓度的上升有助于光合作用并加速植物的生长。这意味着作物产量的提升，所以一些观察者得出结论认为全球变暖可能对农民有益。令人担忧的是，生物数学家和定量生态学家伊拉克利·洛拉泽新近的研究表明，植物之所以生长得更快其实是因为储存了更多的碳水化合物，而非营养物质如锌、铁和蛋白质等。[1] 因此我们所获得的额外收成从营养方面来讲价值不大，它们降低了我们所消费的食物的质量。尽管现在大家都广泛同意，由于作物选择问题，我们的许多农产品变得更加没有营养了，但空气中二氧化碳的增加是否造成了这一问题以前是未知的。由于在较贫穷的国家，许多人依靠植物来获取蛋白质和铁，这可能会导致"隐藏的饥饿"。作物的产量似乎是充足的，但人们的营养需求却未得到满足。

垃圾增长

与环境相关的最后一部分涉及**人类消费造成的废弃物堆积**。这个趋势可以以中途岛的例子来说明。中途岛离夏威夷不远，是位于太平洋上的一个天堂般的岛屿。它只有 6.2 平方公里，是美国领土的一部分。就是这样一个曾经的美丽小岛，今

---

[1] 《暴露于浓度升高的二氧化碳中的植物离子团的隐性转移会耗尽人体营养基础中的矿物质》，洛拉泽，（2014）。

天却被称为"塑料孤岛",来自世界各地的塑料垃圾持续不断地冲刷堆积到海滩上。中途岛恰好接近大洋中的一个主要垃圾区,即所谓的太平洋垃圾区,面积大约与得克萨斯州相当。但中途岛并不是唯一的例子。充斥着塑料垃圾的洋流已进入各大洋,甚至可以从太空中观察到。① 巴厘岛曾因为碧绿的海浪和"冲浪者天堂"而广为人知,如今只要有海风吹向沙滩,海滩上就会充满各种垃圾。岛屿是可以让人们看见这些触目惊心的倾泻垃圾的显著地方。大城市倾向于不让居民看到他们所制造出的垃圾,所以这些垃圾通常被储存在公众视线之外的地方,而岛屿通常是没有这样的条件的。

中途岛是一个代表更广泛趋势的例子:由于经济和人口的持续增长,我们正在制造越来越多的垃圾,这些垃圾越来越难以处理。2002 年,城市中每人每天制造的垃圾为 0.64 千克,在 2012 年,这个数字为 1.2 千克;到 2025 年,预计为 1.42 千克;在图 1-81 中,通过查看不同的区域模式,我们可以清楚地看到其与经济增长的关系。特别是在东亚和太平洋地区,预计未来十年将迎来经济的快速增长,所以可以预测在这里会出现与之相对应的大幅度的垃圾堆积。如果中国的经济持续增长,并且印度和非洲大陆也随之赶上,那么世界的垃圾区域面积也一定会增加。我们大部分的垃圾虽然最终都是被填埋处理的②,但很大一部分也流入了海洋。

① 资料来源于美国国家航空航天局。
② 《太浪费了!》,图 1-11,世界银行(2012)。

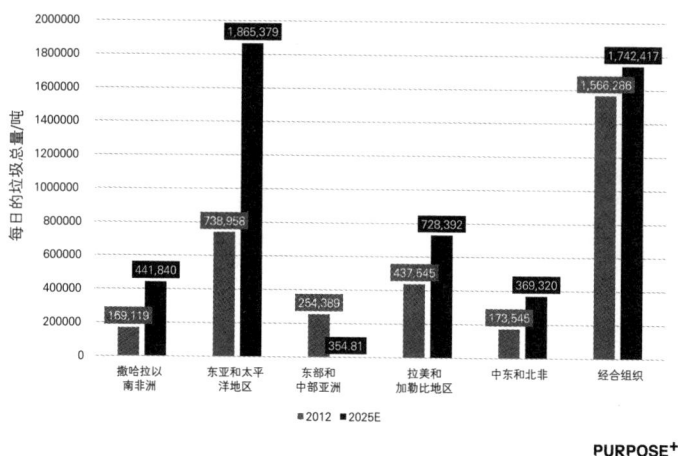

图 1-81　全球范围内垃圾增长的幅度

数据来源：世界银行

　　由于塑料使用很广泛并且很难被分解，所以它在垃圾中占据特别重要的位置。塑料是相对较新的材料，第一波大批量生产的塑料也仅仅开始于第二次世界大战前后，并且我们还没有搞明白如何才能很好地处理塑料垃圾。但同时，自 1950 年以来，塑料的产量却增加了 20 倍（图 1-82）。目前，世界上平均每分钟大约有 100 万个塑料瓶被人购买[①]。回收塑料是可以做到的，大规模的塑料回收也是存在的，比如将 PET 塑料（用于塑料瓶）制成 RPET，但是整个过程非常复杂。RPET 通常也比"原生的"PET 成本更高。因此，所有塑料包装价值

　　① 《每分钟 100 万瓶：世界上的塑料狂欢和气候变化一样危险》，《卫报》（2017）。

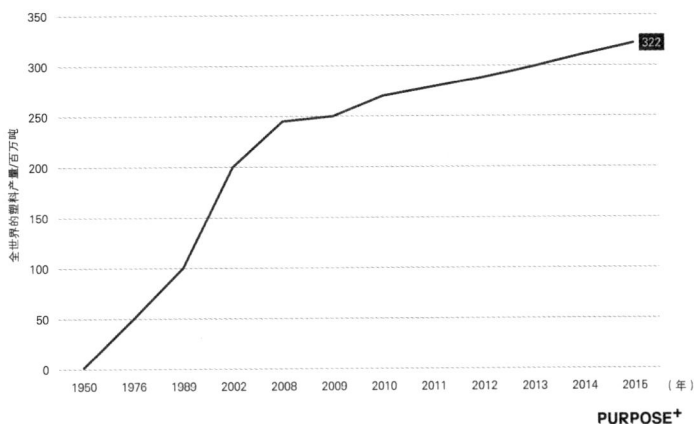

图 1-82　短短 60 年内，塑料已经变成了 "不可或缺" 的材料
数据来源：泛欧塑料工业协会（PEMRG），2016

的 95% 在第一次使用之后都会丧失①，其中大部分都被倾倒入陆地和海洋。虽然光降解（由太阳光引起的降解）可以起到将塑料分解成较小的聚合物的作用，但它仅仅是将塑料分解成越来越小的部分，即微塑料。其结果是，几乎每一块曾经被制造出的塑料在今天都仍然存在，我们可以在鱼和鸟的胃中找到它们。海洋中的塑料污染特别严重。据联合国海洋会议估计，到 2050 年海洋含有的塑料在重量方面比鱼还重。该问题的解决方案尚不清楚，更不用说如何才可以协调国际行动的一致。尽管提高材料回收率是至关重要的，并且为此需要更具成本效益的回收工艺，但问题的关键还是要减少塑料的净产量。考虑到增长的需要以及现有经济的不平等，这个前景似乎充满了挑战。

---

① 《新塑料经济——重新思考塑料的未来》，埃伦·麦克阿瑟基金会（2016）。

在这一章中我们描述了今日的地球，我们已经看到由于人类行为的"冲击"，周围的环境系统正在发生多快的变化。我们已经看到地球代表的是一个有限的生物物理空间，其中我们的生产和消费以熵增的方式流动。今天，我们生活在一个"满世界"① 中，而人类活动是主导系统。因此，我们选择要做的事会影响地球上的所有其他子系统。在相关叙述中，我们突出了 21 世纪的以下五大趋势：

1. 大气变暖。由于自工业革命以来大气温度已经升高了 1 摄氏度，这距离我们所预期按时达到 2 摄氏度目标的窗口时间不多了。集体不作为、信念惰性，以及与新兴经济体国家经济增长相关的道德困境问题使得这一挑战特别难以解决。因此，就当下而言，我们很有可能达不到 2 摄氏度的目标，尤其是某些非线性的场景是不可被排除的。

2. 自然灾害可能性增加。随着气温升高，空气变得更暖更加潮湿，冰川会融化，预计会出现更多极端天气。我们特别探讨了洪水，因为它代表了最致命的威胁之一。

3. 非生物资源耗尽。尽管很难做出准确的预测，但如果经济生产周期不产生显著变化，未来几十年地球上的一些非生物资源将会耗尽。

4. 生物多样性下降。当前的生物灭绝率是正常比值的100—1000 倍，物种中有 29% 面临灭绝的威胁，超过一半的物种已经丧失了 80% 的栖息地。如果在这个方向不采取集体行

_____

① "满世界"，相对于之前资源的使用率。——译者注

动，在 21 世纪我们将会看到生物多样性的大量丧失。

5. 人类消费造成的垃圾产量增加。随着经济持续增长，塑料产量不断增加，垃圾产量也将持续增加。随着时间的推移垃圾会变得日益可见，未来几十年我们将会首次看到这个趋势所带来的有害影响。

本章提出的集体环境挑战对组织既是威胁，也是机遇。考虑到 21 世纪的形势，可持续发展领域的一些知名英雄式企业，如巴塔哥尼亚和 Interface① 可能已经从商业定位中获益，而其他公司将会发现它们将被迫做出改变。一些公司似乎正在雄心勃勃地迈向新时代，如埃克森美孚试图从藻类中生产生物燃料，联合利华承诺减少一半的生态足迹，耐克试图成为最具可持续性的服装和鞋类品牌。② 未来，客户意识和行为意愿将成为重要因素。谈到可持续发展，"能源互联网"在未来几十年中也将变得更加与人类息息相关，因为自发产生能源的能力会将消费者转变成"产消者"——人们既是能源的生产者，又是能源的消费者。能源公司很可能会因为这种趋势而改变他们的商业模式，并且可能会基于这个方向来调整其销售服务。一些公司已经尝试这么做了。③ 随着人们越来越多地意识到现有

---

① 英特飞（Interface）生产地毯，并以 1994 年开始生产的"零号任务（Mission Zero）"而闻名。英特飞最近宣布，随着 Mission Zero 目标的实现，他们将通过"气候回收"计划将挑战扩大到更广泛的目标。

② 耐克和巴塔哥尼亚都在 2017 年达沃斯论坛上因为在减少浪费上所做的努力而获奖。

③ 例如 Nest（谷歌）和 Tone（Eneco）等智能电表的崛起。这些仪表可以评估产生和消耗多少能量，并且在不久的将来允许朋友们在社交媒体上分享能量。

环境的挑战，新一代消费者可能会优先考虑使用"绿色"或可回收产品，而不去选择那些生态足迹更大的产品。正如我们在导言中看到的那样，预计这种趋势不会是线性的进展，人们的忧患意识一旦提高，就会引发快速行动。

至此我们就结束了本书的第一部分内容，也是我们的第一个论点。我们共同探究了五个现实透镜，总共 30 个结构性演变。希望这部分内容能够让你对世界的整体走向有一个全局性的认识。同时我想要再次强调，你自己可以做更多的研究来丰富这方面的认识。我们还注意到，在讨论这些趋势时很多人似乎都很担忧。事实上，在全球 18000 多民众中进行的一项调查显示，几乎 80%的人认为"世界变化太快"[1]。这些担忧是合情合理的，因为一些集体挑战会从根本上挑战我们作为人类的一些独特性，比如我们的同情心、合作和预测未来的能力。我们对于未来挑战的回应也将决定 21 世纪人类之所以存在的意义。不过，我们不应该低估人类的适应性，因为我们可能是地球上最具适应力的物种。[2] 人类以前也曾克服了巨大的挑战。此外，对于组织和企业家而言，我相信本书第一部分所描述的趋势已经成为他们去创建有价值的解决方案的依据。因此在下一部分内容中，我们将更详细地探索在应对这些挑战过程中企业及其他组织的角色。

---

① 《N＝18180》，易普索全球趋势调查（2016）。
② 《人类可能是适应能力最强的物种》，《美国科学》（2013）。

PART 2

组织的角色

在当今社会，除了管理者之外就没有其他的领导者。如果大型机构，尤其是商业机构中的管理者不去对社会的共同利益担负起责任的话，那就没有人有能力或有意愿去做这样的事。

——彼得·德鲁克

人类学学者们认为，我们最伟大的发明既不是苹果手机也不是汽车，而是组织——从史前一万年的美索不达米亚平原上种植庄稼到今天生产电动汽车，人类正是通过组织的集体努力实现了各种成就。组织这个概念是了不起的发明，就像它们在我们的过去中所起到的作用一样，组织在定义我们的未来方面也将会起到决定性的作用。在这一部分，我们将检验本书前面提到的第二个和第三个核心观点，即为何组织是应对这个时代正在面临的决定性挑战的最佳参与者，以及那些认识到并能够有效应对这些挑战的组织将会成为 21 世纪的成功企业。

2.1　关于组织

　　组织可以看作对于人类社会起源的折射。就像是一滴水从它所包含的许多元素中折射出更广阔的海洋，组织折射出推动社会前进的更宽广的信念结构。它们带着人性中不可磨灭的好的和坏的东西，并且经常展现出人类行为的一些极端表现。那些接纳高度不平等阶层的社会就会孵化出同样的组织。而那些个体重于集体的社会也会推动组织采用类似的结构。那些认为"绿色"重要的社会，就会创建能够支持这个理念的商业模式的组织。那些因使命驱动而著名的企业，如巴塔哥尼亚、特斯拉、TOMS 都位于支持它们意识形态的地区是有原因的（美国总部都位于加州，欧洲总部在阿姆斯特丹）。从这个意义上讲，我们创造出来的组织折射出我们作为人类的进步。

　　当组织领导者们听到这样的说法，他们通常会感到有必要指出他们的文化、原则和价值观实际上与他们的竞争对手是非常不同的，而且他们试图通过塑造文化为自己带来竞争优势。不同的组织在这些方面当然会存在差异，并且与你的竞争对手有着不同的文化也很重要。但是，在我过去十年中通过为 70 多家企业提供战略和文化的咨询经历中，我目睹到尽管它们有着不同的文化，但它们都有着类似的重复出现的挑战。在我看来，不同组织所面对的进退两难处境之所以类似，究其原因是它们的组织设计本质上是与其关于组织应如何取得发展的相似的基础信念相联系的。

在传统军队组织架构中，我们可以发现关于组织基础信念体系的很好的例子。以金字塔结构、岗位职级、资源稀缺为基础的思维模式，甚至当前一些关于如何建立有效团队的想法，全都起源于军队的思维模式。尽管前三种思维源于军队是显而易见的，但很少有人知道现在非常盛行的去中心化管理和自我管理团队也起源于第一次世界大战时期的德国军队。这种管理方式如今被 Schuberg Philis①、Zappos、荷兰国际集团（ING）②以及 Spotify 这类企业发扬光大，也正受到全球创业公司的拥抱。然而，这种管理方式却首先源于第一次世界大战时期，那时由于敌人炮轰电话线，前线很难联系上他们的将军，自组织因此就非常关键了。③

组织的基础信念体系也同样受到一些伟大思想家的影响，例如诺贝尔奖获得者、芝加哥经济学派的经济学家米尔顿·弗

① Schuberg Philis 是一家荷兰商业技术公司，因其全面去中心化的组织架构而闻名。尽管这家公司主要由工程师组成，但他们中的大多数很善于描述情绪、团队动力等。Schuberg Philis 已经出于这个原因成为哈佛商业案例。基于 Schuberg Philis 咨询项目的信息。

② 更多信息可以在麦肯锡季刊（2017）里找到荷兰国际集团的敏捷转型。基于荷兰国际集团咨询项目的信息。

③ 有意思的是，第一次世界大战可能是历史上唯一一场士兵无法与他们的将军取得联系的战争。在之前的战争中，将军也会在战场上。在之后的战争中，他们可以通过其他方式联系，通常是无线的。只有在第一次世界大战中，前线和后方之间的沟通存在巨大的断裂。历史学家认为，这导致了大量的伤亡，因为许多缺乏协调的攻击都是由于这种沟通的断裂造成的（例如索姆河之战）。

里德曼，他推广了自利主义的个体/投资者、企业管理层作为商业所有者代理人①以实现投资者的财富最大化、政府所扮演的角色保持最小化等概念。这种观点依然被很多我认识的商业领导者所认可，只不过是以不同形式而已。另一套基础信念体系存在于泰勒主义，这是基于弗雷德里克·泰勒的理论，他推广了关于制造业价值链的科学化管理。像任务标准化、流程优化、强调最佳实践、消除"浪费"，以及用关键绩效指标（KPIs）来衡量每单位/工人生产率的这些主张都来源于泰勒，如今在许多组织中这些都被认为是常规的做法。今天很多企业关于更进一步的自动化、外包和离岸思维的核心本质上还是泰勒主义。关于组织的另一个非常著名且为大多数人所接受的基础信念就是彼得·德鲁克的成果，他推广了"知识工作者"（白领工人）的概念、终身学习以及把非核心能力的业务外包出去的理念。近期对组织设计产生更为巨大影响的思想者是迈克·波特（例如全球商学院里教授的五力模型的战略框架和创建共享价值观的理念），以及克莱顿·克里斯坦森（其主要理念是关于创新和颠覆）。

在这一部分我们会看到，当社会的基础信念遭遇挑战时，我们关于组织设计的理念也会遭遇挑战。因此，我们首先要看今天的组织正在如何发生变化。在这之后，我们将讨论为什么组织是实现这些积极变化的参与者。我们列举了改变当今组织

---

① 这在代理理论中有更详细的描述。从本质上，老板（所有者）雇用经理人（代理人）来管理他们的组织。代理人被期待将所有者的利益放在优先位置。

的七大趋势，它们是：工作的数字化、日益增加的不平等、超级透明的影响、相关性的探寻、组织核心的哲学空白、截然不同的劳动力，以及失败的创新循环。在本部分结束前我们将对这些趋势进行整体回顾。

2.2　当今组织的两难处境

前文已经讨论过影响世界和组织由外向内的一些变化，在这一部分我们将讨论组织中正在发生的一些变化。你会发现，因为组织中的变化反映了社会上的变化，所以这两类变化中有许多重叠的部分。

工作的自动化、数字化

组织的第一个结构性演变是**工作的自动化、数字化或计算机化**。如今在企业外部的世界里，生产率已经和工资脱钩，同样组织也在探寻在企业内部找到正确的人+机器的方程式。通过采购更多的机器人、AI 系统和其他技术，企业所有者可以进一步提高生产率，而不用考虑增加工资薪酬，对于那些收入较低的工人而言更是如此。生产率在提升，但是雇佣率会下降。一些工作在自动化或计算机化面前特别不堪一击，如图 2-1 所示。这张图是基于弗雷和奥斯博恩（2013）的一项经典研究，刊登在《经济学人》杂志上，文章标题为"恐惧的类别"。它显示了诸如电话营销、审计和零售业的销售人员等职业非常有可能看到他们的业务被计算机化。同样，普华永道认为，45% 的工作可以被自动化，这会带来全球 2 万亿美元的劳动力成本的节省。① 但是工作自动化的程度还是有细微差别的，因为几乎很少有工作会被完全自动化。麦肯锡研究预测部分自动化将成为多数工作的常规（图 2-2）。仅有少于 5% 的工作会被完全自动化，但是会有很多工作会被部分自动化。更精确地说，我们将预期超过 60% 的工作具有 30% 的自动化程度。

图 2-1 和图 2-2 揭示了另外一个更为微妙的变化：自动化正在向价值链上游工作转移。过去，只有低附加值的工作（如制造机器部件、仓储搬运、拧紧螺丝等）更多采用自动化，但是在未来的日子里我们会看到自动化在白领工作中扮演

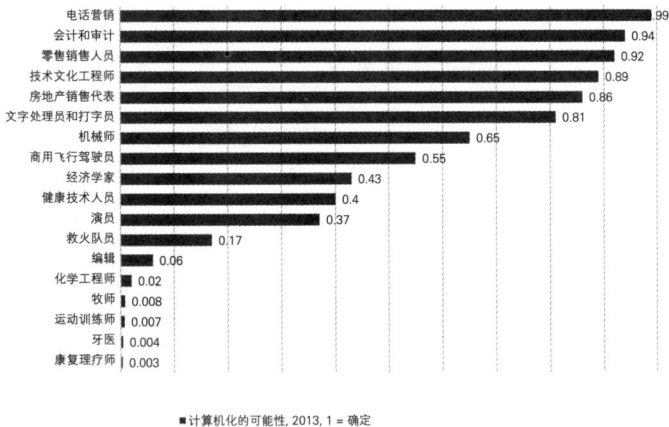

电话营销 0.99
会计和审计 0.94
零售销售人员 0.92
技术文化销售代表 0.89
房地产销售代表 0.86
文字处理员和打字员 0.81
机械师 0.65
商用飞行驾驶员 0.55
经济学家 0.43
健康技术人员 0.4
演员 0.37
教火队员 0.17
编辑 .. 0.06
化学工程师 . 0.02
牧师 . 0.008
运动训练师 . 0.007
牙医 . 0.004
康复理疗师 . 0.003

■计算机化的可能性, 2013, 1 = 确定

图 2-1　自动化将直接影响某些职业

资料来源：《雇佣的未来：工作受自动化的影响有多大?》，弗雷，奥斯博恩（2013）

_____

① 普华永道（2017），《全球首席执行官调查》。

工作示例

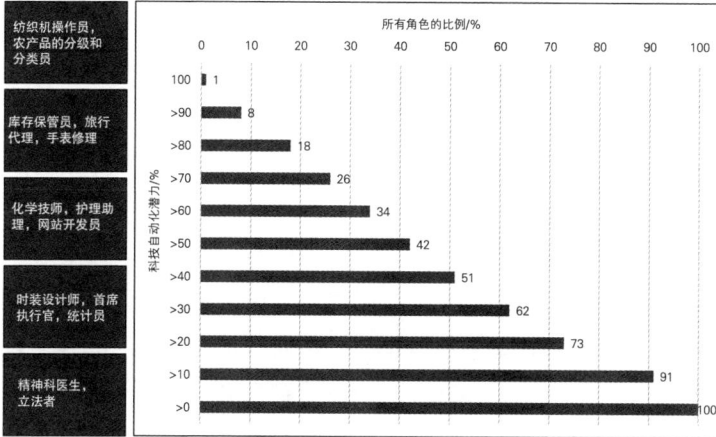

工作示例	
纺织机操作员，农产品的分级和分类员	100 1
库存保管员，旅行代理，手表修理	>90 8
	>80 18
化学技师，护理助理，网站开发员	>70 26
	>60 34
	>50 42
时装设计师，首席执行官，统计员	>40 51
	>30 62
	>20 73
精神科医生，立法者	>10 91
	>0 100

图 2-2 部分自动化将成为标准

注：＊研究了 820 个角色

来源：麦肯锡全球学院（2017），《可行的未来：自动化、雇佣和生产力》；美国劳工统计局

更重要的角色（如会计、房地产中介，甚至医学专家）。简单来讲，机器人也同样可以做更多更具创造力和更高技能要求的工作。未来决定工作是否会被自动化不在于工作是否是蓝领的或是白领的，而是工作是不是包含很多例行任务。这里的问题是，对例行任务的界定在我们谈论它的时候就在改变。截至目前，需要很多人际互动的劳动者看起来仍然相对安全，诸如运动训练师和精神科医生处于自动化潜在发力领域的底层。但是随着技术的新进展，如 AI，让这些领域的自动化成为可能，这些岗位甚至都可能变成暂时的。实际上，图中具有很低的计算机化可能性的一个工作，运动训练师，在我自己的家里已经

外包给了一个基于 AI 技术的训练指导耳机①和一个叫 VI 的虚拟训练师。总之，在更广阔的世界里大的脱钩趋势将会在未来几年对组织产生深远的影响。

工作的不平等

正如我们在第一章中讨论的，工作场域中的技术进步似乎主要对资本所有者和受教育程度最高的人更为有利。这个转变可能带来**组织中离奇水平的不平等**，这也是组织中的第二个结构性演变。这种情况已经发生，首席执行官们每年挣的钱超过普通工人一辈子可能挣的钱。在南非和印度这样的国家里，首席执行官们一天挣的钱比普通员工一年挣的钱要多，南非首席执行官与普通工人年收入比例为 541∶1；印度为 483∶1。在美国，这个比例是 299∶1，多数欧洲国家的比例会低一点，但仍然是令人吃惊的数字（图 2-3）。尽管媒体上对此有严厉的批判，但多数国家并不要求这个数据的公开透明，而且在那些创新的薪酬设计里，"基于绩效的报酬"是例行规则而非特例。今天，62%的高管薪酬采用股权形式——加上第一章中讨论过的与"预期市场"的相关性——这个比例在 1980 年时是 19%，一路上升到现在的水平。尽管额外奖励可能对最好的人才和对公司经营管理负责的人有用，但极高程度的不平等在一个透明度越来越高、关于更好地分配财富的呼唤越来越强的世界里却是一个糟糕的选择。

---

① 更多详情信息请参考网站：www.getvi.com.

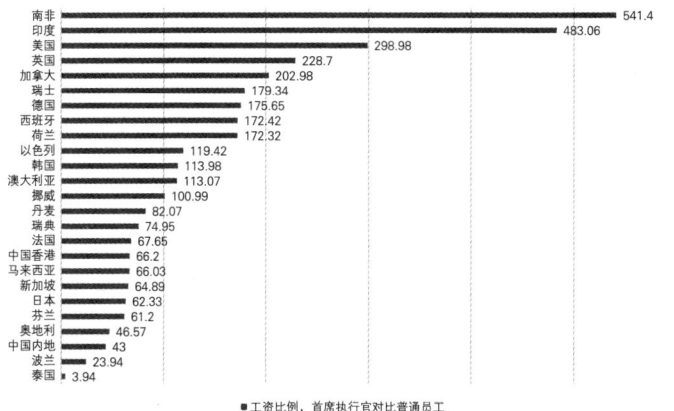

图 2-3　精英阶层的人挣的（远远）超过其他人

来源：彭博社，国际货币基金组织（2016）

超级透明

今天的组织越来越多地遭遇**超级透明**理念带来的挑战，这是组织的第三个结构性演变。在最近一个荷兰税务的伦理咨询项目中，我们已经直接体验到了这种恐惧。作为顾问，我们被客户告知如下思维试验：想象我们把一摞打印出来的幻灯片文件忘在了公共场所，比如一列火车上，当别人看到它时我们是会感到骄傲还是感到丢人？我们喜欢这个思维试验，因为它假设一切是完全透明的。当前我们正处在这样的一个世界中，在类似 Glassdoor 这样的网站大家可以公开透露某些组织里大家挣多少钱，一些"绿色"指数告诉世界可持续的商业实践究竟是怎样的①，同理心指数公开说明某些组织是否真正关心对

---

① 《新闻周刊》（*Newsweek*）绿色公司排名。

他们顾客的情感影响[1]，"情感联结指数"基于顾客有多喜爱这些公司对他们的品牌进行排名[2]，因此我们似乎可以大胆预言，超级透明的时代已经到来（图2-4），尤其是组织的社会影响会变得完全透明。

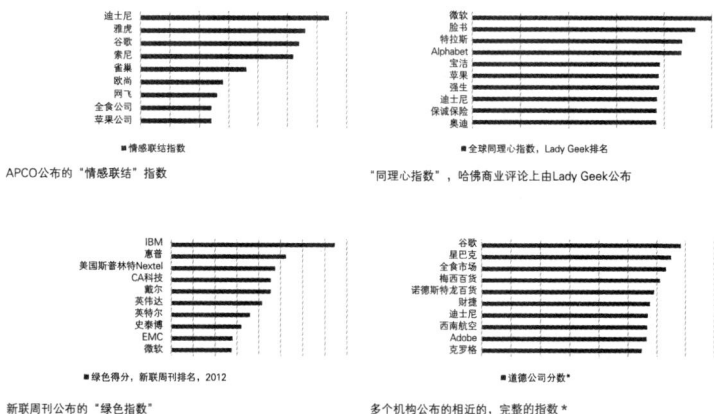

图中左上：
迪士尼
雅虎
谷歌
索尼
雀巢
欧尚
网飞
全食公司
苹果公司
■情感联结指数
APCO公布的"情感联结"指数

图中右上：
微软
脸书
特拉斯
Alphabet
宝洁
苹果
强生
迪士尼
保诚保险
奥迪
■全球同理心指数，Lady Geek排名
"同理心指数"，哈佛商业评论上由Lady Geek公布

图中左下：
IBM
惠普
美国斯普林特Nextel
CA科技
戴尔
英伟达
英特尔
史泰博
EMC
微软
■绿色得分，新联周刊排名，2012
新联周刊公布的"绿色指数"

图中右下：
谷歌
星巴克
全食市场
梅西百货
诺德斯特龙百货
财捷
迪士尼
西南航空
Adobe
克罗格
■道德公司分数*
多个机构公布的相近的，完整的指数*

图2-4 超级透明到来了

注：* "道德计算"的示例：慈善捐赠+生态表现+高管多元化+LGBT政策+有毒废物+最佳工作场所指数+最受人尊敬的企业指数+避税港里的分支机构

来源：APCO，情感联结指数（2013）；Lady Geek，全球同理心排名2015；来自Beautiful数据库的新闻周刊和道德公司数据

除了在线的官方指数，实时的社交媒体评论也提供了进一步的透明度。事实上，它们能在一夜之间成就或摧毁一家企业。想去哪家餐厅？查看谷歌地图的在线星级评价。要决定今

---

① 有同理心的公司，《快公司》。
② APCO（2013），《一百家最受人爱戴的公司》。

晚住哪里，查看 TripAdvisor 或爱彼迎的酒店顾客评价。你还在犹豫是否要买一部上周刚刚上市的新 iPhone？上 YouTube 可以观看上百条用户免费评价。商业企业越来越多地受到社交监控系统的监督，但是也有如优步①作为一家罕见的反过来评价他们的顾客的公司。这种增加的透明度能给组织带来巨大的后果，特别是当事情背离初衷时。当美联航的员工暴力地把一位不情愿的乘客从超售航班的座位上拖走时，视频马上就出现在社交媒体上，几天内就有超过 400 万条评价。消费者直接在推特上用讽刺的语言回复，例如"真正打不败的服务"②，并且竞争对手也借此抓住了机会，比如"西南航空。我们打败竞争对手。但不会打你"。为了控制损失，美联航母公司的首席执行官 Munoz，不得不亲自介入，多次公开道歉。这家企业最终补偿了航班上所有旅客的机票，与那位被野蛮拖拽离开飞机的乘客达成了百万美元的和解，并且承诺未来要做出很多对乘客友好方面的改革，比如对每件丢失的行李赔偿 1500 美元，对未来因超售被取消乘机权利的乘客提高赔偿到 1 万美元。

作为对比，同时也是本书希望传递的关键信息，一些企业已经摸索到了通过主动沟通自身信息而将超级透明为己所用的方式。我咨询的一家比利时公司的首席执行官骄傲地告诉我们，所有员工的工资都能公开透明地在一个 Excel 表格中看到。它的首席执行官和普通工人工资的比例只有 5∶1。网飞

---

① 在当前的优步打车系统里，乘客可以评论他们的司机，司机也可以评论他们的乘客。

② "真正打不败的服务"，原文为 unbeatable，在这里是双关语，beat 既可以指打败对手，又可以描述打人。——译者注

（Netflix）和 IDEO 也开始迈出了相似的步伐，提供在线"文化平台"。巴塔哥尼亚在线公布产品编年史，详细介绍了产品是怎么生产的，用什么材料。耐克开发了一个叫 Making of Making 的 App，支持设计师更好地做出使用什么材料的决策。同时，全食超市正在努力成为首家转基因食物全透明的连锁店。许多企业家都倾向于更进一步。Buffer，一家专注于在线引流和粉丝运营的企业，因完全公开自己的收入、工资、价格和利润率而闻名。[①] 有意思的是，透明的趋势不仅应用于企业而且也应用于国家，甚至城市。许多政府已经公开地分享他们的数据，特别是那些检查可持续发展目标进展的数据。有些城市，类似阿姆斯特丹，在信息分享透明方面更进一步，希望能够让他们的居民更多地参与到集体问题解决中来。[②]

相关性的探寻

本章的第四个结构性演变几乎是其他三个的结果：**相关性的探寻**。在当前的商业环境下，工作不断被自动化，创新无处不在，超级透明在一夜间可以造就或毁掉一家公司，劳动力的需求已经不同了，商业领袖倾向于将这种环境描述成 VUCA（动荡、不确定、复杂和模糊），保持相关性是很不容易的。研究发现，保持相关性确实比过去更困难了。在当今世界，成为头部变得更加容易，但是保持头部位置更加不容易。用爬山的比喻可能会让大家更清晰：得益于更好的技术、导游和装

---

① 网站：www.buffer.com，该公司的价值观是"默认透明"。
② 来源：阿姆斯特丹市政府。

备，今天登顶珠穆朗玛峰变得更容易了，但同时也因为升温、雪更松软和更多的雪崩而变得更凶险。① 今天的企业面对类似的挑战：看起来现在的企业更容易到达头部位置（如通过上市、首次公开募股或投资者以其他方式提升公司的估值），但是要想更长时间保持住这个位置也变得更难。像 WhatsApp（创建于 2009 年，以 193 亿美元卖给脸书）、优步（创建于2009 年，估值约 690 亿美元）、爱彼迎（创建于 2008 年，估值约 310 亿美元）都是企业快速走上头部的例子，但是研究表明，平均来讲，企业的生命周期在缩短（图 2-5）。1970 年，当公司退市时，其平均存活寿命为 55 年，比大多数员工走完一个漫长且成功的职业生涯还要长。这就构成了这样一个商业生态系统，其中人们可以工作很长时间，某些情况下产生了围绕工厂建立的居民生活区，工人们全家都生活在那里。然而，2010 年的研究显示，当前经济中创新式的破坏速度在上升，2010 年退市的企业平均存活仅 31.6 年。② 咨询公司 Innosight 预计未来企业的生命周期会更短。特别是，对于标普 500（一个美国股票指数）上的企业，到 2026 年企业的平均寿命为 14 年。③ 按照这个速度，几乎一半的标普 500 的上市企业在下一个十年里会被替换掉。在研究了 1960—2009 年上市的 29688 家企业之后，一些研究人员也得出了类似的结论。他们发现在1972 年前上市的企业，它们能够存活 5 年的概率是 92%，而

---

① 一个例子是 2012 年发生在马纳斯鲁峰的雪崩，500 米的雪在深夜掩埋了满是登山者的营地。

② 《哈佛商业评论》（2016），《企业生存的生物原则》。

③ 报告：《企业寿命：大型组织将面临动荡》（2016）。

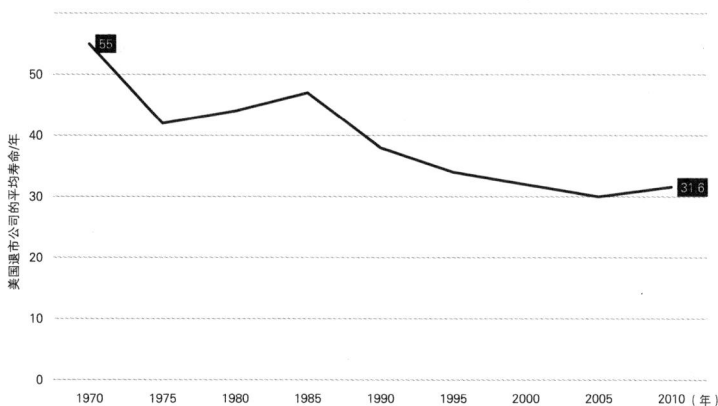

图2-5 创新性破坏在加速

数据来源：马丁·里夫斯，西蒙·莱文，大池友达，《企业生存的生物原则》，《哈佛商业评论》（2016）

在2000—2009年上市的企业的存活概率仅有63%，尽管它们已经度过了互联网泡沫和大萧条。简而言之，结论就是今天的企业比过去的企业会更快谢幕。走上头部可能变得更简单，但是一旦做到了之后保持相关性就变得更难。通过展示一些企业自从2002年上市（右边）以及退市（左边），图2-6向人们揭示了创新式破坏加剧的速度。请注意，相比左边更为传统的"线性价值链"组织，右边的新公司有非常不同的业务模式，它们多数都是平台型企业，或是有着很强的数字化基础的P2P的生态系统。

因此，尽管价值创造或者拥有清晰的使命这样的理念对于大多数公司在其初创期都是至关重要的，但是随着时间推移似乎这个理念就开始慢慢衰退了。我认为这种"使命的衰退"

图 2-6　平台和对等式生态系统在崛起
资料来源：创新顾问公司

主要是因为以下三点：（1）当组织在规模和复杂度方面有所增加时，对员工来讲，产生客户价值影响变得更加抽象了；（2）组织可能实际上已经成功地解决了部分问题；（3）通常情况下，组织里开始主导讨论的是与投资者达成的财务协议，而不是为更广泛利益相关方创造真正的价值。然后组织的隐性目标就变成要从现有的业务模式中榨出更多的钱。这些趋势进而促使员工们开始寻找相关性，不管是用公开的还是避开高管视线范围的安全的方式，用维克多·弗兰克的话说，"在组织中寻找意义"①。第一个原因，在发展中不断增加的复杂度，解释了为什么 85% 的高管把企业的短板归因于内部原因，而不是外部原因。②第二个原因，那些已经成功解决了自身主要问题的组织，变成他们自己成功的牺牲品，这是我从一家北欧

---

① 《活出生命的意义》，维克多·弗兰克。
② 《创始人精神》（2016），克里斯·祖克与詹姆士·艾伦，贝恩公司。

国家能源公司的高管那里了解到的。他的故事是这样的，最初这家公司有一个非常清晰的使命：确保人们可以度过漫漫冬夜而不会被冻死（想象一下穿着笨重的夹克扎进雪里维修供气管道的工人）。然而今天，这个问题已不再相关了，因为现在已经不存在能源短缺问题。他并不认为关于使命的讨论是新鲜事物，因为它本来就内生于公司创立之初。取而代之的是，他把使命的讨论看作一个新使命重新点燃的过程，从而塑造企业在 21 世纪的未来道路。

组织核心的哲学空白

正如这个世界需要构建一个基于经济增长、资源利用和全球化概念的更加平衡的叙事逻辑，**许多组织也正在经历相似的意识形态困境**。这是我们面对的下一个结构性演变。这种困境所带来的幻象破灭最好的例子，或许是当更加熟悉数字化技术的年青一代进入职场工作时，他们满怀希望尝试用各种方法让世界变得更好，但五年后他们却发现，被困在一个仍旧是官僚主义、不透明的组织中，根本感觉不到创造了哪些积极的影响。从任何角度来讲，他们遭遇的这种哲学上的不一致性都不是一件小事，而就他们为什么而工作的问题，企业给出的答案实在是太乏善可陈。他们是组织设计的核心。玛氏公司的首席执行官洞悉了当前这种除了纯粹的资本主义或股东价值之外再没有更好的意识形态所带来的问题，他把这种结构性演变描述成："这是如同柏林墙倒塌一样重大的事情。但是当戈尔巴乔夫看到他的体系失败之后，当时还有另一个可用的备选体系——西方的资本主义。现在，这个墙正在倒塌，但我们没有备选的道路。"这是所有组织都面临的一个核心问题，西蒙·斯涅克很准确地抓住了这一点，他的演讲视频《从为什么开始》，很快就获得了上百万的观看量。[1]

尽管传统企业可能比较难于给出一个关于"为什么"的好答案，但绝大多数年青一代都相信那些有着更远大的使命而不仅是注重股东价值的企业将会是 21 世纪成功的企业。当超过 18000 名 30 岁以下的人被问及，他们是否同意未来最成功的品牌是那些不仅仅提供好的服务和产品，而且还创造了积极影响的品牌时，23 个国家绝大部分的受访者都同意这种说法。[2] 从全球来看，70%的新劳动力有着同样的信念。这些结果在图 2-7 中有显示。甚至杰克·韦尔奇，因为他在通用电气的成功而被看作代表股东价值的英雄人物，他也发出对把股东价值放在首位的反对，说它是"世界上最蠢的想法"。哈佛大学教授林恩·潘恩和约瑟夫·鲍尔在他们的文章《企业领导力核心的错误》（《哈佛商业评论》，2017）中对这种对立有比较详尽的叙述，他们主张在商业中要尽可能少地采取短期的、以股东权益为中心的做法。

当资本主义的一些中心理念被植入组织中之后，它们变成了被称作"代理理论"的一些相对简单的操作规则。简单讲，这个理论认为：（1）股东投入资本，因此拥有组织；（2）管理层主要作为这些股东的代理人；（3）由此管理层的目标是要为企业的所有者实现股东价值的最大化。依据这个逻辑，股东被

---

① TEDx（2009），视频《从为什么开始——伟大的领导者如何激发行动》。
② 易普索全球趋势调查，2016 年 10 月。

对这个说法的回答"未来，最成功的品牌会是那些不仅提供了好的产品和服务，而且对社会做出积极贡献的品牌"

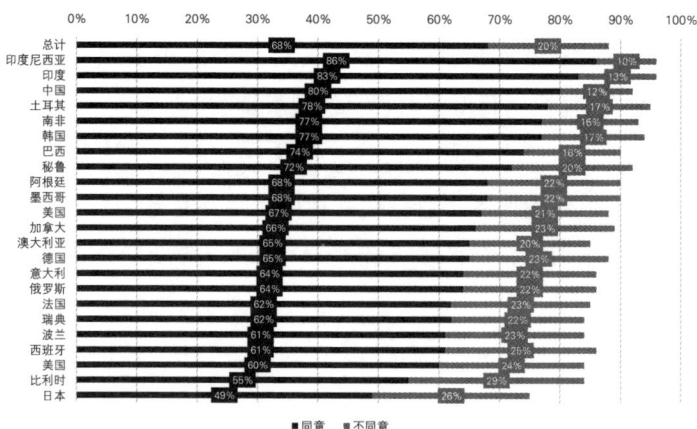

	同意	不同意
总计	68%	20%
印度尼西亚	86%	10%
印度	83%	13%
中国	80%	12%
土耳其	78%	
南非	77%	16%
韩国	77%	17%
巴西	74%	16%
秘鲁	72%	20%
阿根廷	68%	22%
墨西哥	68%	
美国	67%	21%
加拿大	65%	
澳大利亚	65%	20%
德国	64%	23%
意大利	64%	22%
俄罗斯	62%	
法国	62%	22%
瑞典	61%	23%
波兰	61%	
西班牙	60%	26%
美国	55%	24%
比利时		29%
日本	49%	26%

图 2-7　对社会的积极贡献是未来成功的关键

来源：易普索全球趋势调研，2016 年 10 月，$N = 18180$

假定为理性的、自利的中介，他们只是简单地希望最大化自己的财富。① 从伦理的角度来看，这里也存在着一个简单的指导方针：只要不违反本地法律体系，某些特定的运营就是被允许的。说得更严重点，如果出于伦理的原因而限制业务看起来是个不好的主意，因为这会削弱企业的竞争地位，而竞争对手将会接管那些你不做的业务。对于那些对外部环境造成负面影响的因素（例如排放进河流的有毒化学物质），存在类似的指导方针：企业需要因此补偿在该领域其他参与者的成本。这里暗示着一个相关的隐性逻辑，基于这个思路，组织不应该主动参与公益行为，因为这只会给企业所有者（股东）增加额外的费用，而更高的成本会弱化企业的竞争地位。这种关于如何运

① 这是关于代理理论的一个概述。

作企业的核心逻辑曾经是有价值的，但是现在是时候迫切地对它更新一下了，过去的几十年内它们一直处于冻结状态。它已经不能够鼓舞新生代的员工，也不能够成功处理"满世界"经济学的问题，以及它所带来的集体挑战；并且，它实际上也会让企业在经营过程中失去捕捉价值的机会。

截然不同的劳动力

这种哲学空白对组织如何对待它们的劳动力有着巨大影响。它引发了第五个结构性演变：**截然不同的劳动力**的理念。关于这个理念，大众媒体上已经有过很多文章和讨论，千禧一代被看作特别难以投入工作和被激发的劳动力。易普索报告总结，"对千禧一代的反感是真的"，全球大约18000人描述这代人物质主义（45%）、自私（39%）、懒惰（39%）和傲慢（33%）。具有讽刺意味的是，千禧一代自己也同意这些说法，他们中有类似比例的人做了同样的反馈。[①] 尽管这可能部分是真实的（我也是这个年代的人，确实有一些这样的特点），但实际情况还是千差万别。和马斯洛的预测一样，普华永道的一份名为"人与使命"的报告（2016）令人信服地显示出，今天的人才相比过去的人才有着非常不同的需求。特别是，今天新的劳动力对价值的关注更胜于金钱（图2-8）。除了资产管理行业，其他行业调研出的结果都显著相同：当选择一家雇主时，人们更倾向于以符合他们的价值观而不是有竞争力的薪酬作为选择的关键因素。这个结果全球都一样，不是某个地区现

---

① 易普索，全球趋势调查，自2016年9月12日至2016年10月11日。

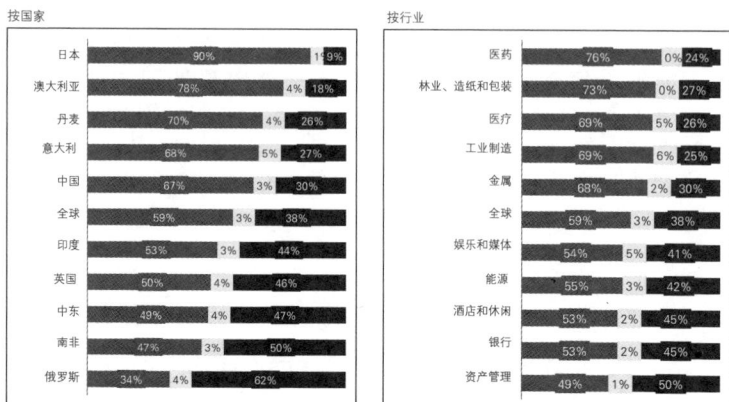

按国家

国家			
日本	90%	1%	9%
澳大利亚	78%	4%	18%
丹麦	70%	4%	26%
意大利	68%	5%	27%
中国	67%	3%	30%
全球	59%	3%	38%
印度	53%	3%	44%
英国	50%	4%	46%
中东	49%	4%	47%
南非	47%	3%	50%
俄罗斯	34%	4%	62%

按行业

行业			
医药	76%	0%	24%
林业、造纸和包装	73%	0%	27%
医疗	69%	5%	26%
工业制造	69%	6%	25%
金属	68%	2%	30%
全球	59%	3%	38%
娱乐和媒体	54%	5%	41%
能源	55%	3%	42%
酒店和休闲	53%	2%	45%
银行	53%	2%	45%
资产管理	49%	1%	50%

图2-8　人才在价值观和金钱中间更多地倾向于价值观

资料来源：普华永道，第19届全球首席执行官调研，2016（人和使命）

象：除了南非和俄罗斯，其他国家中顶尖人才更倾向于一致的价值观胜过有竞争力的薪酬。盖洛普最近几年的调研结果广为人知，当涉及员工敬业度时组织的表现真的很不妙，全球平均只有15%的员工感到工作是投入的。尽管美国的数字略高（30%），其他国家，例如日本，则低至6%。[1] 更糟糕的是，这些数字在过去几年基本保持一样，这促使了盖洛普用"世界范围失败的工作场域"这个概念来描述此种现象。相关的衡量指标，如哈佛商业评论网站一项民意调研询问人们工作是否对他们有意义时，也展示出类似的趋势。在12000名参与者中至少一半的人表示他们的工作"没有明确的意义"[2]。一项

---

① 盖洛普全球调查（2017）。

② 《哈佛商业评论》及能量项目的在线调查并刊登于《纽约时报》上的特色文章，《你为什么憎恨工作》，2015年5月30日。

关于"职场使命指数"的研究通过领英收集了大约 25000 人关于工作使命的体验，该研究显示只有 37% 的人具有使命导向的工作风格。[①] 一些作家和专栏作者抓住这个机会，把这种缺失清晰意义感的工作叫作"狗屁工作"[②]。

今天的劳动力在他们的技能层次，以及他们如何看待这些技能方面也截然不同。随着受教育程度的增加，拥有一个大学学历在许多发达经济体中不再能保证找到一份工作。发现和构建理想的技能集是一个不断寻求的过程，这对许多新劳动力来讲是一个艰难的挑战。世界经济论坛曾预计到 2020 年最相关的技能将会是复杂问题的解决、批判性思维、创造力和管理他人的能力（如管理不同文化背景的人）。[③] 首席执行官们也描绘了类似的画面，他们强调问题解决、领导力、调适能力和创造力是企业需要招聘到的关键能力。这些分析或许是对的，但是这和时间范围（到 2020 年）基本无关。人们在自我教育的过程中，传统的做法是为了 40—50 年的雇佣时间做准备。从这个角度看，这个预测不够激进。在变化如此迅速的世界里，组织的生命周期可能缩短到 10—20 年，许多技能很快就丧失了它们的相关性。为解决这个问题，年轻的人才唯一有效的方法是首先打好强有力的基础（如科学、技术、工程和数学或商业学位），然后就需要致力于不断地自我反思和持续学

---

① 2015 职场使命指数，$N = 6332$，年龄 18 岁及以上。

② http://strikemag.org/bullshit-jobs/（David Graeber, 2013）。

③ 世界经济论坛（2016），《工作的未来报告》。

习的旅程。① 人们拥有多种技能将会变得越来越普遍，同样所有员工也都需要致力于持续学习的旅程。这种对自我学习意义的重新审视也会给劳动力带来不同的身份。过去，会计、律师、管道工和厨师可能有着清晰的职业身份，但是在新的时代，当他们的职业不再一成不变时，他们会越来越难做到这个。对于这代人不变的元素仅存在于这样一种现实中，不管是什么年纪，你都必须持续地成长和适应。

组织已经试着通过提供更加扁平的工作环境去适应新劳动力。我咨询过很多有着这种新型组织设计的组织，而且有意思的情景不断展示出来。当我试图向荷兰的一家在线超市 PicNic 的管理团队展示我新书的发现时，我的邀请函中是这样写的："可能你们的管理团队会对此感兴趣。"在对方的回应中，我收到的信息是这样的："管理团队？我倒是希望。我们是反对层级制的，我们是完全扁平的。每个人都是平等的。"当前关于组织的主流比喻已经从象征军队的等级制变成了机器或电脑②，而组织设计领域最近拥抱的关于组织的比喻是"活的生命体"③。对

---

① 作为千禧一代如何参与这种教育的一个例子，这个夏天我在空闲时间通过在线方式学习了好几个新领域的课程。因为过去的专业背景是心理学和商业，所以我通常选择的是相近的领域，但需要的是那些能够带来新的思维方式的课程。今年夏天我选择的课程是企业并购、环境变化科学以及博弈理论。我深信这种持续教育对于我的职业生涯非常关键。

② 持这种思维方式的例子有伯克·利特温的因果模型，以及纳德勒与图什曼的一致性模型。

③ 持这种思维方式的有合弄制（Holoacracy），分形式网络组织设计（McMillan, 2002），以及更新后的组织一致性模型（纳德勒 & 图什曼，1999）。通过比喻的方式来描述组织的一本卓越的书是《组织的形象》（*Images of Organizations*）（加雷斯·摩根，1986）。

于活的生命体来说，适应环境是非常重要的，这种比喻反映到了组织的设计中，现在的组织更接近于有着共同使命的社群，或围绕一个中心使命构成的团队的团队。这类组织中的人只是价值创造网络中的节点，组织架构图通常不存在或仅基于现有的项目。纳西姆·尼古拉斯·塔勒布的《反脆弱》一书在 2012 年问世之后，这种设计组织的方式通常被描述为"反脆弱"。

这个存在于传统组织中心的哲学空白造就了组织与当今人才的失联。组织的领导者一方面知道新生代员工深切关注"做有益的事"，但同时又不相信组织会这样去做，这就是他们面临的真实现状。易普索 2017 年的调研揭示出年轻的一代人有一大半"整体上对商业是不信任的"①。公司管理者因此已经开始探索与更好的新生代连接的方式。在某些情况下，这会引起负面效应，就像华尔街银行 JP 摩根邀请它们的用户直接在推特上用#AskJPM#话题与高管互动的案例。在几小时内就有了 8000 个回复，线上 66% 的评论是非常负面的。推文包括："快说！在一间没有钥匙、一把椅子、两个燕尾夹和一个灯泡的房间里，你是如何欺骗投资人的?""是买通一个国会代表简单还是买通一个议员简单?"JP 摩根最终以一条"明天的Q&A 环节取消"推文结束了这个活动。这实在是一个糟糕的主意，或许还是需要另辟蹊径吧。② 现在看来，吸引年轻人加入到一个传统的组织比任何时候都困难。

---

① 易普索，全球趋势调查（2017）。
② 《商业内参》，(2013)《企业社交媒体灾难头 10 条》。

这也不奇怪，一些为了提升员工敬业度的项目经常被证明是无效的，因为它们多数倾向于通过调研和邀请经理们多做些培训来衡量敬业度。这些问题没有解决位于组织核心的最基本的哲学空白问题，没有给年青一代人提供为什么这是他们能对这个世界产生真正影响的地方的答案。当敬业度和工作意义感与员工工作及组织存在有更深层的情感联结时，它们就能够在很多方面对业务结果产生积极影响。影响的领域，如离职率、人均生产率和人均利润率，[①] 相对来讲这些数据都有很好的记录，尽管其因果关系还不太清楚。职场中因为这种士气不高所造成的损失是惊人的，仅美国一个国家预计就在数百亿美元。[②]

我们看到了很多传统咨询机构和年轻组织采取了更为有效的手段来处理这种截然不同的劳动力的挑战。传统咨询机构意识到，对年青一代的劳动力来说能够发挥影响越来越重要，他们已经开始允许一些人才以持有部分股份的方式进行创业，这就像围绕公司核心业务这艘母舰周边的卫星创业公司。这些咨询公司中的一个合伙人告诉我："过去，我们中的一些聪明的人才可能会去学 MBA。但是今天，聪明的人不断想直接通过在一个创业环境中工作来挑战自己。"基于我目前所听到的，这个新的方式看起来运作效果良好。

---

① 敬业度的概念现在已经被一种新的相似的理念所取代，即"受激发"的员工。受激发的员工比敬业的员工更加高绩效，因为敬业的员工也需要受公司的使命和领导者所激发。更多信息：麦克尔·门金斯，贝恩公司。

② 盖洛普网站。

失败的创新

第七个，也是很多组织正在经历的最后一个结构性演变，即**创新已失败**。这是本章最后一个结构性演变。我敢说创新已失败，这是因为几乎所有组织都意识到创新的需求，但是基本上没有人对结果满意。普华永道最新的调研显示，只有3%的企业说"创新对我们来讲不是优先任务"[1]。麦肯锡也发现了相似的结果，84%的高管报告说创新对他们的成长战略极其重要。尽管近些年来创新作为一个主题对高管层来讲重要性已经提高了很多，并且在很多高管会议里大家对于破坏式创新的恐惧越来越普遍，但是绝大部分的高管总体上对他们自己创新方面的努力成果感到失望。埃森哲的调研表明，仅有18%的高管相信他们的创新举措创造了竞争优势[2]；麦肯锡的调研报告指出，94%的高管对于他们组织的创新表现不满意[3]。哈佛商学院的教授克莱顿·克里斯坦森表示所做的一项研究很明确地指出：传统的公司通常是通过持续创新胜出，即立足现有资产、流程和持续改进现有产品。关于持续创新的一个例子是苹果公司，它每年都推出一款新iPhone手机。但当我们谈到破坏式创新时，这个游戏规则就完全不同了，在这里新型（低成本或新市场）的发明会彻底破坏传统的行业规则。有一些著名的破坏式创新的例子，如钢铁行业（Nucor的迷你工厂利用废金属，通过价格低廉的钢和非常低的前期投入破坏了传统

---

[1]　普华永道全球创新调查。

[2]　埃森哲研究（2013）。

[3]　《哈佛商业评论》（2016），《了解你的客户的"待完成工作"》（*Know Your Customers "Jobs to Be Done"*）。

钢厂的游戏规则），以及音乐行业（数字格式如 MP3 完全颠覆了音乐行业和唱片行业）。这一点都不奇怪，破坏式创新游戏通常都是新参与者胜出。这给当前的企业带来真正的风险，因为他们的创新实践通常是赶不上这些新公司的，这就给他们业务实践的稳定性带来了困扰。

当组织逐渐进入成熟期，它们的创新流程也随之改变。最开始的时候，创新聚焦于创造新事物，进而产生新工作。然后这种"市场创造"的工作被新形式的创新取代，即所谓的"持续创新"，其目的是提升产品利润率，以及尽可能地占领更多市场份额。最后，组织不可避免地走向"效率创新"，其主要目的就是从现有商业模式中榨取更多的金钱。这里的目标最终是给投资者带来更多的自由现金流，或从现有企业运营中榨取更多的金钱。问题的严重之处在于，正如克里斯坦森的研究表明，基本上没有企业能够找到回归市场创造阶段的道路，因为现在市场创造这个角色通常都是由新公司承担的。企业这种最终都沦为"效率创新"的命运，以及明显无法回到市场创造阶段的能力缺失，导致了今天的一种异常现象：我们正生活在一个资本超级盈余①的时代（图 2-9）。传统经济理论告诉我们，金融资本应该是稀缺的，但是在今天的世界里我们实际上是被淹没在金钱里。就像巴勃罗·埃斯科瓦尔会把现钞存放在谷仓里、藏在地下的袋子里甚至是他妈妈的家具里，组织现在拥有他们根本不知道该怎么花出去的更多资本。

---

① 《哈佛商业评论》(2017)，《资本极大丰沛时代的战略》(*Strategy in the Age of Super Abundant Capital*)。

市场创造的创新　➡️　持续性创新　➡️　效率创新

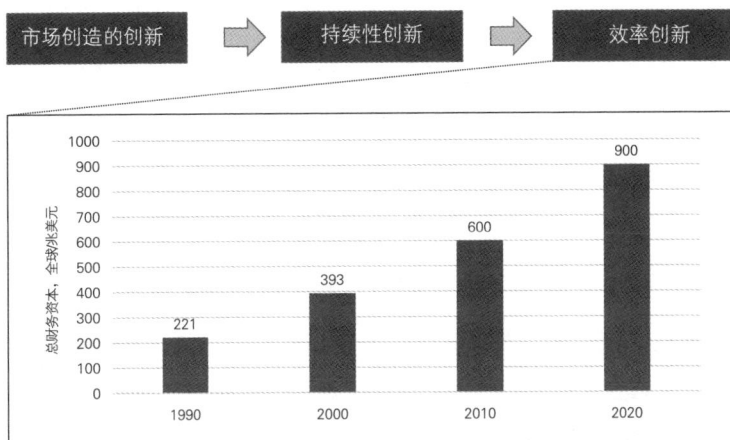

图 2-9　资本不再稀缺

数据来源：克莱顿·克里斯坦森，哈佛商学院；贝恩宏观趋势集团；《哈佛商业评论》。

资本的这种盈余已经导致了借款价格的暴跌，对于一些大型组织税后借款成本接近于通货膨胀率。它也导致了企业的股票回购。如果这种趋势得以持续的话，全球金融资产（全球的收支平衡表）在 2020 年会达到 900 万亿美元，比当年预计的 GDP 多出 10 倍。这实际上折射出了创新无效的不幸本质。可能大家都期望创新，但是没有多少公司有成功的创新纪录。当这种情况发生时，本可以进入新的价值创造或者用于支持那些有着全新使命抱负的组织的资本通常就止于股票回购或存在银行账户里。

到这里为止，本章已经讨论了组织背后的基本信念体系，以及这些信念体系已经受到当前的一些趋势的挑战。就像我们看到的，组织可以被看作更广阔的社会的折射。从某种程度上说，它们是一些试验有效协作方式的微型社会。因此，它们同样受社会中更为广泛的变化所影响。具体来讲，我们探讨了以下七个变化：

1. 日益提高的工作自动化、数字化或（和）计算机化。 在21世纪，许多工作对人的依赖变得更少。取而代之的是它们将依赖（或部分依赖）机器。关键是，当对例行工作的概念定义还包括价值链上游的一些工作时，受自动化冲击的就不再只是蓝领工作了。

2. 日益增加的工作中的不平等。 更好的技术更青睐资本所有者和企业里的精英人才，而不是那些没那么幸运的人群。企业奖励与工人平均工作时长的关联度越来越小。

3. 超级透明。 因为在线排名和社交媒体，当今的组织越来越面临被迫或被动选择公开他们做的事情。具体来说，组织的社会影响将会是透明的。

4. 相关性的探寻。 组织正在面临更短的生命周期、旧商业模式、技能和流程的相关性带来的日渐增加的挑战。随着组织的不断成长，以及破坏式创新速度的持续增加，企业使命的衰退某种程度上是不可避免的。

5. 组织核心的哲学空白。 当纯粹的资本主义叙事逻辑对组织来讲已经不再成为主流时，企业不得不去寻找能重新激励人们工作的替代意识形态。这种新的叙事逻辑可能需要整合社会影响的目标及利润目标。

6. 截然不同的劳动力。 新时代劳动力期望组织在社会中有不同的角色，他们对价值观一致性的关注会多于财务上的回报。这些新的劳动者拥有不同的技能和对工作环境的全新想法，并且被迫要求持续成长，他们将会给组织带来从内到外的转变。

7. 失败的创新。许多传统企业都在以典型的方式挣扎，以求重新创造自身。因此，它们经常做的就是不断浇灌现有供应链和流程，直到它们被一个外部参与者所颠覆。

2.3 组织是理想参与者

本书的第二个论点是，组织是进行必要变革的理想参与者，但这并不是显而易见的。例如在荷兰，企业和政府越来越多地在当地报纸上指责谁应该朝这个方向迈出第一步。年青一代似乎特别寄希望于个人改变体制的力量[①]，但其他人则认为非营利组织将会推动必要的改变。与此同时，联合国多年来一直努力与各组织建立适当的联系，以实现 17 个可持续发展目标，但在将企业与它们的利益相结合方面并未取得特别的成功。[②] 简而言之，变化似乎正在发生，但不同人群已经把他们的赌注压在了不同的参与者身上。在解释为什么营利性组织是推动客户实现积极变革的主要动力这一基本论点时，我在两类人群之间体验到了明显的两极分化。这种两极分化是建立在与政治取向、所从事业务的成熟度以及所处时代相关的基本信仰体系之上的。有些客户认为这个论点是显而易见的，而另一些客户则皱起眉头，开始质疑我们作为顾问对业务的准备度。在我们的业务中，我们将这两个群体简单地区分为"相信者"

---

① 世界经济论坛：《全球塑造者调查》(2017)。
② 联合国对话，针对企业领导者就联合国可持续发展目标（SDGs）是否有意识的访谈。为了更好地说明这一点，我的一位朋友，也是麦肯锡的一名合伙人，注意到尽管他的孩子们从学校里都了解到 SDG 目标，但他的客户却大多不知道。

和"不相信者"，相信者约占我们交谈过的人的60%①。需要说明的是，这些数字主要是代表西欧的，在其他文化中这个比例可能会不同。

在与这么多机构的人交谈过之后，我的一个最奇特的发现是，基本上唯独企业家是希望他们的组织要与清晰的使命保持一致性，做对社会有益的事情。显然，组织似乎就是从一个清晰的使命开始的。通常这些企业家们谈论的第一件事就是他们所预见的价值创造。在一百个企业推介演讲中，几乎一百家企业都是在关注一个需要解决的更大问题，并以一种可以自我维持的营利方式来解决这个问题。在现代西欧的初创企业界，那些"只是为了营利"组织的推介非常少见，而且关于基金会的推介也很少见。年青一代的目标是在同一家企业中同时实现这两件事，他们不会被现有组织中普遍存在的传统经济理论所困扰。②"使命+利润"的思考对他们来说并不是一种启示，而是他们已经深切关注并拥抱的一种价值观。这是一个新的企业家群体，他们从小就随时随地掌握着有关世界现状的实时信息，他们的许多基本需求已经得到满足。因此，几乎在默认情况下，这个新的群体会寻找明确的人生使命，并将其带入他们组建的组织中。认为我们可以带着两种人格活着，一种适用于

①　显然这个观点有可能带有偏见。因为我经营着一家使命驱动型战略咨询公司，所以看到更多这样的企业，它们大部分都在荷兰。

②　我参加过THNK，这是一个关于创新领导力的高管课程，在课上经常有关于一些新组织的推介演讲。同时，我还参加过阿姆斯特丹近期的资本周活动，会上有很多企业家都在分享他们关于组织的想法。

工作，另一种适用于生活，这样的想法是不被他们接受的。①

我还发现，当老年人在职业生涯结束，离开工作过的传统公司时，他们也会产生类似的"做有益的事"的兴趣。许多前首席执行官突然意识到，是时候"回报"并建立他们希望能增加价值的东西了。这可以有很多种形式，比如对年轻人提供免费培训，或者是担任影响传统公司的监督委员会角色，使其更加使命驱动。令人吃惊的是，在他们的职业生涯中，这种关于使命的清晰时刻似乎很难找到。可悲的是，正是在这种时刻人们才可以创造最多的价值。

权力与敏捷性的结合

为了阐明为什么组织是驱动变化的最佳参与者，让我们来看看哪些参与者可能会为第一章所讨论的每一个重大转变带来积极的改变。主要存在五类参与者（图2-10），他们是：

- 个人（消费者、家庭）
- 营利性组织（FPOs，包括营利性企业家）
- 非营利性组织（NFPOs，包括非营利企业家）
- 超国家机构（SNIs，如联合国和世界银行）
- 政府（G）

在分析过的30个世界范围的结构性演变中，我特别关注

---

① 我曾与很多客户有过交谈，他们都承认关于家庭与工作的双重人格。基督教中的一些价值观比如"谦卑"及"让他人先行"在家庭中非常看重，并会这样教育孩子。然而在工作场所，因为需要晋升，这些价值观就不太可行。

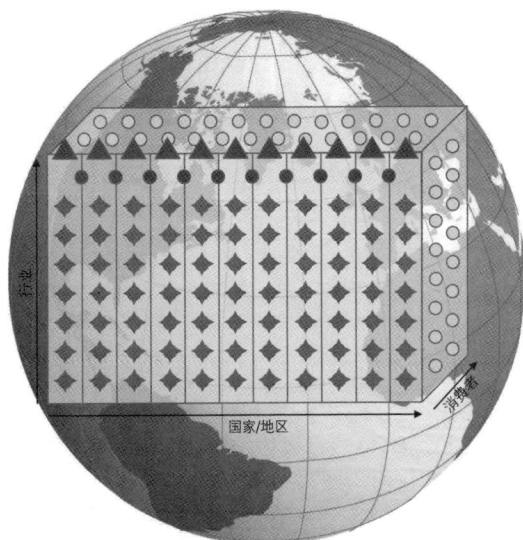

○ 个人（消费者、家庭）
◆ 营利性组织
◆ 非营利性组织
● 超越国家的结构
▲ 政府

行业

国家/地区

消费者

图 2-10　影响人类发展进程的五大玩家
资料来源：安格斯·麦迪逊，世界银行，赫尔曼·达利，使命+团队

哪一类参与者将能够发挥最积极的影响。具体来说，我特别关注该类参与者是否有动力朝这个方向前进，如果他们这样做了是否有足够的资源支持，以及是否有能力执行任何施加积极影响的尝试。这三个维度的得分以 1—5 分进行衡量，每类参与者得分为 3 分或 3 分以上的话，在图中以圆圈显示。你可以在图 2-11 中找到该分析的摘要。它突出了两个要点：

1. 由于我们讨论的大部分转变都包含集体问题，因此多方之间的有效合作是必要的。特别是，营利性组织需要向非营利性组织和政府学习其他目标和指标。国家/超国家目标也应该更好地传达给营利性组织。在普华永道进行的全球首席执行

I＝个体，FPO＝营利性组织，NFPO＝非营利性组织，SNI＝超越国家的机构，G＝政府

21世纪面临的巨大改变	I	FPO	NFPO	SNI	G
经济增长引擎的重新平衡		●			●
不平等程度的升级		●			●
生产力增长的变缓	●	●			●
持续增长的投资者情绪失联	●	●			●
中产阶级推动的消费上升		●			
中国成为新的最大的经济体		●		●	●
商品出品多样性的竞赛		●			●
权力的分散	●				●
全球信任的赤字	●	●			●
反全球化情绪的升温	●	●		●	●
社会政治领域的哲学虚空	●				●
强硬派领袖的崛起	●				●
国际紧张局势的上升					●
精英与其他人群之间的巨大差别		●			●
区域范围的人口激增	●	●	●		●
被迫流离失所人数的增多				●	●
巨大的城市化移民	●	●			●
受良好教育人群的崛起	●	●			●
人口老龄化的社会	●				●
宗教人群的转折点	●				
机器人的崛起		●			
大脱钩		●			●
赢家通吃模式的崛起		●			●
自动信任科技的兴起		●			
人工智能的兴起		●		●	
全球变暖	●			●	●
自然灾害可能性的增加		●		●	
非生物资源的耗尽		●			●
生物多样性的下降				●	●
人类消费造成的垃圾增长	●	●		●	●

图 2-11　组织与政府是关键影响者

来源：Purpose+

官调查中，首席执行官们已经将"与政策制定者更好地接触"放在了组织转型议程的首要位置。[①] 组织在寻求这种接触中可以发挥作用。

2. 就超过 2/3 的重大结构性演变而言，营利性组织是推动其积极变革的关键。造成这种情况的原因（至少）有三方面：（1）它们驱动了大量的投资流，因此代表了大量的权力；（2）它们可以相对容易地做出改变，因为其灵活性比政府高；（3）它们可以从朝这个方向发展中获益。由于要面临四年的选举周期，政府行动往往太慢，有效的立法需要多年才能制定和实施，这可能会妨碍讨论那些不受欢迎的问题。与年青一代看法不同[②]，我们不相信个人会成为关键影响者。虽然杰出的个体可以使世界变得更好，但总体而言，个体远没有组织和政府那么强大。假如我们只是成功改变了某个单一消费者的想法，没有多少变化发生。但如果我们改变一个每年管理 25 万人和数十亿投资的企业领导人的想法，那就完全不同了。将敏捷性与权力结合起来是前进的方向，而组织则是两者的理想结合。

在我们继续往下进行之前，先就非营利组织（NFPO）做些说明。虽然图表可能显示我认为非营利性组织是不相关的——但这与事实相去甚远。它们在更深层次的合作中发挥了作用，并在许多方面提高了对社会关键问题的认识，这是极为宝贵的。然而，与营利性组织相比，它们代表的人更少，资源

---

① 普华永道（2017），《全球首席执行官调查》。

② 世界经济论坛（2017），《全球塑造者调查》（*Global Shapers Survey*）。

也更少。因此在我看来，它们并不是推动转型的最关键参与者。

竞争优势

尽管营利性组织强大而灵活，足以与社会中发生的更大转变保持一致，但我们仍然没有回答关键问题。做有益的事可以为组织带来财务收益吗？传统观念认为不会，这导致了营利性组织和非营利性组织之间的明显区别。我认为这种观点已经过时了。未来的组织将会在这两种组织中间找到某个合适的位置，并在这个过程中创造更多价值。与传统理论不同的是，我们的第三个预测，那些成功地将自己与重大转变结合起来、将使命与利润目标结合起来的组织，将从中受益。

首先，显而易见的是，基于使命驱动的公司，或在传统企业中的使命驱动的转型，现在还没有足够的科学知识来得出任何最终结论。在这里，我们对使命驱动型公司的定义是，通过日常的运营，它们要在战略上对更广泛的利益相关者而非仅仅对其股东产生影响。除此之外，对使命驱动型公司没有普遍认同的定义。这种情况很容易理解，因为这个话题毕竟非常新、非常复杂，公司并不总是愿意分享它们的战略相关信息。然而，已经有很多研究发现，从多个角度阐明了新的方向。此外，就人为造成的气候变化达成的97%的共识促使我们即刻就得行动，即使对难题的了解尚不完全，企业也将面临相似的即刻行动的迫切性。在战略的世界中，总是需要在可用信息比较有限，并且在他人行动之前采取行动。事实上，在这个时间点之后的行动将不太可能产生任何竞争优势。

2007年，西索迪亚、沃尔夫和谢斯出版了《友爱的公司》

一书，这是第一波直接讨论使命主题的书。他们分析了一组经过精心挑选的公司，其表现优于股票市场上的其他公司。事实证明，这组公司比标准普尔 500 指数中一般的公司要成功得多，甚至比 2001 年由柯林斯选出的著名的《从优秀到卓越》中的公司都要成功（图 2-12）。根据作者的观点，这些公司的

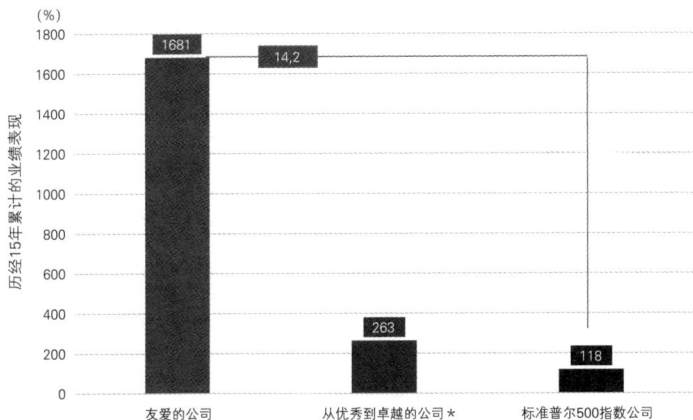

图 2-12 保持所有利益相关者目标一致有益于业务

注：＊吉姆・柯林斯在《从优秀到卓越》（2001）一书中甄别出的公司

来源：西索迪亚，沃尔夫，谢斯（2007），《友爱的公司》一书中引用的"友爱的公司"都是来自美国的公司。

差异大多是软性方面的，比如"协调所有利益相关者群体的利益"①（而不是股东的第一想法），将公司文化放在首位，通过激发工作的真正热情来打造人性化的工作，通过相对较低的高管薪酬来减少不平等。正如作者所描述的那样，新的商业规则包括"帮助人们找到他们非常渴望寻求的自我实现"、"加入

---

① 举例：社会、合伙人、投资人、顾客、雇员。

资本主义的激进社会变革——否则就等着淘汰"，以及"帮助所有的利益相关者（包括你的投资者）获胜"。该书的核心思想是为更广泛的利益相关者创造价值有助于创造利润，与目前越来越受欢迎的使命+利润思维相近。普华永道最近发布的一份报告也显示，大多数首席执行官（52%）相信这种价值联系确实存在，绝大多数首席执行官（85%）承认，他们将不得不在五年内满足更广泛的利益相关者需求。[①] 很明显，西索迪亚和他的同事们发现了一些对的事情。

2011 年，麦肯锡首席执行官多米尼克·巴顿在《哈佛商业评论》上发表的一篇文章中指出，企业应该对我们如何看待商业价值及其在社会中的作用进行深入改革。这篇文章并没有呼吁在组织中进行使命引领的转型[②]，而是包含了诸如"反对短期主义的暴政"、"长期资本主义"、股东和利益相关者之间选择的这种"虚假选择"等言论，并谈到必须处理的信任缺失组织。文章随后还讨论了董事会和高管在这一转型中的关键作用。

不久之后，一些公司就开始发布强调类似理念的研究报告。德勤的《使命的文化》（2014）[③] 描述了当前使命在信念与执行力之间的差距。它强调了一个中心观点，即愿意将注意力集中在超越利润之外的地方，并灌输使命文化的组织更有可能获得长期成功。虽然在报告中并没有阐明直接因果关系，但

---

① 普华永道（2016），《第 19 届年度全球首席执行官调查》。

② "使命引领的转型"这一术语当前属于安永公司的版权。

③ 德勤（2014），《使命的文化——构建商业信心；驱动成长》。

它提供了一些相关性的证明，员工和高管们认为，拥有强烈的使命感与财务表现、独特的品牌、独特的文化和价值体系、员工满意度和客户满意度有关（图2-13）。德勤的这篇文章在网上很受欢迎，《福布斯》和《快公司》等杂志都抓住机会，报道了这种使命层面的差距①和该差距所代表的机会。

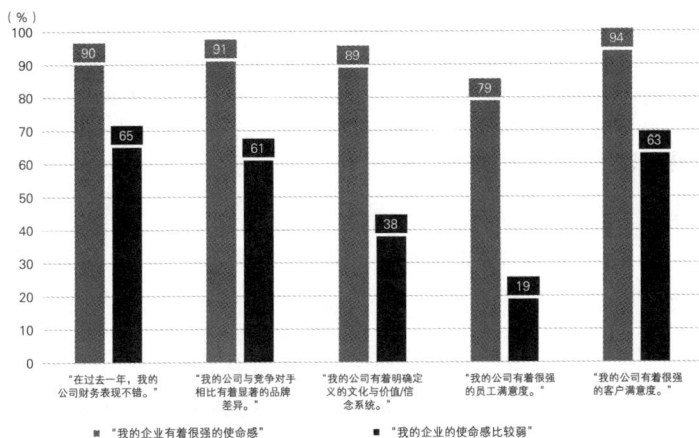

图 2-13　高管们相信使命与其他一些商业成果是有关联的
来源：德勤，《使命的文化：商业必需的核心信念及文化调查》（2013）。问卷调查了 1310 名美国成年人（298 位高管）

---

①　《快公司》(2013)：《有强烈使命感的企业更成功》(*Businesses with a Strong Sense of Purpose Are More Successful*)；《快公司》(2015)：《为什么使命驱动型公司往往更成功》(*Why Purpose-Driven Companies Are Often More Successful*)；《快公司》(2013)：《你的员工有使命感吗?》(*Do Your Employees Have a Sense of Purpose?*)；《快公司》(2014)：《什么会让一家公司成长? 成为一家使命驱动型企业》(*What's Going to Make a Company Grow? Being A Purpose-Driven Business*)；《福布斯》(2014)：《德勤最新研究显示，目标驱动带来利润和信心》。(*Purpose Drives Profits and Confidence, According to Latest Study from Deloitte*)。

现在使命驱动型公司的话题得到了一些严肃的关注，而使命越来越多地与先前的员工敬业度问题联系在一起，再后来盖洛普让这种联系变得众所周知。来自安永和哈佛大学的一项决定性研究发表在一篇名为"关于使命的商业案例"的论文中①，这再次表明，绝大多数人相信具有使命感的公司员工满意度更高（89%），更有可能向其他人（85%）推荐具有明确使命的公司，他们认为如果与使命相结合（84%）转型会更成功。然而，当谈到梦想的实际实现时，他们发现理论上的使命与组织中的现实存在很大的脱节，只有37%的人认为他们的商业模式和运作与他们的使命是一致的（图2-14）②。安永的数据显示，约有39%的公司声称它们拥有清晰明确且被广泛理解的使命。安永称这类为"使命优先"的公司，数据显示这些公司在过去十年中比其他公司有更好的财务成果（发展者和滞后者，见图2-15）。此外，安永／哈佛商业评论的文献明确指出，使命不仅仅是一种宣传，相反，它应该被整合到组织的多个领域，因为它直接涉及战略发展、公司文化和价值观、人才和领导力发展实践、品牌和创新。尽管较为传统的做法是将其视为品牌推广工具——遗憾的是，我遇到过的一些高管只是把自己的道德困境转交给了他们的公关部门——但在一个超级透明的世界里，那些日子已经一去不复返了。战略定位，随之而来的道德困境，以及品牌在外部世界的表现所带来

---

① 安永（2015）:《关于使命的商业案例》（*The Business Case for Purpose*）。
② 在大多数情况下拥有一个清晰的使命通常被理解为拥有一个"使命宣言"。尽管这是很重要的一部分，但在第3部分里我要告诉大家这还不够。

的后果，都是当今的 C 级领导者的课题。

■ 理论中的使命　■ 现实中的使命

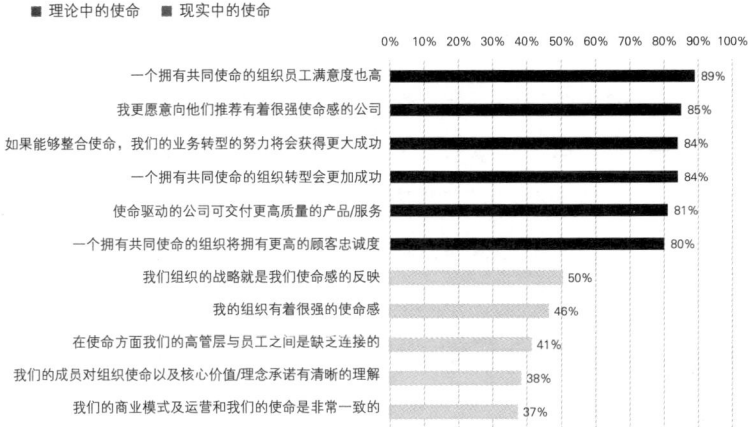

图 2-14　在理论与现实之间组织存在着巨大的差距

来源：安永，哈佛大学，《关于使命的商业案例》(2015)

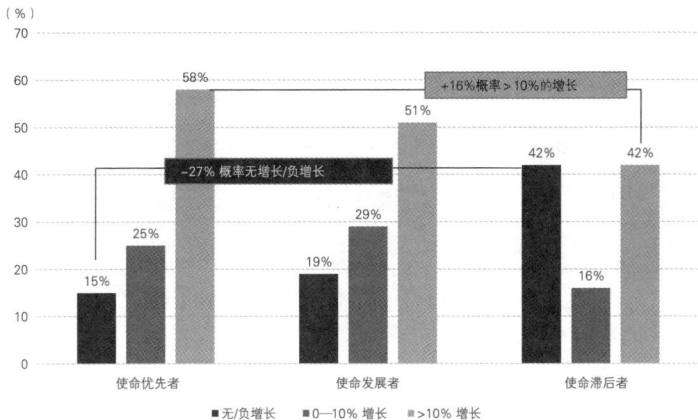

图 2-15　使命优先的组织有着更快的增长

注：＊上图显示在使命范畴里那些将使命放在优先、发展或滞后位置组织的财务表现（N = 474）

资料来源：安永，哈佛大学，《关于使命的商业案例》(2015)

更有趣的结果来自 Imperative 公司，它曾基于领英做过一些问卷调查和其他一些研究。其中一项是基于耶鲁大学副教授艾米·瑞斯尼斯基的调查问卷。瑞斯尼斯基的作品在几年前就出名了，因为她指出，把工作看成是一种召唤而不是一份工作或职业，并不取决于工作，而是取决于人们对工作的态度。[①]具体而言，她表示，酒店的清洁工和白领工作者一样，可以将他们的工作视为一种召唤。换句话说，人们不是在工作中寻找使命，他们要么给工作带来使命，要么就不会。更进一步说，Imperative 的 2016 年劳动力使命指数显示，全球 37% 的受访者都有使命/工作导向，这与瑞斯尼斯基发布的结果相似。调查发现，每个行业都有使命导向，尽管一些行业如教育（49%）、医疗（43%）或创业（49%）比会计（25%）、采购（30%）和支持职能（31%）的表现更好。值得注意的是，调查还显示，千禧一代（在 2017 年 18—35 岁）在工作使命感（30%）方面不及 X 一代（36—50 岁，38%），而 X 一代的工作使命感又不及婴儿潮一代（51 岁以上，48%）。这似乎不符合我们的直觉，因为千禧一代认为他们最需要的是工作使命感，他们也非常在意价值观的一致性。要理解这个结果，值得注意的是"需要一个使命"和"拥有一个使命"是不同的。事实上，可

[①] 更多信息可以在我的上一本书中找到，你也可以通过这个链接免费获取我的上一本书：www.purposeplus.com/book。书中第 171 页介绍了相关的框架及其含义。其他来源：Berg, Dutton, Wrzesniewski（2007）文章：《什么是匠人精神？它为什么重要？》（*What is Job Crafting and Why Does It Matter?*）Wrzesniewski et al.（1997）文章：《工作，职业和召唤：人们与工作的关系》（*Jobs, Careers, and Callings: People's Relations to Their Work*）。

能恰恰相反①。尽管使命导向在每个行业都很普遍，但也存在地域差异。正如马斯洛所预测的那样，瑞典（53%）、德国（50%）和荷兰（50%）等发达经济体的使命导向水平要高于一些发展中国家，如北非国家（28%）。石油经济依赖的国家，如沙特阿拉伯、科威特和阿联酋，得分也相对较低（图 2-16）。虽然 Imperative 对于使命驱动型员工的盈利能力没有做出任何声明，但其调查结果出于以下两个原因而值得重视：第一，尽管可能存在行业和经济成熟度的差异，但任何行业和任何国家都可以找到具有使命导向的人；第二，我们还是有相对容易的方法来衡量那些抽象的事物，比如工作中关于使命感的体验。

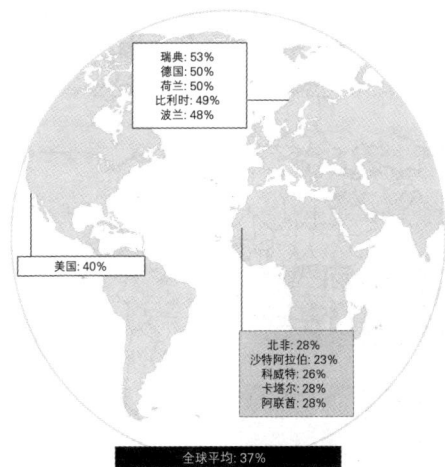

图 2-16　在使命体验方面存在有区域差异

资料来源：Imperative，全球使命指数（Global Purpose Index）（2016）

---

① 西蒙·斯涅克关于千禧一代的访谈（2017）。

贝恩公司（Bain & Company）从聚焦企业中人的方面提供了关于使命这个谜题的另外一些发现。贝恩公司合伙人迈克尔·曼金斯认为，在员工敬业度层次之外，还有一个层次是我们应该在组织中寻找的。他将这一层次称为受激发的员工（图2-17）。这就形成了一个动机等级，人们可以沿着从不满意、满意、敬业到受激发这样的层级提升动机水平。最重要的是，曼金斯指出，尽管敬业的员工比勉强满意的员工效率更高，但在组织中驱动实质进展的是那些受激发的团体。毫不奇怪，"受激发"意味着员工"从公司使命中获得了意义和启发"，以及"受到公司领导者的激发"。从人力资本的角度来看，这个想法与围绕使命的核心思想非常接近。

关于使命谜题的最后一部分来自麦肯锡，它提供了证据证明管理上的短期主义有损于公司业绩。相反，公司应该以长期

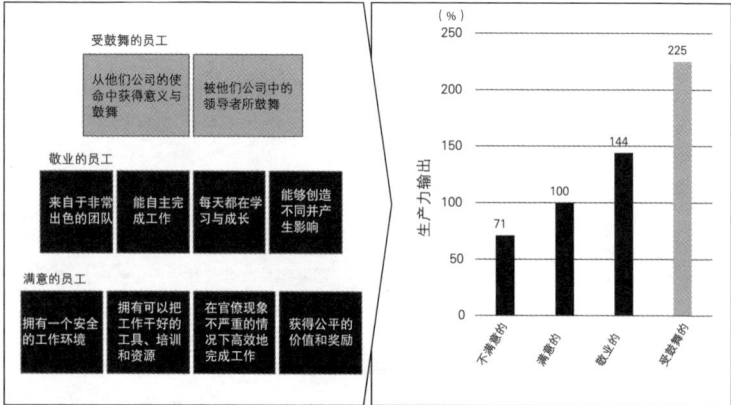

图2-17 受鼓舞的员工是最有生产力的

资料来源：贝恩公司，《哈佛商业评论》（2015）：《让你的员工敬业是对的，但不要止步于此》。

的资本主义眼光看待世界。麦肯锡指出，愿意以长期视野来发展的公司比其他公司的收入增加 47%，在研发上的投入多于50%，其市值增长更快，创造了超过 12000 个工作岗位，并给股东带来了更好的业绩。麦肯锡估计，以过去 10 年的 GDP 为衡量标准，采用更长期方法的公司所释放的潜在价值超过 1 万亿美元①。这是非常令人瞩目的价值，可能这也是第一次有这样的分析研究。

把所有的东西放在一起，我们看到在所有领域都展现出类似的故事（图 2-18）。一个组织拥有明确的使命，似乎可以带来一些战略上的收益，比如更关注客户和更高的客户满意度，符合更为有效的组织转型和创新举措，对新的劳动力需求下的员工敬业度也至关重要，并且有利于更加积极主动的风险管理。初步的分析还表明，基于长期视角，使命和利润需要齐头并进。正如我的一位数学家朋友所描述的：P+P>P（使命+利润>只关注利润）。就像等到洪水淹没了你的房子才相信气候变化的发生是愚蠢的一样，公司应该在自己的走廊中开始出现洪水之前就采取战略行动。对于企业组织，现在是时候在战略层面拥抱"使命+利润"的思维，把短期主义转变为长期资本主义的思维了。最赚钱的公司反而不是那些最为聚焦利润的公司②，这很可能是一个悖论，却是前进的方向。

---

① 麦肯锡公司（2017），《衡量短期主义的经济影响》；《哈佛商业评论》（2017），《最后有证据表明长期管理会有相应的回报》。

② 引自《金融时报》（2016）：《有超越利润目标的公司往往更赚钱》（*Companies with a Purpose Beyond Profit Tendto Make More Money*）。

客户为中心		创新/转型		员工敬业度		风险管理	
94%	的使命驱动型企业高管说他们的公司有着很高的客户满意度[5]	84%	的企业高管相信结合使命的业务转型将会有更大的成功率[4]	2.3x	工作中有使命感的员工有2.3倍的可能性是敬业的[1]	80%	的人相信在讨论社会性问题时CEO们应该在场[8]
85%	的企业高管说他们更有可能向其他人推荐有着使命的公司[4]	89%	的企业高管相信明确的使命可以引导和激发未来产品和服务的创新[4]	2.8x	有着使命的员工会留下来的可能性是2.8倍[1]	85%	的CEO同意他们将不得不解决未来五年内一些更广泛利益相关者的需求[8]
81%	的企业高管相信使命驱动的公司会为他们的客户提供更高质量的产品与服务[4]			2.25x	被激发的员工的生产力是"满意的"员工的2.25倍[9]		
				50%	把工作看作是一种内心召唤的人在公司里有50%或更多的可能性身居高位[3]		

长期赢利状况							
87%	的企业高管相信如果企业的使命超越于利润的话，长期公司的表现会更好[4]	47%	在13年期间，那些持长期价值创造观念的公司获得了多于47%的营收[10]	50%	股东回报也是有50%或更多可能性排在前十或前二十五[10]	1万亿	如果很多公司都选择长期模式的话，在过去十年这将意味着1万亿美元的潜在价值[4]

图 2-18 来自不同地方的研究结果都反映出相似的结论

资料来源：1.《哈佛商业评论》/能源项目，工作中的人性化时代（2014）；2. 盖洛普，《全球工作场所现状》（2013）；3. Imperative 教练平台和纽约大学，劳动力使命指数（2015）；4.《哈佛商业评论》/安永，《关于使命的商业案例》（2015）；5. 德勤，《核心信念文化调查》（2013）；6. 拉金德拉·西索迪亚，《美好企业》（2013）；7. 哈佛大学，《有意义的品牌指数》（2013）；8. 埃德尔曼，《全球信任晴雨表》（2016）；8. 普华永道，《税务首席执行官调查》（2016）；9. 贝恩公司；10. 麦肯锡季刊，《衡量短期主义的经济影响》（2017）

PART 3

塑造21世纪

只有当全世界的企业董事会成员、企业高管成员和企业投资者为了塑造一个更好的系统而担当起责任时，我所呼吁的那种深层的、系统性的变革才有可能实现。而对此付诸行动的最好时机就是当下。

——多米尼克·巴顿

麦肯锡公司董事长＆全球总裁

第三部分是本书的最后一部分。本部分主要为你提供一种明确的转型途径，从而便于你直接把这一途径应用到自己的企业或公司中。这里并不是关于组织发展趋势的讨论，而是提供一些有用的框架和建议，引导你对自身所在组织的战略思考。首先我们会讨论核心思想体系及框架，接着我们会分析当前组织转型的主要障碍，随后我们将落实到组织转型途径的具体要素和技巧。

3.1　核心思想体系和框架

在我开始写作本书时，特斯拉公司的首席执行官埃隆·马斯克，刚宣布他计划向波多黎各发送数百台 Powerwall 电池系统，以此填补特朗普政府留下的空缺，以有效应对飓风玛丽亚造成的危机。[①] 埃克森美孚和克雷格·文特（绘制人类基因组图谱的科学家）正在大力研究从海藻中提取一种新能源。如果他们成功了，这将会为减少全球的二氧化碳排放做出极大的贡献。[②] 与此同时，亚马逊公司的首席执行官杰夫·贝佐斯宣布大幅降低刚被其收购的高端食品连锁店全食超市的食品价格，让更多消费者享受实惠。而一个月前，玛氏公司宣布了一项 10 亿美元的可持续发展计划，该公司的首席执行官同时邀请其他商业领袖加入这一计划，并谈道："全球商业引擎已经崩溃，亟待跨行业合作和商业转型来加以修复。"[③] 2017 年 2 月，脸书的首席执行官马克·扎克伯格表示："脸书有责任帮助大家，有责任创建我们每个人都渴望看到的世界。" 一年前，可口可乐公司（包括其所有瓶装饮料合作伙伴）作为世界 500 强公司之一，首家宣布实现了在商业用水与回馈自然和

[①] 《特斯拉正在向遭受风暴侵袭的波多黎各运送电池组》，彭博社（2017）。

[②] 埃克森美孚官网：《埃克森美孚在生物燃料领域做出重大突破》，CNN，彭博社（2017）。

[③] 《市场内幕》（2017）。

社区之间的完全平衡①。宜家也承诺，到 2020 年要实现"对环境产生净正向效应"这一目标，并希望其他公司也能像它一样。② 同样，耐克公司也承诺，"扩大一倍的业务，减少一半的碳足迹"。联合利华在 2013 年也制定过与此类似的目标。③ 耐克和巴塔哥尼亚刚在达沃斯因致力于打击浪费而获得奖项的同时，阿迪达斯就推出了一款完全以海洋塑料为原材料的 Parley 鞋④，并承诺将生产 100 万双该款式鞋，同时回收 1100 万个塑料瓶。还有一些公司，如巴塔哥尼亚，在表达"使命驱动"这一企业雄心方向上走得更激进，以至它们被指控在媒体上宣扬"反增长"的哲学⑤。在《时代杂志》上投放"不要买这件夹克"的全版广告以宣传他们的反浪费理念，用图片表达"增长是一个死胡同"的理念，通过"旧衣物重补运动"（WornWear）对旗下所有品牌服装提供修补服务，这些都在彰显着巴塔哥尼亚为公众所熟知的激进主义做法。与此同时，该公司依然实现了两位数的年增长率，成为消费者最中意的户外品牌。⑥"做有益的事"这一浪潮并不仅仅局限于发达经济体，比如印度的亚拉文医院（Aravind Hospital）就在改革白内障手术的同时也实现了盈利。⑦ 印度的另一家娜拉雅娜

---

① 可口可乐官网，www.coca-colacompany.com。

② www.greenbiz.com。

③ Harish Manwani 在哈佛商学院的演讲：《联合利华的影响力扩张（2014 年进展总结）》。

④ 阿迪达斯 Parley 鞋。

⑤ 《巴塔哥尼亚的反增长战略》，《纽约客》（2015）。

⑥ 来源于内部信息。

⑦ 《印度马德里 Aravind 眼科医院：为视力服务》，《哈佛商业案例》（2009）。

（Narayana）医院则通过"沃尔玛式的"①心脏手术降低了90%的成本，同时仍然实现了盈利。② 而印度最大的公司之一塔塔，其 2/3 的股份是由慈善信托公司持有的。③

这些公司近年来都开始投入更多的精力做对社会有益的事，这并不只是一个幸运的巧合。相反，将来这很可能会成为新的商业常规。当前外部世界变化越来越快，越来越难吸引年轻人才，并且越来越难提高员工敬业度，在这一背景下，企业为了继续保持生存，理所当然想要找到更好的模式。这将催生出一种新型组织：使命+利润驱动的企业。这种新型企业将致力于完全拥抱使命和利润这两方面，充分发挥自身优势，既要实现企业的使命，又要为企业创造利润。受益于组织的公开透明和新劳动力的需要，这些组织将致力于用一个更长期的投资视角为更广泛的利益相关者带来积极的影响。它们通常会与人类提出的一些更大目标如联合国的目标保持一致，但同时它们自己也会找到一些"先前未知"的挑战。为了更好地理解这些组织的想法，让我们看看它们运作的核心框架。

正如我们前面提到的，创造价值，或创造共享价值是商业的核心。组织的存在是为了让人们的生活更加美好，帮助人们解决相关问题，实现那些看似难以实现的目标。事实上，当我

---

　　① 这里意指，沃尔玛的经营理念就是帮顾客省每一分钱。——译者注

　　② Tarun Khanna 和 V. Kasturi Rangan，《Narayana Hrudayalaya 心脏医院：穷人的心脏护理（A，B）》，《哈佛商业案例》（2012）。

　　③ Rohit Deshpande，《泰姬陵的恐惧：以客户为中心的领导》，《哈佛商业案例》（2011）。

在商学院学习时，课程的第一个模块描述的就是价值创造的本质（框架1，也称之为"指挥棒"）。虽然这个框架看起来简单，但是框架本身能够帮助厘清利益各方交易的本质。而其中的核心思想是，在任何交易中，价值是为满足多方需求而产生的（常见的就是供应商、生产商和消费者）。因为这种内在一致性的价值创造，所有参与方都可以从既有的价值中得到一些收获。举个例子，当特斯拉卖出一款新车型X时，该款车型的零部件供应商就在这个过程中得到了收益，同样，特斯拉和购买该款车型的消费者也都得到了相应的收益。而消费者价值或者叫盈余，是最难量化的，它表示每个客户愿意支付的价格

框架1　传统的"垂直"式价值创造

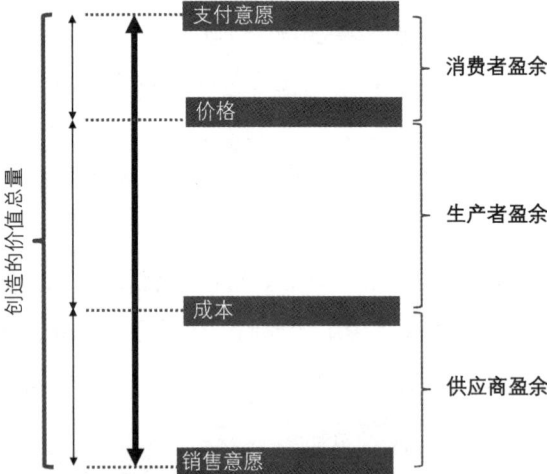

资料来源：哈佛商学院

（比如130000美元）与产品实际价格（例如100000美元）之间的差值。如果消费者愿意支付的价格高于产品的实际价格，

他就会觉得自己能够在这场交易中有正向收益。在这个关于特斯拉的虚拟案例中，消费者就可以在这次交易中获得大约30000 美元的价值收益。

　　毋庸置疑，商业交易的本质就是价值创造，这对于商业专业人士来说显然不是一个新发现。不过，价值创造的概念已经随着时间的推移发生了很多变化，正如哈佛大学教授同时也是世界杰出的商业思想家之一，迈克尔·波特，提出的“创造共享价值”这一概念一样，其核心在于要为更大范围的利益相关者们扩大组织给他们带来的经济和社会价值。通过这一视角，我们看到社会进步与经济发展的紧密关系。[1] 与西索迪亚及其同事共同创作的著作观点一致[2]，波特认为未来的组织必将日益关注怎样为更大范围的利益相关者创造价值。这种更新的价值创造观已经被一些进步企业采用，它们一方面要保证自身在现有供应链上各方的相对公平（供应商、生产商、消费者、传统的股东），另一方面也采用一种更为广泛的视角来看待自己要服务的“利益相关者”（例如社区、社会和自然环境）。同时，越来越多的人希望这些企业能给出一份报告，说明它们是怎样对更大范围的利益相关者产生影响的。这些需要在现实中的确很复杂，需要付出很多努力。框架 2 揭示了这种主张背后的实质，即组织是如何清晰地界定多个利益相关者的名单，以及如何从短期和长期视角评估自身对利益相关者的影

---

　　① 迈克尔·波特，马克·克莱默，《创造共享价值》，《哈佛商业评论》（2011）。

　　② 拉金德拉·西索迪亚和其同事合著的《友爱的公司》，2007。

响。大型咨询公司，如普华永道和安永，都有专门针对此类报告的服务，即所谓的"综合报告"。

框架2　更广泛的、多角度的利益相关者视角

利息相关方	可能带来的短期影响	可能带来的长期影响
利息相关方1		
利息相关方2		
利息相关方3		
利息相关方4		
利息相关方5		
利息相关方6		
利息相关方7		
等等		

资料来源：《伦理推理的框架》，桑德拉·苏切尔（哈佛大学）

考虑到当今商业的全球化本质，一个有趣的现象是现在的组织发现自己的利益相关者变得越来越抽象，并且与其组织中心的距离越来越远。在荷兰，像飞利浦和塔塔钢铁（其前身是霍戈文钢铁）这样的公司曾经为它们的近邻社区提供收入来源，因为工厂的工人都是来自周围村庄的村民。在这种情形下，重要利益相关者是谁就非常明显。然而，如今这些组织已经成为全球性企业，它们有着来自世界各地的投资者和客户。极端透明的原则和规章要求它们更清楚地认识到自身对社会的影响，以及对环境的影响。过去的村庄仍然在那里，但村民们早已不再是靠这些公司谋生了。对许多组织来说，相比过去的利益相关者，今天的利益相关者显得更加抽象了。

随着价值创造、多重利益相关者以及不同的时间跨度理念的出现，我们已经朝着"使命+利润"的战略定位向前迈进了

一小步。这一论点在我们的"使命+利润"框架中有所阐释(见框架 3)。它是介绍这一全新思维方式的核心框架,也是本书的核心框架。它把组织分为四类:

● "现金牛":纯粹关注资本的组织。通常,这类组织只通过财务指标来管理(例如每股收益、投资回报率、季度利润)。员工的回报大多基于公司的财务表现,比如股价。安然公司就是一个例子。众所周知,在安然,员工的报酬直接跟市场的股价挂钩。

●基金会:纯粹关注社会福祉的组织。通常,这类组织完全是通过社会指标(例如社会意识、活动数量、捐赠金额)来管理的,因为其资金来自社会捐赠。一个例子就是绿色和平组织。

● "使命+利润"型组织:这类组织在日常的运营中将"现金牛"组织的利润目标和基金会的社会指标结合在一起,在利润驱动的组织所追求的激情和效率以及基金会所追求的社会使命之间寻找一种平衡。这类组织要求管理人员能够公开讨论与使命和利润相关的话题,并有效处理这些话题间的张力关系。巴塔哥尼亚就属于这种类型的组织。

●不相干的组织:那些在利润和社会抱负目标方面都没有作为的组织。

框架 3　将使命和利润目标按照以下的方式结合起来

利润

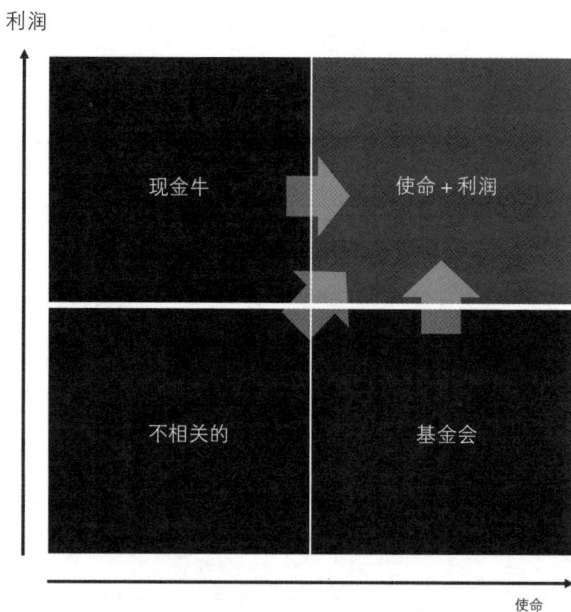

| 现金牛 | 使命 + 利润 |
| 不相关的 | 基金会 |

使命

资料来源：哈佛商学院

　　我也充分意识到，现实生活中的组织并不是非黑即白的，不能直接把它们归入哪一类，因为许多组织都会随着时间的推移在组织类型矩阵中不断移动，并具备与每个象限都相关的特征。这个框架的主要意义是作为一个讨论工具用来与关键人物进行正确对话。类似一些这样的问题："你知道哪些公司在利润和使命两个方面都做得很好吗？""你会把你的组织定位于哪个位置，为什么？""你认为使命和利润各自对应的指标是什么？"，它们能带来很棒的对话。

　　"使命+利润"的框架提供了另外一种视角，它超越了迈克尔·波特在模拟信号年代提出的"五力"模型（1979）。在一个遵循超级透明原则的世界里，随着人们开始追求与以往不一样的东西，传统有形的准入壁垒（如资本要求、成本优势、分销渠道）就需要更新了，必须与那些无形的需要（比如能够与外部世界产生共鸣的使命、对公司真实性的感受以及信任）结合起来。

具有讽刺意味的是，作为顾问我们很长一段时间里都没能给出这个框架，尽管我们实际为组织提出的建议就是框架上所建议的（向框架的右上角移动）。原因在于，作为在阿姆斯特丹成长起来的年轻的千禧一代顾问，我们想当然地以为这种思维方式是再普通不过的了。我们忽略了，明确向客户表明要解决这一双重目标的重要性。这一变化就发生于四大会计师事务所之一的税务部门，这也是一个特别值得纪念的项目。在这个项目中，客户要求我们在税收结构中帮他增加一个"使命+利润"的角度。在这个过程中我们认识到，与我们交谈过的许多商业伙伴所解释的使命和利润之间的关系与我们所理解的有很大不同。当我在一对一访谈中邀请他们画出使命与利润的关系图时，很多人画的都是传统的衡量表。这意味着他们内在信任的模型是非此即彼的模型，即要么是绿色和平组织的模型，要么是安然公司的模型。他们认为，使命和利润是不同参与者追求的不同目标，类似于代理理论中的观点。在进一步调查之后，许多人都认同使命与利润之间的区别其实并没有那么明显，因为他们可以列举出的那些公司案例基本都是同时拥有使命和利润这两方面的目标。更关键的一点是，他们所钟爱的一些公司恰恰就是这样做的。这些富有洞察力的对话带来了这个框架的产生，简单来说，这一框架也就是强调创造利润的需要与确立使命的需要是有机会结合起来的。

我们的核心理念随之有了更深入的发展，见框架4。这个框架是关于选择的自由，并指明一旦你看到变革已经开始，那么最好的做法是公开地拥抱变革，而不是抵制变革。拉杰·西索迪亚将这一原则描述为"要么加入资本力量的激进社会转型，要么被淘汰掉"。作为澄清，该框架展现了两个维度。首先从纵轴开始，纵轴表示选择的自由，表明所有公司既可以选择把"使命+利润"作为公司一个积极主动的战略选择，也可能在某个时刻由于受全球趋势、法规、客户偏好转移或竞争对手的压力而被迫选择以利润为导向。在我看来，基于自由意志的决定是比较好的选择，因为这意味着率先的机会，从而获得竞争优势，并且由自己掌控命运。令人遗憾的是，那些被迫顺从的公司比比皆是，比如在大众汽车排放丑闻（"柴油门"）之后，有关机构就针对企业出台了更多的监管措施，同时在更广泛的金融行业中增加了对银行和会计的监管。另外一个被迫顺从的例子就是今天几乎所有常春藤大学都在提供免费的在线教育，这主要受全球趋势（如技术发展）和竞争者的行为影响。随着技术允许所有互联网用户都可以在线上获取内容，斯坦福大学通过 Coursera 向所有互联网用户开放免费的慕课课程（MOCC），尽管斯坦福的收益更多还是依托于校园的实际招生办学。同样，哈佛大学和麻省理工学院也很快开始通过 edX 开放线上的免费课程。尽管其中或许有一些理想主义的成分，即

让全世界任何一个地方都可以接受教育，但这里面一定也少不
了一些战略的行动。

框架 4　明确、有选择地塑造新世纪

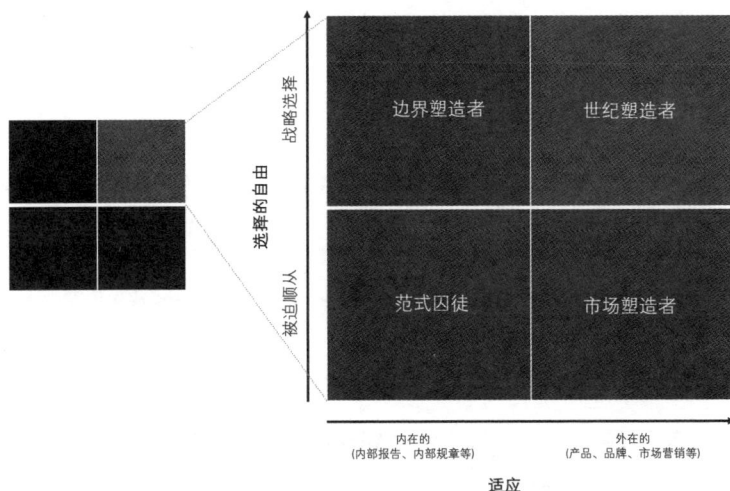

资料来源：Purpose+

　　该框架的横轴表示的是企业要么选择隐性的调整，要么选
择显性的转型。这一维度关注企业怎样接受新思维，它们可以
采取内隐式的行为策略（更加聚焦于内部的报告、法规、行
为准则等）或外显式的行为策略（更加聚焦于产品、品牌、
市场营销等外部因素）。这个维度与组织向超级透明的转变有
关。在我看来，外显式地接受转型是最佳策略，巴塔哥尼亚、
特斯拉、宜家、耐克、苹果和联合利华的例子，就展示了这种
外显的行为策略。这些组织将其自身的社会目标或环境目标公
之于众，允许客户和其他利益相关者与它们联系，以不同的方

式评估它们的产品，同时也会付出相应的努力来支持它们。很明显，在向外界明确宣布自己目标的同时，这些组织也会给自身施压，去更好地兑现自己的承诺。①

一旦董事会确信，"使命+利润"的定位对企业的未来很重要，那么董事会在讨论中就会生发更多张力。其中的原因就在于，当对使命的讨论从抽象变为现实时，管理团队的领导者越来越需要思考，他们到底想为自己的企业留下些什么"传奇故事"。当你选择了一个特定的方向，你就会自动放弃其他方向。尽管这并不总是那么容易，但这正是企业战略的核心，也正是这种讨论中应该发生的事情。从定义上来看，领导者应该很乐于在这种讨论中坚持立场。为了以最好的方式进行讨论，我们提出了另一种工具，即"使命匹配度"框架。顾名思义，这个框架的目标就是为企业找到相匹配的一个挑战——如果企业在之前还没有明确定义的话。该框架有两个部分，第一部分可以为组织提供第一个方向。从技术上讲，这些其实就是联合国可持续发展的几大目标（框架5-1），当然，理论上，也可以确定其他任何更高的目标，诸如"哪个联合国可持续发展项目与我们公司的现有使命联系最紧密，为什么"以及"在联合国可持续发展计划中，哪些内容最适合我们的实际商业实践?"这样的问题在这一部分是最适合问的。框架5-2展示了一些企业宗旨或使命陈述的实例。如图所示，所有陈述都直接

---

① 一个朋友指出，那些采取内隐行为模式的公司也有可能是使命驱动型的公司，对社会产生很大的影响。我同意，但同时认为明确的使命可以更好地与利益相关者（如客户、投资者、雇员）建立连接，从而提高成功的概率。

框架 5-1　使命适应框架——联合国可持续发展目标

资料来源：联合国可持续发展目标；Purpose+

框架 5-2　适应性使命的案例

Google	"组织全世界的信息，使人人皆可访问并从中受益。"
Twitter	"让每个人拥有随时随地、无障碍地创造和分享思想、信息的能力。"
Walmart	"给普通人提供和富人一样的购物机会"
Virgin	"让商业变得更美好。"
Nike	"给世界上每一个运动员带来灵感和创新，而你就是运动员。"
DANONE	"通过食品为尽可能多的人带来健康。"
Unilever	"让可持续生活成为常态。"
IKEA	"为人们带来更美好的日常生活。"
patagonia	"做最好的产品，杜绝不必要的危害，通过企业活动激发并实施应对环境危机的解决方案。"
WARBY PARKER	"以革命性的价格设计眼镜，同时引领社会意识的发展。"

资料来源：联合国可持续发展目标；Purpose+

联系到一个或多个可持续发展目标（SDGs）。框架的第三部分，框架 5-3，用更深层次的问题来评估所选择的目标是否正确、核查其影响的规模、发现当前对目标忽视的地方、跟踪进展的能力，并且最重要的是，目标是否符合公司的性质。其中包含了该模型的详细版本（框架 5-3）以及一个可用于高管层级会议中的精简版本（框架 5-4）。这个模型的精简版本的第一个问题就是检查目标带来的激励性价值。这是一个很重要的问题，因为无关痛痒的陈述对任何人来说都没有意义。如果这个小组在这个问题上的陈述平均得分为 8 分或更少，我就会让他们重新再来一遍。

框架 5-3　使命验证清单（长）

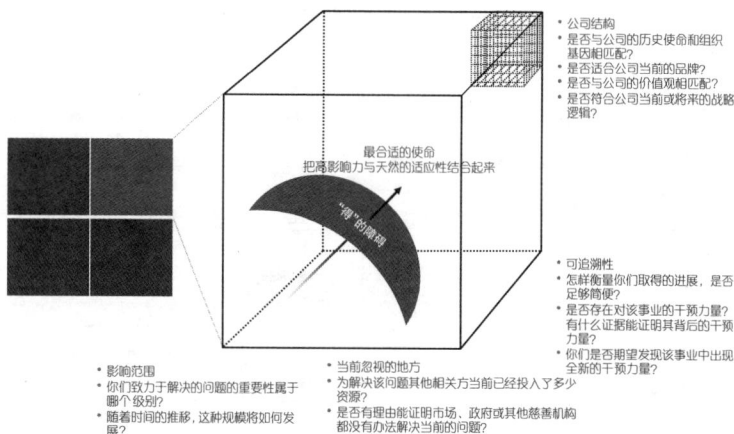

· 公司结构
· 是否与公司的历史使命和组织基因相匹配？
· 是否适合公司当前的品牌？
· 是否与公司的价值观相匹配？
· 是否符合公司当前或将来的战略逻辑？

最合适的使命
把高影响力与天然的适应性结合起来

"得"的逻辑

· 可追溯性
· 怎样衡量你们取得的进展，是否足够简便？
· 是否存在对该事业的干预力量？有什么证据能证明其背后的干预力量？
· 你们是否期望发现该事业中出现全新的干预力量？

· 影响范围
· 你们致力于解决的问题的重要性属于哪个级别？
· 随着时间的推移，这种规模将如何发展？

· 当前忽视的地方
· 为解决该问题其他相关方当前已经投入了多少资源？
· 是否有理由能证明市场、政府或其他慈善机构都没有办法解决当前的问题？

资料来源：Purpose+，有效的利他主义

框架 5-4 使命验证清单（短）

是	否	你个人认为该使命是否具有鼓舞性？如果有，从程度上你给打几分（1—10，10为满分）？
是	否	该使命是否有助于你对未来100年里组织发展的长期可能性和活动范围进行全面的思考，而不仅仅是当前的产品、服务、市场、行业和战略？
是	否	该使命是否有助于你决定不做什么？
是	否	该使命是否足够真实？——是否诚实描述了当前组织的概括——而不能仅仅是停留在字面上的听起来很好听的字眼。
是	否	当你以使命这种方式向你的孩子和/或其他你所爱之人描述你的工作时，你是否感到自豪和骄傲？

资料来源：Purpose+

　　虽然这个使命框架看上去似乎有些偏逻辑理性，但一旦我们深入探究就会发现，如果没有这个使命框架，关于使命的战略讨论就会变得非常困难。"做有益的事"这一话题在很多人看来，往往被认为虽然很有意义，但是显得"太虚"，或者说"太抽象"。这些框架可以帮助企业厘清他们需要关注哪些类型的影响，而且最终出来的结果并不总是那么显而易见。当我们在能源公司运用这个框架时，大多数人认为应该选择的目标是气候变化。相反，其首席运营官却说"这个目标不合适"，而且它们的主要竞争对手已经选中了该目标。而他最后选择了"没有贫穷"，并解释说，公司有一个传统，就是公司会在冬天为贫困家庭支付能源账单。这让会议上的其他人都感到非常惊讶，因为他们中很多人并不知道公司有这一传统。

　　我们核心主张的最后一个论点是关于改变的时机（框架6）。我们已经看到，基于自主意志的选择——而不是强制遵从，是一种可取的行为。同样，在时机方面也是越早越好。正如框架6所显示的那样，基于"使命+利润"的定位会给企业带来竞争优势，其他企业也将不可避免地因袭这种做法。因此，

框架6 竞争优势是暂时的

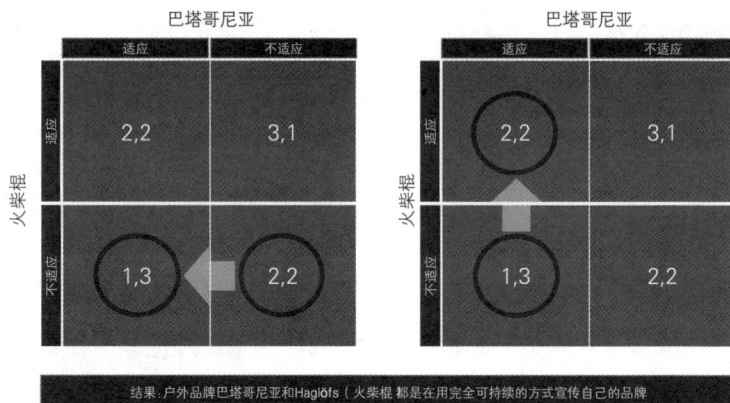

结果:户外品牌巴塔哥尼亚和Haglöfs（火柴棍）都是在用完全可持续的方式宣传自己的品牌

资料来源：Purpose+

成为"先行者"是非常值得的。这些矩阵框架来源于博弈论，并且也展示了市场上两个同类"参与者"的虚拟回报关系。在这个市场中，他们可以选择去适应"使命+利润"的领域，也可以选择不去适应。为了讨论，我举了巴塔哥尼亚和火柴棍（Häglofs）这两个户外品牌的例子，并且假设户外品牌市场就只有这两个回报关系（例如各占50%的市场份额）。这种情况一开始可能是稳定的（处于左象限），但当巴塔哥尼亚通过变革适应变化能够得到更高的回报时，这一市场就不再稳定了。于是，一旦巴塔哥尼亚行动起来，巴塔哥尼亚的回报增加就意味着火柴棍的回报减少。在这种情况下，火柴棍除了响应和适应（右象限）之外别无选择。事实上，这种情形在现实中已经发生了，因为火柴棍目前就正在线上大力推广其"激进的可持续性"策略，并将其与联合国可持续发展目标联系在一起——就像当今许多其他户外品牌一样。在这里，重要的是，基于巴塔哥尼亚首先确定了"环保"的使命，巴塔哥尼亚已经获得了领先的竞争优势（至少是暂时领先），直到火柴棍追赶上后重新恢复市场的平衡。[①]

　　这些框架共同构成了"使命＋利润"战略定位的核心主张。简而言之，它们表明未来成功的企业必须兼顾"使命"和"利润"这双重目标，而实现这两个目标最好的方法是要基于人的自由意志，而不是让人被迫遵从。符合人类福祉的更高目标可以作为讨论的一个好的起点，而且最明智的做法是越早行动越好，从而获得一种领先（至少是暂时领先）的竞争优势。从理论上讲，有这些框架就足以开展接下来的变革讨论了。

　　但在现实中，70％的转型项目都以失败告终。[②] 因此，在我们最终讨论转型必备的条件之前，让我们回顾一下为什么变革如此难以实现。

---

　　① 在博弈论中，最后一种情况叫作"纳什均衡"，是以约翰·纳什的名字命名的。

　　② 麦肯锡。

3.2　变革的阻力

组织变革之所以很难开展，主要有三个原因：(1) 公司受到传统的商业模式和相应的心智模式的桎梏；(2) 企业受限于那些已经不适应新环境的旧资产；(3) 企业受到一种文化（包括领导行为）的限制，这种文化有利于旧商业模式和资产利用，但在适应新事物方面缺乏灵活性。尽管组织中有人热切期望进行组织的变革，但这些阻力实在太大，牢牢地困住了组织变革的步伐。

传统商业模式的限制

第一个阻力：僵化的商业模式。

出于技术的原因，今天的商业模式与过去的商业模式相比，有着显著的不同。如今，企业启动需要的资金更少了，根据预估，平均每家创业企业的启动只需 29000 美元以下，44% 的企业家创业时，在银行的储备资金都不超过 5000 美元。[①] 我们可以看到时下流行的公司，比如爱彼迎、优步、谷歌和亚马逊都是如此。正如关于组织这一章节中的图 2-6 所显示，自 2002 年以来许多被退市的公司却都拥有大量的实物资产

<hr>

① 来源于《服务型企业的创业成本平均在 1.4 万美元到 1.8 万美元之间》，www.quickbooks.com.

（如工厂、商场等）。一些新上市的公司在一定意义上与传统公司的不同就在于它们更依赖于通过技术创建平台和 P2P 的生态系统，而更少关注传统的"线性"价值链。新的商业模式越来越轻资产化，许多资产（如品牌、社交媒体粉丝、文化等）被会计人员称为无形资产。这也就不足为奇，2000 年之后上市的公司对实物资产（如建筑、工厂、仓库）的投入与之前比少了一半，但对组织资本（如与办公环境、文化、领导力相关的无形资产）的投入却增加了两倍多。① 投资者似乎也更青睐有形资产更少的公司，因为他们发现拥有最高投资回报率的行业（投资者为每一美元的收入所支付的金额）是那些有形资产比例最低的行业。在新的商业世界中，所有权不再是必不可少的：优步和滴滴都不拥有自己的车队，爱彼迎对在其平台上出租的所有民宿都不拥有产权，易贝（eBay）也没有自己的供应链。② 相反，适应性是新的竞争优势，而"轻资产"恰好能够帮助提升这一优势。③

而一些企业之所以故步自封于传统的商业模式中，原因也很微妙：它们已经习惯于通过自身的产品和服务来获取营业利润。然而，新的数字化模式却通过一种完全不同的方式带来经济效益，在这种模式下，每个用户转化而来的利润会明显低于传统模式。像谷歌、脸书以及其他类似的 P2P 或平台公司，它们提供的服务很大一部分都是免费的，与传统的商业模式鲜

---

① 杰里米·里夫金，《零边际成本社会》（2014）。

② 《今天的投资者更喜欢拥有较少实物资产的公司》，《哈佛商业评论》（2016）。

③ 《适应性：新的竞争优势》，《哈佛商业评论》（2011）。

明不同的是，它们基于每个用户得到的收益都非常低。我们可以参考一下这两家公司的数据：脸书每季度基于每个用户得到的收益平均是 4 美元[①]，而谷歌的平均收益稍高一些，平均每季度每个用户 6 美元[②]，而 WhatsApp（属于脸书）的这项收入每年每个用户仅 0.99 美元。同时请记住，上述这些公司都是世界上最成功的组织之一，因此与更小的竞争对手相比，它们拥有更多的定价权。然而，它们对用户收取的费用仍然低于在咖啡馆（阿姆斯特丹的价格）中一个三明治的价格，并连续数月向用户提供这样的低价服务。简而言之，这些公司运用零边际成本理念，依靠规模优势来获取利润。因此，基于每个用户的营业利润率几乎可以忽略不计。然而，对于那些"老"公司来说，这种"几乎免费"的理念很难与其传统的商业模式相协调，在传统模式下，它们必须基于更高的营业利润率才能茁壮成长。

资源的阻碍

除了企业囿于传统商业模式这一阻力，阻碍组织变革的另一阻力是负责将公司商业模式付诸实践的公司资产，这是组织系统中的另一个惯性力量。其中包含两个重要的方面，即软资产——人力（包括劳动力、技能）和硬资产（工厂等）。接下来，我们先开始分析软资产，即人力资本。在日益自动化和民主化竞争的世界里，在公司中拥有丰富的专家知识越发失去意

---

① 《脸书从每个用户的个人资料中在一年的前三个月能获得约 4.23 美元的利润》CNBC，2017 年 5 月。

② Statista，安培分析，谷歌。

义。特别是近些年来竞争的民主化导致了一种新形势，即很多
组织开始将新理念的创造外包出去。例如，美国国家航空航天
局在自己的 Solve 渠道上发布了一个关于太阳黑子行为的问题，
而最后恰巧是一位对这个话题特别感兴趣的老人帮助解决了这
一问题。[①] 丹麦玩具制造商乐高，也通过类似的方式，让客户
在乐高的平台上设计新产品，之后他们再来购买这些自己设计
的产品。[②] 耐克公司紧随其后，允许顾客通过 NIKEiD 设计自
己的运动鞋，而这为耐克公司提供了大量的创意设计。上述解
决问题的案例完美展现了竞争本质的改变：在一个数字化的世
界里，竞争可以来自任何地方、任何个人，至于这个人身处哪
个组织已经没那么重要了。这给一些组织的传统劳动力带来了
巨大的影响：在这个新世界中，拥有最优秀和最聪明的人才已
经没有太大意义了，但创建一个平台来集合这些优秀人才的智
慧，以满足各方的需求，这比以往任何时候都更加重要。这也
从根本上改变了对员工的培训，因为在新世界中，员工的持续
成长以及适应能力的提高，变得越来越重要。在一个快速发展
的世界中，当组织需要转型时，因循严格的单一模式培训员工
有可能会导致组织变革停滞不前。

当涉及硬资产时，比如工厂和建筑，公司自身可能就会成
为这些资产的"囚徒"。资产负债表上有大量不再适应当今世
界和新需求的固定资产这一问题可能会很难解决。一个令人痛
心的案例就发生在荷兰的一家能源公司身上。这家公司在 20

---

① 哈佛商学院破坏性创新课程的一部分。
② 《乐高》，《哈佛商业案例》（2012）。

世纪 90 年代中期成立了一个火力发电厂。预计该发电厂到 2037 年才能创造价值，但越来越多的社会活动团体、媒体和客户要求关闭发电厂，为更广泛的能源转型提供空间。该公司的领导层也多次明确表示，他们已经充分意识到转型的必要性，并把"绿色环保"定为自己的转型目标。但想一下，单要摒弃 2.5 亿欧元资产，他们就得付出多少努力。这一困境给该公司带来了严重后果，尤其是绿色和平组织也已经创建了积极的活动渠道来要求关闭电厂。绿色和平组织让谷歌地图的用户都给该电厂一星的评论，而且让其他公司以噱头式的投标价（300 万欧元）接管该公司，然后再关闭工厂。甚至还有议论说政府将要接管该电厂。媒体也严厉批评该公司对电厂的价值评估，指出其评估方式是基于传统的会计标准，如今已经没有人会愿意付这么多钱来收购一座火力发电厂。[①] 在撰写本书时，该公司已经做出让步并宣布提供 5500 万欧元的资金用来关闭电厂，大概包括拆除电厂的费用和支付员工的最终工资。而如果这家公司真的这么做了，那就意味着将直接损失 2 亿欧元，这对该公司来说肯定是一次严重的打击。但这还不是全部。如果回顾一下本章前面提到的框架，我们就会发现，以上案例也可能会直接阻碍该公司在能源领域设立"使命+利润"的成功定位，但其竞争对手可能早已经着手往这一方向努力了。

尽管看起来在当今世界不再能拥有一席之地的火力发电厂似乎是一个个例，但类似的问题也存在于那些无法满足数字化

---

① 《Hemwegcentrale 的市值为 2.5 亿欧元》，NRC（2017）。

时代需求的普通生产工厂中，因为处于数字化时代的消费者明白这一点：此刻就要服务好我。特别是，许多传统的制造企业都开始制定广泛的共享标准，如它们已经对上市时间标准（TTM）进行了彻底的修订。新的组织应该做好准备随时交付，因为数字化时代的消费者不喜欢等待产品，许多产品和服务都是按需提供的。面临这一挑战的典型例子就是汽车行业。从历史上看，一辆新车上市可能需要长达 4 年的时间。而这在当时还被认为是正常的，因为设计、生产和测试流程的每个阶段都需要花费大量的时间和必要的专业技能。然而，在当今世界，要花 4 年才能进入市场是不切实际的；客户希望他们的汽车运用的是最先进最前沿的技术，而不是 4 年前的技术。[①] 而大多数的技术在一两年之内就已经过时了。想象一下，在新 iPhone X 刚刚发布之后，你拥有一间满是 iPhone 5S（2013 年推出）的商店，此时，你是怎样的感受 。这就是目前汽车经销商们正在经历的。而汽车制造商也开始着手解决这一问题：有一些汽车制造商通过改变自己的平台架构来部分解决这个问题（大众和奥迪许多汽车的平台是相似的，保证用更少的部件生产出更简单的产品）；另一个方法是创建智能的工作区，比如它们的软件可以实现无线更新。这两种解决方案实际上都部分回避了真正的问题，因为在现实中，只有软件和一些布局选项是通过这种新模型来更新的。然而，变革的阻力还是显而易见的。过去那些为了一个新时代而建立的工厂并不一定适应当今

---

①　为了更好地了解数字化创新和传统价值链之间的张力，请阅读《哈佛商业案例》(2014)，《OnStar：不再是你父亲时代的通用汽车》。

世界。更快的创造性破坏周期和因需而变的用户期望已经给传统公司带来了要更快变革的压力，但这些公司里的传统资产却可能会限制这一变革运动的发生。

文化的阻碍

正如我们所看到的，当你的硬资源和软资源都越来越过时，变革是很难发生的，但同时你的商业模式还要求你创造更高的利润空间。企业为什么会失去竞争优势还有一个更深层的原因：它们的文化。鉴于对文化有许多无益的和模糊的定义，让我们在这里用一个实用的公式来定义文化[①]：

$$(资源×流程×优先级)×时间$$

这个公式讲述的是一个简单的道理：文化是关于一个社会团体如何解决所遇到的问题（公式的前部分），并且因为时间的作用这种做法如何越来越成为团队的一部分（公式的后半部分）。这个公式虽然相对简单，但揭示了组织中文化的重要本质。当一个群体处理遇到的问题时，团队成员会设计出特定的方法来分配资源到问题的各个部分，设计出有效的流程，并接受培训，确定不同事情之间的优先次序（优先级也是其中的一个值）。总的来说，这揭示了在特定环境下特定群体工作的最有效方式。随着时间的推移，这些事情会常规化，成为本能的、可重复的行为，以及适合于该组织的情绪反应。当这些

---

① 克莱顿·克里斯坦森，《什么是组织文化？》，哈佛商学院（2006）；埃德加·沙因，《组织文化与领导力》(2010)。

模式变成了隐含的前提假设（"这就是我们在这里做事的方式"），它们就变得越来越难以改变。像家庭中父母的言传身教一样，组织中的领导层还把这些前提假设传递给公司其他的员工，而通常领导们并没有意识到在日常行为中他们所传递的价值观。这也就不足为奇，"员工的抵制"和"管理层行为"是麦肯锡企业转型研究中分别排名第一和第二的阻力因素。① 领导者行为至关重要，事实上，组织转型中，如果领导层也能够像他们要求员工做出行为改变那样基于自身的角色进行相应的行为改变，那么转型的成功率要高出 5.3 倍。②

外部人士比如顾问通常很容易就能看出组织需要变革，但是许多组织仍然很难开展有效的变革。其中，诺基亚和柯达就是两个抵制变革的典型例子。这两家公司都栽倒在成为整个市场绝对主导者的光环之下。虽然书刊作者们经常描述这些公司为"企业错失良机"以及"彻底的领导失败"，但现实要更加微妙复杂。③ 首先，正如前面提到的，转型失败的公司不仅仅这两家，一个令人震惊的事实是，70%的组织内部转型项目都是失败的。从这个角度来看，柯达④和诺基亚⑤只是其中比较极端的例子。其次，恰恰与许多人的想法相反，从技术层面上来讲，柯达和诺基亚似乎很清楚技术变革的趋势。柯达在数码相机上投入了数十亿美元，是最早开发工作样机的公司之一，

① 麦肯锡。
② 《如何提高转型成功的概率》，麦肯锡（2015）。
③ 《柯达是如何失败的》，《福布斯》（2012）。
④ 哈佛商学院破坏性创新课程信息。
⑤ 《诺基亚的兴衰》，《哈佛商业案例》（2014）。

而在 iPhone 推出前的数年里诺基亚的手机一直都有触摸屏。它们的失败并不是技术上的，更多的是由于它们根本无法接受新的商业模式，也无法适应相应的文化，而这些正是它们所需要的。现实结果是，柯达于 2012 年申请破产。2014 年，微软以 72 亿美元的价格收购了诺基亚手机业务，但在 2016 年，微软仅以 3.5 亿美元的价格将诺基亚的大部分公司卖给了富士康。文化在变革中的力量，尤其是领导层的行为变化在变革中常常被低估了。

既然已经知道了变革中存在的阻力，那么让我们来看看在"使命+利润"的范式指引下，促成有效变革的关键因素有哪些。

3.3　关键要素

接下来的内容并不是组织变革的完整清单，但这是开启一段成功的"使命+利润"转型之旅的良好开端。连同前文核心主张中提出的框架，以及对变革主要阻力的认识，我希望这些要素能够助力企业成功转型。

适当的承诺

适当的承诺是任何成功转型的关键因素。要向"使命+利润"模式转型，就意味着需要 C 级别高管做出相应的承诺。为了获取这样的承诺，界定正确的话题是至关重要的。框架 7 提供了正确的话题的打开方式，它需要同时结合"威胁"和"机会"的分析。转型中你真正需要的是来自高级管理层的高度承诺，并且在朝向公司定位的前提下，确保自己拥有足够的灵活度去尝试和验证不同的路径。

参照政治家们通常要么兜售梦想，要么传递"噩梦"的宣传策略[1]，有两种策略可以用来启动对"使命+利润"的讨论：你可以采用传递威胁的策略（"如果现在不动，我们将失去我们的市场份额!"），也可以采用"售卖"机会的策略（"如果我们可以赢得这个额外的市场份额就好了!"）。当采用

---

[1]　BBC 纪录片《噩梦的力量》，亚当·柯蒂斯（2004）。

"威胁"这一策略时，或许会提高高管们承诺投入大量资源来支持转型的意愿①，但随之而来的就是容易造成"威胁僵化"这一心理现象的负面影响。就像一头被大灯晃住眼睛的鹿，"威胁僵化"可能会导致问题框架的窄化，从而激发更加激进的重复熟悉的反应模式，而不是开放地探索新机会。显然，这种基于相同规则下的更多努力往往是公司最糟糕的一种做法。哈佛大学的克拉克·吉尔伯特是"竞争框架"矩阵（框架7）的发明者，他将这种策略描述为"原地乱动"。

框架7　使命竞争架构获得适当的承诺

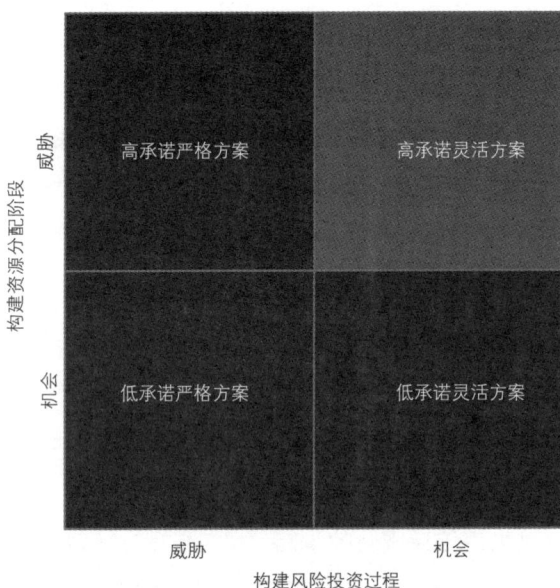

资料来源：克拉克·吉尔伯特，哈佛大学

————————

① 《竞争框架能否共存？威胁反应的悖论》（克拉克·吉尔伯特，2006），哈佛大学。

理想情况下，一旦"威胁"信息传递到了，它会引发必要的驱动力提升，并允许适当的讨论，这也是转换"威胁"到"机会"认知框架的时刻。机会驱动的认知框架是一个更为广阔的框架，这一框架鼓励探索新的可能性，学习以前不知道的新事物，并提供流程的灵活性以保证目标的实现。不论当前所控制的资源有多少，这一框架往往在更加有创业精神的企业中占主导地位。这就是开启我们称之为"设计思维"或"协同设计思维"流程的正确认知框架。这也是启动实际工作的理想心智模式。

在实践中，无论是外部专家还是内部顾问，引领向"使命驱动"模式转型的人都需要掌握这些不同的框架。当我们需要获取适当的承诺时，在合适时机有效运用"威胁"和"机会"框架效果会很不一样。

使命宣言

正如被看作社会投资之父的安伯深（APAX）创始人罗纳德·科恩所说的："如果你想构建一家大公司，那你就需要一个与之匹配的愿景。"一个清晰的使命应该是指引每个组织的"北极星"，特别是在动荡的时代，因此需要撰写使命和愿景宣言的想法并不新鲜。[①] 然而，在我看来，这个想法在很多组织中的执行层面存在很大问题，很多使命宣言似乎都是由其法律顾问团队精心设计的，因为它们看上去都是些高度政治口号

---

① 澄清：愿景与使命相似，它阐明了组织存在的意义。愿景应该是有时间限制的，并描述在 X 年之前要实现的一个特定的目标。

化的，甚至枯燥乏味的语句。这样的使命宣言也缺乏任何真正的意义或激进的雄心，根本无法激励任何人。为了突出这些宣言的无用性，有些"使命宣言"生成器网站会随机产生一些单词和短语，听起来就像是一些企业的无稽之谈。[①] 真正的使命宣言不应该是这样的。当组织愿意公开地解决那些关键的挑战，与其他利益相关者协同一致地实现它们的抱负，非常清楚它们希望发挥的影响以及把超级透明作为优势来运用，它们就能做得更好。在这种情况下，使命宣言才可以成为强有力的工具。

框架 5-2 中就有一些积极的使命宣言例子。例如巴塔哥尼亚的使命宣言，即"做最好的产品，杜绝不必要的危害，通过企业活动激发并实施应对环境危机的解决方案"。这一宣言正好与联合国的三项可持续发展目标相吻合：气候行动（SDG13）、陆地生活（SDG14）和水下生活（SDG15）。使命宣言被展示在巴塔哥尼亚每个产品的标签上，相应的原则也被应用于每个产品的设计中，展示在企业网站的"碳足迹编年史"中。为了实现自身的抱负，巴塔哥尼亚每天都与非营利公司和基层活动家合作，并且专门成立了一个团队来推进这种合作。为公众熟知的其他例子还包括联合利华的"让可持续生活成为常态"的使命，这一使命同时也有着详细的行动计划的支持，即通过把联合利华的 4G 增长模式（一致的，有竞

---

① 你可以在 www.joe-ks.com 尝试，或者搜索"使命宣言生成器"。我尝试了一下，网站给我的答案是："我们的使命是坚定地建立最佳实践，并持续地满足客户的需求。"虽然这听起来像是一个使命宣言，但实际上毫无意义。

争力的，盈利的，负责任的）与联合国可持续发展目标明确联系起来①，在达成业务目标翻倍的同时也将地球足迹减半。而联合利华这一善意的雄心却引起了经济界的质疑，尤其是卡夫亨氏公司的恶意收购，该公司一直依赖收购和大肆的成本削减来掩盖其低增长。《经济学人》甚至将联合利华现任首席执行官保罗·波尔曼称为"圣保罗"，并将联合利华的雄心壮志描述为"世界上最大的企业善意实验"。② 波尔曼回应道，他认为从长期来看，可持续经营的企业会发展得越来越好，而且社会和股东不一定是相互冲突的。沃尔玛的使命是"给普通人提供和富人一样的购物机会"，即专注于减少社会不平等（SDG10）。Warby Parker 的使命是"以革命性的价格设计眼镜，同时引领社会觉醒商业的发展"③，他们关心的是减少不平等（SDG10）以及促进负责任的生产和消费（SDG12）。更为激进的是维珍集团的使命"让商业变得更美好"④，旨在让维珍集团成为商业积极力量的榜样。理查德·布兰森也是 B Corp 的核心人物，该组织通过认证方式帮助企业组织从长远的角度明确使命宣言的表达，以及相应的指标制定⑤。

　　再次，所有这些成功的使命宣言都有共同之处，就是它们

① 联合利华网站，《可持续发展愿景和路线图》。
② 《圣保罗的比喻》，《经济学人》（2017）。
③ Warby Parker 与 VisionSpring 合著的《成为低收入国家的非营利眼镜提供商》。
④ 维珍网站，《我们的使命》。作为《一切如常》（*Screw Business as Usual*）的作者，布兰森在得知地球的周长为 24902 英里（1 英里≈1.6 千米）后，将其富有雄心的商业命名为 24902。
⑤ 更多请见 www.bcorporation.net。

符合一个或更多更高的人类发展目标。这些公司也（相对地）清楚自身希望拥有的影响力，而且它们中大多数都有着更广泛的利益相关者生态系统来帮助它们实现影响。通过这种方式，使命宣言就成为转型项目中一个强有力的元素。

激进的愿景

愿景宣言是使命宣言在特定时间范围内的陈述。愿景宣言需要说明在一定时间内期望达成的结果。举例而言，以三年为时间跨度，一家公司就可以在 2017 年绘制"2020 年愿景文件"。

正如我们在使命宣言中看到的那样，大多数公司都在使用愿景，但并不总能成功。如何让愿景更吸引人，以下是几个小提示：（1）人们只关心你要实现的激进影响是什么，其他一切都只是背景噪声；（2）如果公司是以"使命+利润"方式驱动，愿景还应该明确阐述"使命+利润"的目标如何达成；（3）当前所有的公司都应该把"公开透明"作为一个优势，并将愿景公开以协同利益相关方的利益。联合利华公开的"到 2030 年将业务翻番但地球足迹减半"这一愿景就是一个例子。耐克公司也有类似的愿景，并增加了更具体的目标，其中包括"2025 年全部所属或运营的设施达到 100% 使用可再生能源"，以及"到 2020 年鞋类产品垃圾为零，不再用填埋或焚烧方式处理"。彪马在其"10 到 20"的愿景中也有类似的可持续发展目标，可口可乐也在线上发布了 2020 年环境目标的完整列表。苹果公司明确表示希望"完全停止对地球的开采"，虽然这听上去雄心勃勃，但却没有实现愿景的时间表和

子目标，因此它还并不符合愿景这个词。第一个提示在祖克和
艾伦共著的《创始人的困境》（2016）一书中就有提及。在这
本书中，作者总结道：创始人主导的公司往往要比其他公司更
加出色。造成这种效应的部分原因是这些企业的创始人经常为
公司设定大胆的雄心勃勃的愿景，从而为员工提供清晰的目标
感。而相比之下，普通公司只有 2/5 的员工了解所在的公
司①，只有15%的员工在情感上与所在公司有共鸣②。虽然创
始人可能有些古怪，比如本田的创始人本田宗一郎（他写了
18000 封信给自行车老板要求帮助"振兴日本"，因为拒绝参
加考试而辍学，并且因为在员工面前情绪爆发而被冠以"雷
霆风暴先生"），但他们往往都带着大胆而激进的愿景。

　　总之，虽然组织要有愿景是一个好的主意，但这些愿景应
该是激进的，能实现"使命+利润"的目标，而且对外界是公
开透明的。具备这三要素的愿景有三个主要优势：它们提供了
明确的方向，促进了与利益相关方的更好联结，并提高了组织
需要交付结果的要求。

使命+利润的指标

　　围绕公司真正创造的价值的讨论——它们往往也都是高管
们要一起铸就的传奇——理应是深入且开放的，并且会对公司
其他部门产生重大影响。但这种讨论并不经常发生。在关于组

---

① 克里斯·祖克和詹姆斯·艾伦著，《创始人的困境》（2016）；克里斯·祖
克和詹姆斯·艾伦著，《可重复性：创造持久企业以应对不断变化的世界》
（2012）。

② 盖洛普《世界民意调查》（2017）。

织使命的讨论中，最糟糕的莫过于纠结于使命宣言的措辞了。我们曾反复地看到多个团队甚至整个项目都在用尽全力为公司寻找完美的措辞/句子来表达组织的使命。这根本就是浪费时间，是不应该讨论的。使命的讨论并不应聚焦于语句的选择，而应该是关于组织愿意接受的指标，以及愿意遵循这些指标做出实际的承诺。一旦你朝着这个方向努力，过程中那些语句自然就会跟着出现，甚至你可以把这件事交给一家专业公司去做。

荷兰的一家银行就曾挣扎于上述的使命讨论现象。在受邀对该项目提供一些建议时，我们有两点发现：该项目只是由人力资源管理部门的少数人员在操作（这是问题的第一症状，因为使命应该是一个高管层面的主题）；并且这个团队确定了他们认为都可以代表该银行使命的四句话。他们对这些句子从历史角度进行了分析，并希望把它们呈到董事会上作决定。我们确信，根据他们所提供的信息，他们的领导者肯定是无法做出选择的（即使做出选择，这些决定也并不意味着什么）。我们就告诉项目组，他们的这个项目肯定不会成功。当然，在此之后我们没有再收到该项目组的邀请，但后来得知这四句话也都被否决了。

我们真正需要做的是围绕要使用的实际指标进行诚实的讨论，只有这样才能知道我们要讨论的适当深度。我们称之为"使命KPI"，这是一种时兴的说法，要表达的就是我们还需要跟踪组织使命指标的进展情况。组织在财务方面应该制定明确的关键绩效指标（例如营业利润、净利润率、资本回报等），这样组织也可以使用相同的方法确定组织的社会或环境等其他指标。正如俗话所说，评估什么就得到什么。当人们意识到确定这样的使命和相应的指标有实际的意义时，人们相互之间讨论和对话的深度也会随之加深。

这些指标的设计可能需要一些时间和创意，但不是非常困难。巴塔哥尼亚确定了生产潜水衣过程中的二氧化碳排放量①，阿迪达斯确定了生产每双 Parley 鞋使用的塑料瓶的数量，Ahold 跟踪了超市中健康与不健康食品的数量②，Warby Parker 确定了要卖给低收入者的眼镜的数量，沃尔玛会检查供应商的温室气体排放量，普华永道会检查咨询师们在向客户进行税务咨询期间是否考虑了道德因素。所有这些指标的制定都不难，并且一旦将这些指标向员工和团队公开，就能为他们的行为提供很好的指导。

战略行为

从使命、愿景和战略设计的抽象工作到战略的实际落地执行工作之间，就是"怎样做"的问题。组织价值观只有深入到相应的正确行为中，才能让员工了解清楚。这是一套用于协同的相关工具，从而让员工清楚知道该做什么、不该做什么，

---

①　巴塔哥尼亚拥有自己的橡胶农场，与普通橡胶相比，生产优质橡胶产品的二氧化碳排放量减少了 82%。

②　Ahold 的"一起更好"战略明确要求为更广泛的利益相关者创造价值。它还包含向员工解释公司使命的好方法，并将使命落实到每个员工的行为上。对利益相关方有三个主要承诺：一个更好的工作场所（员工，通过满意度调研衡量）、更好的购物场所（顾客，通过净推荐值衡量）和更好的社区（道琼斯可持续零售指数）。

形成战略的车轮真正落地的时刻。

　　大多数公司都有价值观词条，但很少有公司能将这些词条深入其核心，即期望产生的可见行为。在这里行为是一个神奇的词，因为无论使命宣言是什么，愿景或指标如何激进，如果人们没有真的这么去做，一切都形同虚设。如果是这样的话，一套价值观本身除了鼓舞人心之外就没有更多作用了。所以，整个领导团队必须就组织中的关键行为达成清晰的认同。通常情况下，这些声明最后会以"FROM-TO"（从……到……）的格式来确定，其中"FROM"代表的是团队的无效行为，而"TO"则反映了他们共同认可的更为有效的行为。框架 8 对此有所说明，这也为人们达成明确的共识提供了强有力的支持。

　　在使用"FROM-TO"的方法来指导战略行为改变的项目中获得的经验总是非常积极的。我们见过的大多数团队都有能力为自己设计 FROM 和 TO 语句。这些讨论的输入信息很重要，至少应包括以下内容：①组织的使命宣言；②组织需要坚守的核心价值观；③下一阶段的战略目标；④理想情况下，来自组织高管团队的 FROM-TO 行为转变的雄心。讨论虽然激烈，但通常会引导团队成员之间达成非常明确的关于实现其雄心的正确和错误行为的共识。通常，为了帮助他们起草非常具体的协议，我们告诉他们，从现在开始，他们应该假设（作为一个思想实验）在大楼的每个房间都有一台摄像机，我们的一位顾问将会持续观看。顾问将填写一张简单的表格，其中只包含"是"和"否"字段。行为共识应该足够简单，让这位顾问能够轻松完成他/她的工作，否则的话就需要返工。

框架 8　真正的变化是在重复的集体行为中发生

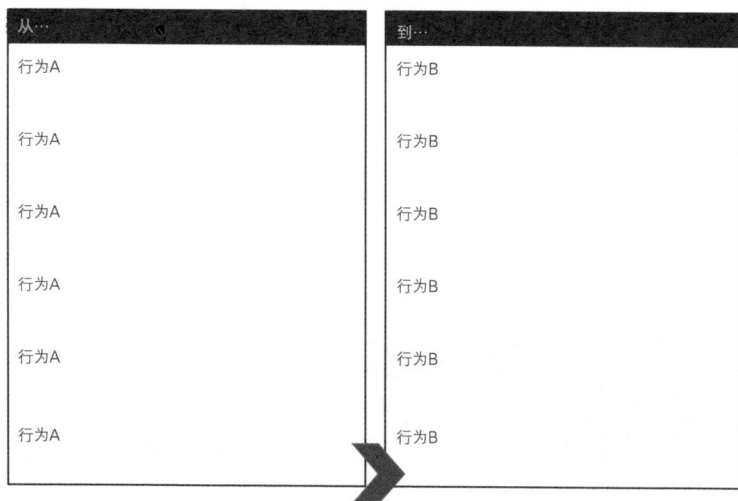

从…	到…
行为A	行为B
行为A	行为B
行为A	行为B
行为A	行为B
行为A	行为B
行为A	行为B

资料来源：麦肯锡

　　为了加深对 FROM-TO 的理解，我们通常用心理学中经常使用的一个模型来进行解释：冰山模型（框架 9）。冰山代表了人类的心智，有多个层次。谈话从可见部分开始：行为。但很显然，这种行为会影响并受其他无形力量的引导，如思维、情绪、规范、人们信奉的价值观和他们所持有的信念（例如对彼此的看法）。要走得更深一些的话，人们会公开讨论他们最基本的需求，以及当这些需求不能得到满足时他们的恐惧①。基于我们的经验，如果团队或某些人员无法前进，这通常意味着团队中的人不愿意挑战甚至回顾他们对此情形下的更

――――――――

　　①　例如，一个人可能会说，感觉自己是团队的一部分属于最基本的需求，与之相反的恐惧是被排除在群体之外。

深层次的信念。因此，如果团队没有取得进展，那么，澄清这些信念可能是必要的干预。尽管如此，解释冰山模型通常会加深对话的效果，并帮助人们分享更多。

框架 9　冰山讨论帮助澄清限制性信念

行为

想法
情绪
规范 & 价值观
信念
需要
恐惧

资料来源：麦肯锡

　　关于战略行为的最后说明：并非所有的行为都同等重要。正如组织战略领域的知名顾问乔恩·卡曾巴赫所指出的那样，真正对公司至关重要的是"关键的少数"行为。[①] 关键的少数行为的例子体现在人们与客户谈话的方式或管理者提供给团队或彼此反馈的方式。为了确保人们产生正确的行为改变，建议将范围限制到只有一到三个行为共识。毋庸置疑，作为团队的领导者，最重要的是要自己遵循并要处理那些与共识不符的行

---

① 《关键的少数：真正有效文化的组成部分》，《战略 + 商业》(2014)。

为。如果能够将组织使命、战略目标、秉持的价值观和关键战略行为保持一致，这将会产生非常深厚的力量。

明显的两难困境

当企业面临战略上的两难困境时，"使命+利润"这一新的企业理念以及为落实这一新理念的管理团队的成熟度要经受考验。关于战略两难困境的讨论也可以作为战略工作的捷径方法，因为它会直接讨论最为紧迫的战略选择。在最近的一个战略项目中，一位零售商客户向我们施压，要求我们临时快速交付一个战略设计的凑合版本。客户不愿意遵循我们提供的完整的 10 步方案，只要求获取项目的基本内容即可。我们回应说，那就可以采取两难讨论的方法，即共同讨论出团队面临哪些明显的两难困境，然后对这些困境逐一达成团队的共识。随后，该项目小组总结出了八个相关的两难困境，并在另一次会议上成功讨论了每一个两难困境并达成了共识。鉴于预料到这个讨论会将是一场艰难的对话，所以在会议之前就确定好了该会议的基本规则。这种工作方式既帮助团队制定了一套非常明确的商业战略指导方针，同时也是向组织中其他部门解释他们所选战略的一种简便方法。

有趣的是，大多数两难困境都是隐含在组织或团队中的。尽管大多数处于领导岗位的人都明白在讨论某些特定问题时会遇到很大的麻烦，但我们看到他们中很少有人愿意直面这些问题并将这些问题付诸公开的讨论。相反，我们看到的是他们使出浑身解数就为了避免这些关键的对话。我们运用的方法也是大多数心理学家会推荐的：公开地解决两难困境。一个简洁的框架（框架 10）将有助于我们澄清立场。公开澄清困境，特别是道德困境，的确需要勇气，但我们已经看到其成效：这种方法从根本上改变了团队的动力以及公司的领导方式。如果不这么做，通常都会让事情变得更糟。

以下是我们见过的企业领导者所面临的一些基本的两难困境：

- 使命 vs 利润
- 利益相关者 vs 股东
- 本土 vs 全球
- 自由 vs 框架
- 短期 vs 长期
- 竞争 vs 合作
- 探索 vs 利用
- 隐私 vs 透明度

最后，并不是每一种被人们列出认为是两难困境的都是真正的困境。真正的两难困境应该是强调要在两个同样有价值的方案之间进行选择，两者之间往往是互相对立的替代关系。然而，正如本书的核心思想所表明的那样，使命和利润并非对立的，团队通常也会发现其他的困境也并不是非此即彼的关系。那么这样的陈述就是"虚假的两难困境"。发现虚假的两难困境其实是个好消息，因为这通常意味着比起最初讨论两个对立面时预期的结果，接下来会有更多的可能方案。

框架 10　澄清感知到的两难困境可以打开解决问题的大门

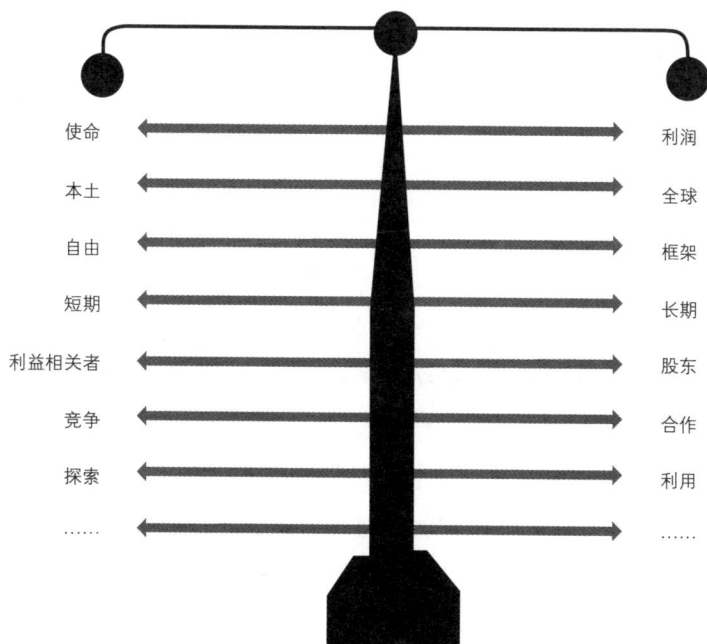

使命	←	→	利润
本土	←	→	全球
自由	←	→	框架
短期	←	→	长期
利益相关者	←	→	股东
竞争	←	→	合作
探索	←	→	利用
……			……

资料来源：联合国可持续发展目标，Purpose+

使命驱动的创新

正如"失败的创新"趋势中所讨论的那样，创新是组织生存的关键，但很少有领导者对组织努力达成的创新结果感到满意。根据我们对组织的经验，业务发展团队通常会提出很多创意，但很难说服领导团队从现有业务中拨出任何预算或资源来支持新业务。

克莱顿·克里斯坦森在他 2016 年出版的《创新者的窘境》一书中给出了一种创新的新方法，提出了一个非常简单的见解。创新实际上是要弄清楚人们使用产品或选择服务背后的起因。这个起因可能是人们想要达到的某种进展，为此人们会选择一种特定的有效产品（例如选择奶昔以减少驾车时的饥饿感）。用克里斯坦森的话来说，这个起因就是创新要搞定的事。与传统的创新举措相比，以世界需要我们做些什么的角度来看待创新为我们赋予了非常不同的视角。奶昔生产者不再需要考虑制作更好的奶昔，但可以探索怎样以更多方法更好地满足客户的需求。这种新的创新思维的核心就是内在的进步。这与本书中的使命思维非常接近，只不过是应用于企业的创新情境中。

也就是说，只有当出售给消费者的实际产品或服务给他们带来了不同，使命+利润的转型才有意义。巴塔哥尼亚是一家使命驱动型公司，因为其使命已经渗透进公司所有的产品，而并非公司员工仅仅在内部分享全新的理念和流程。特斯拉的故事与之相同，其产品本身就体现了公司的"使命+利润"本质。遵循这一逻辑，实施"使命+利润"转型应该意味着创新实践本身也要体现同样的"使命+利润"理念。在创新的空间里，使命宣言（理想情况下与联合国可持续发展目标一致）应成为设计新产品和新服务的北极星。

使命驱动型领导力

很少有公司领导愿意公开分享乌托邦式的愿景。特别是在普遍的哲学空白时代，"售卖"恐惧要更容易些。恐惧仍然是一种强大的情绪。当然这也是一种懒惰、毫无价值的领导方式，因为指出问题并不等同于提出实际的解决方案。在"使命+利润"驱动的世界里，领导者应该敢于提出一种新的思维方式，甚至是一种新的可以让其追随者接受的世界观。

在当今混乱和复杂的世界里，这样的领导力显然是很少见的。但当出现这样的领导时，就会成为世界新闻。当埃隆·马斯克宣布其愿景是通过建造数十亿美元的工厂来实现电池的商品化（这将大幅度降低电池的成本）时，他成了全世界关注的焦点。当他声称将要建立一个无人驾驶车队以释放每个人的工作和休闲时间时，又引起了全世界的关注。最近，当马斯克和杰夫·贝佐斯共同计划要在太阳系建立人类的居住点从而为后代提供更多空间和资源①时，这种情况再次发生。当然，媒体在质疑这种愿景的可行性的同时依然广泛地分享了这一消息。许多人因此看到了一种可能的前进方向，甚至对此感到很乐观。经验清晰地告诉我们：大胆和激进并不是坏事。只要你愿意提供解决方案而不仅仅是指出问题，美好的事情就会发生。

正如本书前面所述，大多数转型项目都失败了，其中一个主要原因就是领导行为。正确的领导行为是转型中最为关键的要素。如果领导者都不能让自己的行为与新的方向保持一致，那么也就没有人会这样做了。

---

① 《埃隆·马斯克的火星愿景：一个万能的火箭，一个非常大的愿景》，《纽约时报》（2017）；《贝佐斯刚刚发布了他雄心勃勃的太阳系殖民计划》，《未来主义》（2017）。

3.4 关于上市企业和私营企业的说明

在向一些公司解释愿景时，普遍的反馈是："我们认同要有雄心抱负，但这只适合于私营企业。"但情况并非如此：上市企业也可以从中受益，而绝不仅限于私营企业。

我们可以比较一下两家在使命这件事上都做得特别好的公司，特斯拉和巴塔哥尼亚。两者都明确将公司的流程与公司最为关心的使命保持一致，并且两家公司都对社会有很大的影响力。它们的成功故事也类似，并且都有着非常激进的公司领导，敢于追求自己的雄心抱负。这是相似的地方。但在公司内部，两者则完全不同。特斯拉是一家专注于电动汽车和锂离子电池的科技公司，并已经在纳斯达克上市。其员工专注于高科技，编码和工程技术是他们的关键技能。相比之下，巴塔哥尼亚是一家户外服装企业，通过零售和批发来赚取利润。这是一个由乔伊纳德家族经营的家族企业，以自由开放的方式管理员工，而且很多员工也都是来自不同背景的户外运动粉丝。虽然从内部来看这两家公司完全不同，但两者的共同之处在于能在它们最为关心的使命和把激情转化为赚钱能力之间保持协调一致。可能你会认为，对于一家上市公司而言，进行本书所倡导的"使命+利润"变革也许更加困难，相比之下正确的决策导向更为重要，但我坚信"使命+利润"的方法对上市企业和私营企业都同样有价值。

结束语——2050 年的世界

想象一下，2050 年的一天，你醒来后打开窗子，深深地吸了口新鲜空气，并眺望外面广阔的蓝天。虽然在过去你所在的城市很脏，但经由埃克森美孚公司主导的向藻类生物燃料转型项目的成功，城市的烟雾污染被消除了。当在卫生间淋浴时，你让语音系统播报相关的新闻。从语音系统传出的声音告诉你，大气中的二氧化碳浓度已经连续第五年下降了（一家初创公司发明了一种从大气中去除二氧化碳的方法，由壳牌公司投放进市场），中国正在建设另一个可持续的零废弃城市（建筑公司万喜的新活儿），不平等已经降到新低（企业和投资者在推动提高薪酬透明度，大幅降低企业盈利比例），在来自世界各地的企业投资下，非洲经济连续第 10 年增长。最终的新闻快报揭示，美国和中国的绿色投资正在蓬勃发展（纳斯达克和上海证券交易所都会把道德因素纳入考虑范围）。当你穿好一件用可持续材料制作的 100% 可追踪羽绒服走出门外时，立刻从这件羽绒服上获得了你的心率和压力水平数据，并且它还为你提供了一些健康方面的建议（巴塔哥尼亚与飞利浦合作设计开发了带有健康解决方案的服装）。

这听起来像是一个乌托邦。不过，这也凸显了一件事：在我们这个时代所面临的挑战背后，如果企业及其他组织都能团结起来共同应对这些挑战，21 世纪将会变得多么美好。希望这本书已经让我们离这个现实更近了一步。

让我们用西奥多·罗斯福的一句话结束本书的探索旅程：

"你能做得最好的事情是对的事情，其次是错的事情，最差的是什么都不做。"

后记和感谢

写这本书的过程是一次非常令人满意的经历，它激发了我去理解这个世界、让世界变得更好的动力。在这条路上，我很荣幸地遇到了许多深受启发、志趣相投的人。以下是我要特别感谢的人：

感谢 Arne Gast（麦肯锡）在写作过程中与我并肩作战

感谢 Wouter Vink（麦肯锡）的出色工作和诚实反馈

感谢 Michael Tushman（哈佛商学院）在组织本质的认识上对我的引导

感谢 Rohit Deshpande（哈佛商学院）公开强调商业道德困境

感谢 Reto Isenegger（安永）关于当前趋势的所有开放探讨

感谢 Valerie Keller（安永）在这个话题上的深度联结

感谢 Marco Hönig（安永）总是激励我，推动我前进

感谢 Marcel Jacobsen（普华永道）向我提出挑战，让我把想法进一步推进

感谢 Marc Diepstraten（普华永道）分享所有的两难困境

感谢 Wendy van Tol（普华永道）就这一主题公开分享信息

感谢 Evelyn Doyle（巴塔哥尼亚）邀请我去巴塔哥尼亚的"幕后"

感谢 Ryan Gellert（巴塔哥尼亚）坦诚分享公司面临的困境

感谢 Mandy Chooi（荷兰国际集团）做我的同盟

感谢 Nicole van Tongeren 在工作期间给予的爱和支持

附录：
关于使命驱动的领导力访谈

采访对象：瑞恩·盖勒特，巴塔哥尼亚 EMEA 市场总经理

兰斯：您是否了解关于"长期资本主义"或围绕"人、地球、利润"经营指标的一些主张？如果是的话，它们对于巴塔哥尼亚的思考方式有何影响？

瑞恩：对我们来说，我们的创始人伊冯·乔伊纳德是最能够代表这种思考的人。他绝对是一个喜欢从外部寻求启发的人，主要是从哲学、自然和历史的角度。或许他不太会从商业文献中获取启发。我会说他的启发绝大部分是来自大自然。

兰斯：我知道联合国可持续发展目标（UNSDGs）的推出要比巴塔哥尼亚的使命宣言晚，但你们当前会从那些目标中寻找商业启发吗？

瑞恩：嗯，我认为我们正在努力实现的某些事情都是一致的。然而，巴塔哥尼亚的思考节奏主要是由伊冯和罗斯（现任首席执行官）二位决定的，而且我们的做法已经有很长的历史，所以我们不需要追随每一个出现的框架。

例如，我们与沃尔玛举行了长达 8 年的会议，提出了一项行业倡议，旨在为服装和鞋类公司提供透明度。这个联盟被命名为"可持续服装联盟"，我们使用的工具被称为希格指数。

今天，希格指数仍未面向消费者。有时你只需要坚持自己的信念就可以了。

兰斯：您认为组织在其运作的社会环境中应发挥的主要作用是什么？

瑞恩：从参与者角度，我喜欢将个人、政府和组织分开来分析。我认为，单独行动的人通常是感觉很无力的，政府在很多方面的做法（例如气候变化）也让我们感觉很失望。因此，如果个人做不到，政府也做不到，我认为商业组织是为数不多的希望之一。

此外我认为，鉴于商业对当今世界的影响，它们确实是有责任的。这显然包括巴塔哥尼亚，我们相信其他企业都有它们的份儿。不幸的是，我们经常会觉得世界范围内商业组织的做法都乏善可陈。巴塔哥尼亚面临的现实是，我们还不是一个可持续发展的业务：我们从地球上获取的资源超过了地球可以补给的资源量。如果有不同的话，我们是一家负责任的企业，每天都在挑战自己以改变这个不等式。我们还有很多问题尚未解决，但我们会以投资方式试图解决这些问题。通常，我们会把我们的解决方案向社会开源。

让我向顾问们明确这一点：如果你们真想减缓世界"负面变化"的速度并解决"商业领导力"问题，我认为这两个方向需要同时前进。然而很遗憾的是，环境恶化的速度远比领导力提升的速度快。

兰斯：让我们切入正题。如果缺失了这种使命感，巴塔哥尼亚会是什么样的？

瑞恩：我们也只是另一家服装公司，仅此而已。我们仍然可以为自己的质量感到自豪，但最终我们只是在一个拥有大量服装的世界里销售更多服装。

很明确的是，我不会在那样的公司里工作。我认为我们目前雇用的任何人都不会。

兰斯：如你所知，巴塔哥尼亚今日的成就得益于从伊冯那里获得的明确的使命。你如何看待今天那些正在努力想去表达或发现这种使命的其他公司？

瑞恩：要回答这个问题，你就必须具体到组织里的某个层级。当谈到领导力时，我可能会非常苛刻。如果你是一家上市公司的首席执行官，没有明确的使命这种错误是不可原谅的。既然作为一个领导者，你就不能忽视我们面临的最严峻问题。对于那些在职业发展过程中，需要努力平衡养家糊口和创造影响的中层员工，我通常就不那么苛刻。但是，我认为我们所有人都可以在这里发挥作用。我建议大家用职业选择来投票。

兰斯：您如何看待其中的财务部分？组织的使命感是否增加了其财务成功概率？

瑞恩：这取决于时间尺度。公司在实施更为长期、更为使命驱动的工作方式方面面临的最大制约可能就是其激励结构，在上市公司这一点尤为突出。每个季度它们都需要面临的财务压力在其中起了很大的作用。

如果排除了季度压力，这个问题就变得有些愚蠢了。很显然我们生活在一个资源有限的世界，并且资源正在枯竭。在美国，我们消耗资源的速度是地球可再生能力的4—5倍。我们没有道理假设发展中经济体（例如中国）不会以类似的生活标准为目标。当前这种经济发展方式肯定是不奏效的。因此，除了那些以季度为单位来衡量成功的人之外，对于大多数人建立更具可持续性的业务的必要性是显而易见的。

兰斯：除了巴塔哥尼亚之外，你还看到其他一些公司在这一领域也展示出了卓越的领导力吗？

瑞恩：我对任何致力于解决人类更大问题的组织都深表尊重。当我看像特斯拉这样的公司时，无论其财务状况如何不稳定，我相信它们正在改善运营方式。当我看宜家时，我对其制造的产品大多是一次性的做法还是有点不感冒，但我仍然被它们选择产生的社会影响所启发。

兰斯：您如何看待这种趋势在中国的发展？

瑞恩：我在中国生活了 5 年。当我在那里时，他们还没有固定电话，他们就直接进入移动时代。这个国家实在是以蛙跳的方式跨越了一些经济阶段。

我认为使命驱动这种意识很适合中国。在西方，我们表现得像是经典的温水煮青蛙模式，直到最后一刻才意识到水正在沸腾。但中国没有这种奢侈。当谈到环境时，事情正在以非常快的方式变得非常糟糕（例如雾霾、荒漠化），所以现在有机会让她更快地变得更好。我们都应该期待这样的发生，否则的话情况会非常糟糕。我相信，这种使命的驱动力与中国式创新相结合可以在很大规模上解决一些改变世界的问题。